T0276314

Romper el silencio
Cómo superé los abusos sexuales en la infancia

ESTEFANÍA IGARTUA ESCOBAR

Romper el silencio

Cómo superé los abusos sexuales en la infancia

Una historia real capaz de demostrar que se puede
salir de las agresiones sexuales y psicológicas

© Estefanía Igartua Escobar, 2021
© Editorial Almuzara, s. l., 2021
Arcopress www.arcopress.com

Primera edición: octubre de 2021

Editorial Arcopress • Desarrollo Personal
Directora editorial: Ana Belén Valverde Elices
Corrección y maquetación: Rebeca Rueda
Imprime: Romanyà Valls
ISBN: 978-84-17828-70-7
Depósito Legal: CO-853-2021
Hecho e impreso en España - *Made and printed in Spain*

Índice

Introducción

Si alguien me llega a decir que llegaría hasta aquí, nunca me lo habría creído. Es increíble cómo cambia la vida. Supongo que los Abusos Sexuales en la Infancia (ASI) tienen sus propias etapas; para mí, es como un duelo donde existen la negación, la aceptación, la ira, la rabia y, por último, la superación del mismo. Más adelante, aunque no es necesario porque cada caso es único, se puede llegar a perdonar, y después puedes dedicarte a ayudar a otras personas que han pasado por la misma situación. Aún no me creo que, dos semanas antes del confinamiento, escribiera una carta a mi padre, después de no tener contacto con él durante trece años, y le dijera que lo perdonaba y que no quería que sus últimas palabras fueran: «Igual que te he dado la vida, te la puedo quitar». Aunque ahí se equivocaba: él me había matado cuando era una niña pequeña, por eso durante años he sido una muerta viviente. Cada vez que abusaba de mí, moría, y con la energía de un huracán resurgía de mis propias cenizas, con la esperanza de que aquella vez fuera la última que acudía a mi propio entierro. Pero, por desgracia, esos asquerosos y terribles sucesos sucedían con demasiada frecuencia.

Hace años, cuando estudiaba Educación Social, estaba a favor de la pena de muerte y todo lo que quería era justicia. Tenía mucho resentimiento, odio, rabia, impotencia…, pero, sobre todo, mucho dolor dentro. Pero no os engaño, el juicio no me ayudó para nada, llegó tras seis años de espera. Una espera cargada de estrés, nervios, agonía, dolor y una tremenda depresión que me tenía en la cama la mayor parte del tiempo. Lo único que hizo fue revictimizarme y hacerme sentir violada delante de una jueza que, por falta de formación, buscaba que tuviera una vida destrozada y, al no ver eso en mi rostro, decidió decir que no había pruebas suficientes, cuando no tenía ni la más puñetera idea de la vida que llevaba. Enfrentarte a tu padre en un juicio y ver a tu familia de su lado no es nada fácil. Como tampoco lo es llorar el día de tu graduación y todas las Navidades por pensar que no tienes una familia. Por suerte, voy construyendo mi pequeña gran familia con todos vosotros.

Por eso necesitaba sacar toda esa rabia e impotencia; al no hacerlo, me destruía a mí misma poco a poco. El foco de desahogo eran mi cuerpo y mi alma, por eso me maltrataba, dejando que otras personas utilizasen mi cuerpo a su antojo, porque detestaba vivir, mi consuelo era la muerte, a la que me acercaba a pasos agigantados cada vez que me emborrachaba, cada vez que dejaba que tuvieran sexo conmigo personas que no conocía, cada vez que tentaba a la dama negra subiéndome en coches de desconocidos, o cuando paseaba cerca del puente de la M-30 o del puente de Segovia con la intención de tirarme.

Ahora, gracias a la carrera de Psicología, puedo poner nombre a muchas de las cosas que me pasaban, y es que, por desgracia, los abusos sexuales dejan marcas para toda la vida. Es verdad que se superan, pero hay muchas secuelas que permanecen. Los trastornos, según los estudios, rompen la confianza de las personas en sí mismas, en los demás y en la visión de futuro. No se equivocan, dejas de creer en todo el mundo porque tu propia familia te ha traicionado. Ya me decía mi abuelo que no me fiase ni de mi padre, ni tan siquiera de la chaqueta que llevaba puesta. ¿Acaso me estaba advirtiendo? ¿O quizás hablaba de su propia infancia? De lo que le había hecho su padre y él había repetido con sus hijos. Nunca lo sabré, porque mi abuelo está muerto, pero pondría la mano en el fuego al decir que mi familia trae un gran historial de maltrato y abusos familiares por parte de mi familia paterna.

Se habla también de que influyen la relación de intimidad que tenías con la persona, los abusos en sí (frecuencia, duración...) y el entorno (cómo actuaron). Pues bien, en mi caso, ninguna variable era prometedora. Debo de ser un caso de manual, porque quien abusó de mí era mi padre, de los seis a los doce años. Siempre he dicho esa maldita edad porque me daba vergüenza reconocer que estuvo pasando hasta cuando era algo más mayor. Me daba asco recordarlo y me culpaba por no haber hecho nada; así que reconocer que encima tenía más edad me hacía sentir una mierda y me entraban las ganas de suicidarme.

No era capaz de darme cuenta en ese momento de que hice mucho contándolo a la Policía y saliendo del purgatorio que tenía por hogar. Fue mi primera forma de protegerme, y, si lo hice una vez, puedo hacerlo más veces, cuidando del niño interior que todos tenemos dentro y tanto nos necesita. Como veis, la duración fue larga y ni siquiera sé si los abusos comenzaron antes; pongo esa fecha porque es el recuerdo que tengo en el que más pequeña me veo, pero tampoco guardo más recuerdos de mi infancia. Sé que hay casos en los que la memoria hace que olvides los ASI para proteger a la persona, pero, en mi caso, es al revés, no recuerdo otras cosas que no sean los abusos, aunque es cierto que no me vienen a la cabeza como cuando era niña, que constantemente los revivía debido al estrés postraumático; por eso pensaba que, si eso iba a durar siempre, lo mejor era desaparecer.

Es muy importante en este sentido la psicoeducación, explicar a la persona que esto que vive es una situación anormal y que lo que siente es una respuesta normal del cuerpo, porque, si me lo hubieran explicado, seguramente hubiera sufrido menos. Las veces que sucedieron no las recuerdo, y no quiero ponerme a contarlas, pero ocurrían en las siestas, en vacaciones aumentaban, por no hablar de por las noches… Se suma que mi familia me dejó de lado cuando lo conté y, en vez de mostrarme su apoyo o comprensión, me amenazaron, diciendo que quitase la denuncia. Así que, ahora que lo pienso, demasiado bien estoy, aparte de haber vivido con el miedo a que mi padre me matase (he recibido varias amenazas de muerte por parte de mi familia), con las pesadillas en las que huía y siempre me alcanzaba antes de despertar, la disociación, con TCA (trastorno de conducta alimentaria: atracones, restricciones de alimentos…), TOC, trastorno disociativo postraumático, ansiedad, depresión, ideas autolíticas (varios intentos de suicidio, llegando a terminar en urgencias dos veces), problemas de identidad sexual, problemas sexuales, consumo de drogas, baja autoestima, autoconcepto negativo, falta de asertividad (incapacidad de decir «no»), bloqueos físicos ante nuevas agresiones, sentimientos de rechazo y abandono, el sentirme diferente (estigmatización), entre un largo etcétera que no he sabido reconocer y, si lo hago ahora, es porque tengo los conocimientos necesarios para poder hacer el análisis.

Me cabrea la ignorancia de aquellos que escriben que a veces los niños que han sufrido violencia sexual pueden no padecer síntomas.

¿No será que para ellos es normal porque siempre han convivido en ese estado de alerta y malestar, pensando que lo que a ellos les sucedía era lo normal? Uno de los problemas de sufrir abuso es que sabes que algo no anda bien porque te sientes un despojo humano, pero, por otro lado, es un tema tabú, y crees que lo que te hace tu padre lo hacen todos los padres del mundo y que, si te trata así, es porque lo mereces. ¿Qué pensáis, que solo hay abusos en una relación así? No, también existe un maltrato psicológico y amenazas. A mí mi padre me pegaba, gritaba, humillaba e insultaba cada día. Era el saco de boxeo con el que se desahogaba. Y a pesar de todo, yo lo quería, porque los niños vienen al mundo llenos de amor, y necesitaba un afecto y un cariño que nunca tuve. Bueno, sí, él luego lo compensaba con algún cuento o algún peluche que nos regalaba y para él estaba ya todo solucionado.

Lo único bueno que recuerdo de él es que me enseñó a montar en bicicleta, a jugar al ajedrez, y lo más importante es que aprendí a no ser como él, a querer ser lo contrario, por eso en el colegio me dedicaba a ayudar a los más débiles. Será que quienes hemos sufrido más vemos rápido a quienes sufren, por eso tenía una gran empatía con aquellos que eran humillados en el colegio. No podía soportar ver cómo se aprovechaban de ellos y los ayudaba siempre que podía, acabando en el despacho del director. Supongo que, como no podía ayudarme a mí misma, necesitaba saber que al menos podía ayudar a otros. Y así me he pasado toda mi puta vida, ayudando a otras personas. Atendiendo sus necesidades y dejando las mías de lado, porque nadie me enseñó a quererme, a cuidarme ni a amarme.

Recuerdo en el instituto que siempre iba de negro porque repetía una y otra vez en mi cabeza que estaba muerta y por eso iba de luto. No sé por qué se me ocurrió esa frase; imagino que, cada vez que mi padre abusaba de mí, yo sentía cómo me moría, cómo mi mente me abandonaba y dejaba el cuerpo solo para que mi padre hiciera lo que quisiese con él. Así me sentía más segura. Yo no elegía aquel estado, pero era el mejor: sentir cómo flotaba a otra parte, a un lugar donde todo aquello no estaba sucediendo, y, para cuando quería volver en mí, mi padre se iba corriendo al baño a eyacular.

También me acuerdo de los días que pasaba sin comer porque pensaba que estaba gorda; a veces pasaban tres días, entonces, después de clase de Educación Física, me mareaba en el pupitre en la clase de Lengua. Mi profesora incluso llamaba a mi madre para preguntar qué pasaba, y mi madre parecía no enterarse de nada, incluso me gritaba y acusaba de consumir drogas, y que por eso me mareaba. Al igual que cuando estuve sin tener regla durante once meses, también me empezó a gritar e insultar sin saber, como yo, que la amenorrea sucede en trastornos de conducta alimentaria y en situaciones de estrés. Yo sin duda tenía ambas cosas y alguna más, pero lo desconocía, y en mi cabeza tan solo tenía la idea de que podía estar embarazada de mi padre, y eso me quemaba por dentro. Mi madre nunca me ayudó porque era una víctima más, una mujer maltratada que nunca tuvo voz ni voto dentro de casa. Él jugaba con el control, con el abuso de poder que todos los pederastas necesitan tener. Era quien mandaba y lo sabía muy bien; en casa se hacía lo que él ordenaba, y, de no ser así, recibías un castigo.

Mi visión del mundo está muy jodida, lo sé. Crecer así es un puto infierno y sé que solo hay dos opciones ante esto: ser igual o irte al lado contrario. Por suerte, me alejé de ese ambiente. Salí de esa dinámica familiar cuando les quitaron mi tutela y me llevaron a una residencia de menores de la Comunidad de Madrid. Mi hermano, al quedarse, observó y comió una educación que no debía, y por eso ahora es igual que mi padre, otro abusador en potencia. Mi madre convive con él, pero sigue en su estado de negación, el que siempre ha utilizado, excusándose, diciéndose: «Esto no me puede pasar a mí»; «Esto no está pasando». Sigue en ese estado porque su frágil mente no podría soportarlo. Pues sí pasa, mamá, y pasa más de lo que creemos, a un cuarto de la población le ocurre, pero ¿hasta cuándo seguiremos ciegos? ¿Cuándo nos importarán los niños? Esos que luego se convierten en adultos, en futuros abusadores, en víctimas que acaban en la prostitución, en personas que se vuelven adictas a las drogas para olvidar lo que les hicieron, en personas que se suicidan porque piensan que es su mejor opción, o muchos como yo, que sobrevivimos, pero aún tenemos muchas taras sin trabajar.

Qué bien estaba aquello de diferenciar solo el lado de los buenos y los malos, los ladrones y los policías, pero no es así. Miremos de forma profunda y seamos capaces de conocer la historia que hay detrás de cada persona. Hay mucho dolor y sufrimiento, pero no queremos verlo porque en la ignorancia se vive de forma tranquila, sin saber que le puede pasar a un familiar tuyo: a tu hijo, a tu hermana, a tu sobrina o a tu nieto. Ellos necesitan ser escuchados y comprendidos para poder sanar el daño que les han causado. El abuso sexual te destroza el cuerpo, la mente, la visión del mundo y el alma.

Así que, si me preguntan cómo llevo esta situación, diré que «de puta madre», porque he pasado por cosas mucho peores, porque no han sido solo los abusos, peor fue el trato que me di yo los años posteriores. El desprecio que demostré, por no hablar de ir de habitación en habitación siendo una cría, repitiendo el patrón en relaciones tóxicas que me maltrataban, teniendo trabajos deplorables para poder pagar mis gastos y mi comida, incluso muchas veces tuve que hacer cosas horrendas, o acudir a un comedor social porque no contaba con el apoyo de mi familia, y pedir ayuda a otros me costaba muchísimo porque pensaba que sola podía con todo, o estaba harta de ir pidiendo a los demás que se apiadasen de mí, porque no quiero que se me vea como una víctima, sino como una persona valiente y luchadora que está en pie y que seguirá haciéndolo, luchando por los derechos de los niños y de la infancia, para que dejen de vulnerarse de una vez. La clave está en perdonarse y quererse, en saber que en esa situación hiciste lo mejor que podías, porque es injusto juzgarse con los conocimientos del presente. Estuve muchos años callada, pero me he prometido no volver a estar en silencio, porque se necesitan valientes que hablen y quieran cambiar con su granito de arena este mundo.

Si estoy aquí, es por todas las personas buenas que he encontrado por el camino y por la fuerza que mis queridos supervivientes llevamos dentro. Somos resilientes y tenemos una luz que, si sacamos, deslumbraremos a la oscuridad. No sé ni cómo estoy viva, pero lo que sí sé es que mi misión, mi sentido de vida, la tengo muy clara, y es dedicarme a ayudar a otros, lo supe desde pequeña, pero ahora lo tengo más que confirmado, porque, al veros, yo no veo a personas dañadas, yo veo al gigante interior que espera salir al mundo para comérselo con una de sus mejores sonrisas y decir: «Estoy vivo».

Prólogo

Empecé a escribir mis memorias hace años, tuve que dejarlo porque había muerto mi abuelo Miguel y me acababa de reencontrar con mi madre. No estaba bien anímicamente, ni tampoco era una buena etapa. Recordar todo el pasado me podía, y evocar los malos tratos por parte de mi madre no ayudaba en nuestra relación. De hecho, desde la residencia de mujeres víctimas de violencia de género, una trabajadora social me pidió dar una conferencia de superación. Con mucho dolor, me tuve que negar porque me encontraba en el inframundo, en el subsuelo, y desde ese estado no podía animar a nadie. Estaba impregnada de estiércol, de negatividad y con una visión muy pesimista de todo. Ningún mensaje de mis labios iba a servir a nadie en esas condiciones.

Decido hacerlo ahora porque me veo más fuerte, estoy más centrada en la vida, ganando confianza y seguridad, y sé que, si no, nunca lo haré, y, como otras muchas veces en mi vida, no tengo que pensar demasiado las cosas para poder lograrlas.

Tengo que dejarme guiar por mis emociones y acallar un rato a mi corteza prefrontal para ser capaz de contar mi historia. Aunque esta vez creo que hay un motivo detrás: creo que, si puedo escribir ahora, es porque casi todas las heridas están sanando, al menos están limpias, y ya no hablo desde el odio, el resentimiento o el miedo.

Ahora tengo otra visión mucho más positiva y optimista de la vida, aunque he de decir que escribir estas páginas ha sido muy duro, una inmersión densa dentro de mi mente. He logrado reconciliarme, valorar mi recorrido, conocer mis aprendizajes, recordar cosas que ya había olvidado y reexperimentar sucesos. He sufrido por aceptar cosas que estaban sin sanar, pero me ha servido de mucho.

Solo espero y deseo de corazón que sirva a alguien para cambiar, para que crea en quién es y en la persona que puede llegar a ser; con que una persona lo logre, ya estaré satisfecha. Sin más rodeos, os dejo con mis aventuras, con mi parodia personal.

Antes de nada, quiero comentar que algunos nombres y lugares han sido cambiados con la intención de no perjudicar a las personas que aparecen en este escrito.

CAPÍTULO 1

COMIENZO

«Las luchas más difíciles son las que no se ven
porque las tiene que lidiar uno solo».

Todo empieza con una promesa, en la serranía de Cuenca, el día 15 de septiembre del año 2019, junto a Carlos, un chico que, en dos días, sabe de mi vida más que casi todas las personas que me conocen de años atrás. Podría tratarse de un experimento en el cual le hablas a alguien de recuerdos negativos y dolorosos reales para saber hasta cuándo es capaz de aguantar el ser humano; de haber sido así, diríamos que Carlos superó la prueba con creces, porque aún sigue a mi lado (veremos si sigue haciéndolo cuando termine de escribir este libro, esperemos que sí), escuchando y comprendiendo, sin juzgar, siendo espectador de mi pasado.

Hay personas que trasmiten positividad; sin duda, él ha sido una de ellas, a la que he confiado muchas historias y partes del puzle que me componen, porque en su mirada pura y cristalina pude ver su interior, en el que, a pesar de lo que nos separa, había algo más fuerte que nos unía: las ganas de ayudar al otro, la empatía, la since-ridad y un buen corazón.

Aquel día de tormenta era nuestro segundo encuentro. Nos dispusimos a hacer nuestra segunda ruta de montaña, la ruta del Escalerón a La Raya, localizada en Uña. Nos esperaban nueve kiló-metros y unos 300 metros de desnivel que forman este precioso recorrido, que más que una ruta fue toda una experiencia, un punto de inflexión que da comienzo a mi autobiografía, a la purificación o, al menos, al desahogo de mi alma y a una nueva etapa donde quiero dejar atrás el dolor y el sufrimiento, la desesperación y el abandono.

Al igual que mi vida y que los momentos duros, bordeamos la laguna de Uña para luego tener que subir por el escalerón, una subida de 20 minutos que se me hizo corta. Iba sumida en mi silencio, intentando conectar con lo que dentro de mí se iba gestando, no sabía muy bien qué era, pero iba muy concentrada, sin hablar, sintiendo y escuchando el arrullo del viento, caminando con los ojos cerrados, con miedo de no cruzarme con Carlos y acabar los dos en el suelo.

Recordé entonces el rito de los chicos australianos, el *Walkabout*. Es una ceremonia de iniciación de los aborígenes australianos a la que se someten en el periodo de la adolescencia y durante el cual viven en el desierto hasta seis meses. En esta práctica se intenta rastrear las señales que dejaron los antepasados e imitar sus rasgos heroicos. Estas largas caminatas en el desierto desempeñan un papel vital para el contacto e intercambio de recursos (tanto materiales como espirituales).

Sin pretender ser ninguna heroína, sentí en aquel instante que mi infancia y mi adolescencia habían sido mi rito en el desierto, en el que había tenido que sobrevivir largos años en circunstancias completamente hostiles y terribles. No lo habría logrado si no es por las personas que en el trayecto fui encontrando y me fueron ayudando, por los mentores y maestros que, sin saberlo, iban quitando peso a la gran mochila que soportaban mis doloridos hombros.

Habíamos ido conversando durante todo el recorrido. Inmersos en el diálogo, apenas nos dimos cuenta de que habíamos llegado a la cima. Estábamos hablando del sentido de nuestras vidas, la pregunta en concreto era: «¿Hacia dónde vas?». Yo le dije que lo tenía muy claro, que llevaba años dándole vueltas: desde los veintitrés años había deseado dar conferencias en residencias de menores o de mujeres víctimas de violencia de género para ayudar a otros, que deseaba poder echar un capote a los demás, pero no sabía cómo hacerlo ni tenía las herramientas necesarias.

Carlos me dijo que necesitaba tener por escrito todo lo que en menos de tres días le había contado, y que con ese documento en mis manos podría acercarme a las instituciones para ofrecer lo poco que sabía, pero al menos de esta forma tendría algo que mostrar.

Entonces salté con mis autoexcusas: que no tenía tiempo, que era muy difícil, que no sé sintetizar, que me encanta escribir pero me cuesta darle forma, que en realidad no tenía nada que aportar, que muchas personas solo por contar hechos salían perjudicadas, que las personas al leerme me iban a juzgar y criticar, que eran vivencias duras que al escribirlas conectaba con ellas y me removían, y un largo etcétera que se frenó cuando me di cuenta de que, si seguía por ese camino, jamás iba a lograr aquello que me proponía, nunca iba a hacer realidad mi sueño ni ser capaz de ayudar a otros.

En medio de aquel paisaje, rodeada de piedras calizas, de pinares milenarios, aislados de la ciudad, con las nubes cubriéndonos y la brisa del aire rozando nuestros rostros, Carlos me hizo prometer escribir lo que ahora mismo, queridos lectores, quiero regalarles: mi vida. Espero no defraudaros, porque nada de lo que vais a leer es fruto de la imaginación y, aunque es un tópico, en este caso le hago honor al decir que muchas veces la verdad supera a la ficción.

Recuerdo perfectamente las palabras de una persona muy importante en mi vida, Bernardo, mi padre adoptivo: «No cuentes a las personas que conozcas todo lo que has vivido», error que he cometido y sigo cometiendo muchas veces, porque la gente suele aprovechar los momentos débiles. Saber que deambulas sola por la vida sin apoyo familiar es, para muchos robadores de energía y manipuladores, un foco donde acudir y quedarse a hacer el mal.

Bien podría ser mi padre de verdad aquella persona que se preocupa por mí, que me quiere, que hace que quiera seguir viviendo, un ejemplo a seguir, una persona que admiro, adoro y quiero, palabra que ni siquiera he sido capaz de decirle nunca, por mi incapacidad de mostrar mis sentimientos a las personas, aprendizaje que tengo que olvidar.

A raíz de esta conversación, grabé un vídeo diciendo a los supervivientes que no están solos, que se puede salir adelante y que es necesario que estos hechos se conozcan, porque parece que lo que no se nombra no existe. Estoy cansada de decir que las cifras son escandalosas y que hay muchos más casos. Claro que son escandalosas, y lo seguirán siendo si la sociedad mira para otro lado. Las personas que han sufrido abusos no lo van contando por ahí, porque es algo muy doloroso que causa rechazo, incomprensión y mucha vergüenza. Solo algunos que ya han sanado son capaces de hacerlo.

Creé una página en Facebook: «ASI, Supervivientes en España». Recibí muchas llamadas y mensajes de personas que están sufriendo y necesitan desahogarse, soltar la carga que llevan arrastrando durante tantos años y que tanto daño les hace. Mi intención es crear algo en Madrid, una asociación o un grupo de ayuda mutua para, más adelante, hacer terapia. Sé que no es suficiente, que no dispongo en la actualidad de tiempo y no puedo dedicar la atención y el esfuerzo que necesita, espero poder hacerlo cuando termine el máster. Pero estoy contenta de la acogida que ha tenido, de los miembros que forman parte de este grupo, porque entre todos podemos darnos mensajes de apoyo, de comprensión, de aliento, y seguir con nuestras vidas sabiendo que no estamos tan solos ni tan rotos como pensamos. Mi propósito en la vida y mi sentido lo da ayudar a quienes, como yo, sufrieron maltrato en la infancia. Ojalá que, a raíz de este libro y de las conferencias que tengo pensado dar, se dé a conocer mi objetivo y se unan personas que me ayuden a acompañar a otras en su proceso de conocimiento y de sanación.

Os estaréis preguntando quién narices soy, por qué decido hablar de mis experiencias y aprendizajes vitales. Lo descubriréis en los capítulos que más adelante os están esperando. Puedo asegurar que, tras leer esta autobiografía, no volveréis a ver las cosas del mismo modo, porque vosotros habréis cambiado y, al hacer esto, podréis cambiar lo que os rodea, crear pequeños cambios en vuestros seres queridos y acercaros a quienes estáis dispuestos a ser, dar pasos hacia vuestro enorme potencial, ese que encerráis dentro y solo podéis ver cerrando los ojos, despertando al gran gigante que portamos cada uno.

¿De dónde venimos? ¿Hacia dónde vamos? ¿Quiénes somos?

¿Para qué hacemos las cosas? ¿Por qué suceden los acontecimientos? Muchas preguntas que yo no voy a poder responder por vosotros, pero lo que sí voy a intentar —y digo «intentar» porque aún estoy en proceso y hay interrogantes muy complicados de responder, o respuestas que van cambiando con el pasar del tiempo— es sumergiros en mi pasado, en mis vivencias, para que entendáis mi gran propósito de vida: ayudar a otras personas a través de mi testimonio de superación.

Quiero con estos capítulos dar a conocer al mundo una gran parte de mí para que creáis en vosotros mismos, en el cambio, en la transformación, en el amor y en el perdón, para que nunca os rindáis ante los problemas y las dificultades; para que, con esfuerzo, constancia y voluntad, sepáis que pueden ir bien las cosas, que escondemos fortalezas internas que tenemos que perfeccionar cada día y fallos que pulir, y lo más importante: que este recorrido complejo y hermoso no vamos a poder hacerlo en solitario, porque, aunque nos cueste admitirlo, necesitamos del otro, somos animales sociables por naturaleza. Los problemas se debilitan cuando se cuentan y la felicidad aumenta cuando es compartida.

Como decía Aristóteles, el ser humano está hecho para aprender, no para enseñar. Y por suerte, el aprendizaje se da a lo largo de toda la vida. Así que espero seguir aprendiendo, acumulando experiencias y vivencias que me hagan ser mejor persona.

Nos dividimos en acto y potencia, pero no debemos juzgar por lo primero, lo que hacemos o dejamos de hacer, sino por quienes somos en globalidad, por nuestra dignidad moral, por el enorme potencial que albergamos dentro.

Cansada de ocultarme, me decido ahora a hablar, porque yo no soy las cosas que he hecho ni lo que me ha pasado. Soy la suma de todo lo que he vivido, de las personas que he conocido; soy mis pensamientos, mis emociones, mi forma de ver y valorar mis percepciones; soy también parte de aquellos alimentos que ingiero, y, por supuesto, soy mi esencia, mi alma. Y puedo llegar a ser; ahí reside la clave, en la capacidad de metamorfosis, en la habilidad de mejorar que está al alcance de todos, pero solo unos pocos se aventuran a dar el paso. Conocerse y aceptarse es duro, pero tiene sus ventajas. ¿Te atreves a mirar dentro?

CAPÍTULO 2

INFANCIA ROBADA

«Lo que no te mata te hace más fuerte».

FRIEDRICH NIETZSCHE

El 24 de mayo de 1991 nace Estefanía Igartua, un ser que, antes de conocer la vida, pudo saborear el intenso sabor dulce y metálico que solo es capaz de proporcionar la propia muerte. Nada más abrir los ojos, se encontró cara a cara con el propio demonio, al que, años más tarde, tendría que hacer frente.

Suena el timbre en clase, anunciando el fin de la jornada. Mis compañeros están contentos, incluso, minutos antes de escuchar la campanilla, ya tenían todos sus libros guardados en la mochila, como si aquel sonido fuera el indicador de su libertad. Veo cómo, uno a uno, todos se van apresurados, mientras lo único que puedo hacer es contemplar cómo me quedo sola. La profesora me dedica una mirada afectuosa y me dice: «Hasta mañana».

No soy capaz de responder, al menos no con palabras. En mi cabeza se ha producido una respuesta que solo he sido capaz de escuchar yo misma: «Hasta nunca, quizás sea la última vez que nos veamos». Quiero quitarme ese pensamiento. Recojo todos mis bártulos y, por unos instantes, miro aquella acogedora aula; me entristece la idea de no volver a sentarme en aquella silla, de abandonar el pupitre que durante años ha sido mi cómplice.

Camino desganada, abandono el instituto y logro llegar a casa. Siento una sensación muy extraña que antes ya he experimentado, me sudan las manos, el estómago es una montaña rusa, parece que se me va a salir en cualquier momento por la boca, pero el miedo no me detiene.

Tengo muy claro lo que voy a hacer. Me voy a la habitación de mis padres, entro y me da miedo mirar aquella cama de matrimonio enfurecida. Miro a la derecha y veo el saco de la risa y el mono de peluche de la estantería que durante tantas horas han sido mi salvación. Acto seguido, miro al enorme armario, me asombro al verme reflejada en aquel gran espejo que tiene cada puerta, cojo una silla del salón y la llevo a la habitación. Encuentro rápidamente lo que buscaba: mi hucha rosa. Voy a por la llave, que está guardada en un joyero con forma de concha, y guardo todos mis ahorros en mi mochila.

Mi hermano se extraña de verme a esas horas de la tarde con el macuto colgado. Me paseo de un lado a otro del pasillo; durante la marcha, me muerdo de forma ansiosa las uñas hasta no dejar ni una intacta, no sé exactamente qué le voy a decir cuando me pregunte. Fernando, que tan solo tiene un año más que yo, se percata de que me ocurre algo.

—Fany, ¿dónde vas? ¿Estás bien? —me pregunta.

—Me voy de casa —le contesto bajito y sigo caminando, esta vez lo hago despacio y agacho la cabeza para no romper a llorar y que me vea.

—¿Qué te pasa? —me pregunta, aturdido.

—Nada que no sepas, ya no aguanto más.

No hace falta que diga más palabras, mi hermano se pone a sollozar de forma descontrolada. Jamás lo había visto llorar, y menos de aquella forma.

—Lo sé, deberías hablarlo con papá y mamá, o con el abuelo.

Yo me niego, no me veo con las fuerzas de contarlo a nadie. Me echo a llorar también y nos damos un abrazo.

—Por favor, jamás lo cuentes a nadie, es lo único que te pido. Ese mismo día, por la noche, apenas puedo conciliar el sueño.

Me vienen imágenes a la cabeza que me perturban y hacen que me despierte sobresaltada, escuchando mis propios gritos. Cojo la mochila, me quito el pijama y me pongo lo primero que encuentro en el armario. Me voy de puntillas por el largo pasillo, pasando primero por la habitación de mi hermano, la dejo a mi derecha y veo que duerme profundamente. Después, dejo a mi izquierda la de mis padres, que prácticamente está cerrada del todo, excepto por una pequeña rendija que solo deja ver oscuridad. Paso el baño y, seguidamente, la cocina, hasta que por fin llego a la puerta que da al portal. Linda, nuestra gata, es la única que anda despierta. Me mira sin comprender nada y empieza a maullar como una descosida. Intento acariciarla para calmarla, pero me bufa, poniéndose delante de la puerta, como si no quisiera dejarme escapar. Se me ponen los pelos de punta al verla así, parece una pequeña pantera intentando devorarme. Ya no puedo conseguir lo que quería, así que me doy por derrotada y planeo dejar mi huida para otro día.

Aun así, no puedo dormir. En mi cabeza sigo pensando en coger algún autobús que me lleve a un sitio donde poder empezar a vivir, donde olvidarme de todo y estar bien, aunque no tengo ni idea de dónde se cogen ni si a esas horas habrá alguno. Demasiadas películas he visto, me parece a mí. Es lo que tiene tener unos padres que trabajan en un videoclub. Si me voy, soy consciente de que jamás veré a mis amigos, ni a mi hermano, ni a mis profesores, ni a mi gato, ni a mi familia. Es inevitable que las lágrimas comiencen a resbalar por mis mejillas, dejándome húmedo todo el cuerpo.

Miro por la ventana para intentar distraerme, creo tener la suerte de ver una estrella fugaz y pido para mis adentros un deseo, de esos que se anhelan de verdad, de esos que solo se piden con el corazón porque se desean tan intensamente que el universo es capaz de escucharlos. Pido nada más y nada menos que salir del infierno.

Me quedé dormida después de pedir aquel deseo y sentir cómo una energía enorme se apoderaba de todas y cada una de mis extremidades, dejándome tan plena y serena que mi pequeño cuerpo no pudo hacer otra cosa que dejarse llevar y caer rendido.

Soy incapaz de recordar cuándo fue la primera vez que mi padre abusó sexualmente de mí. Recuerdo que pasó a la hora de la siesta. Todo comenzó alrededor de los seis años. Se apelotonan en mi cabeza, se mezclan muchas imágenes y emociones que me ensordecen, hacen que me cueste respirar y quiera huir de ese recuerdo. Os puedo decir que, antes de que sucediera, algo dentro de mí, como un detector, me avisaba de que tenía que protegerme. En ese momento, cerraba los ojos y decía para mí misma: «Dios, si de verdad existes, no permitas que esto vuelva a ocurrir». Pero, claro, no podía culpar a alguien que no decidía por mi padre, pero yo tenía que buscar algún responsable y a alguien tenía que pedir ayuda. Solo se me ocurría acudir a él, en el silencio de mis plegarias. Del último incidente sí tengo más constancia, porque debía de tener doce o trece años. No sé aún de dónde saqué fuerzas ese día para decirle que no me volviese a tocar.

Para variar, las semanas pasaban y los castigos no cesaban. Continuaban los gritos e insultos habituales, pero esta vez me daba la impresión de que las discusiones eran más fuertes. Nos llamábamos de todo, desde *cabrón, hijo de puta, asqueroso, marimacho, cerdo, zorra, puta, loca, bollera asquerosa…*; en fin, todos los insultos habidos y por haber. Eso sí, jamás entenderé por qué me los decía la mayoría en masculino; supongo que para ridiculizarme aún más. También nos decía que no íbamos a llegar a nada, que éramos unos mierdas. Todas mis notas, aunque fueran notables, nunca eran suficientes. Se metía con mis dibujos, mis escritos, con mi inteligencia, con mi manera de vestir, con cualquier cosa que creara; hiciera lo que hiciera, todo estaba mal, y yo luchaba para conseguir su aprobación, su reconocimiento, su aceptación, pero nunca llegaba, todo esfuerzo era inútil, en vano. En el presente, he descubierto que hago de mi padre conmigo misma, por eso soy tan perfeccionista, sigo repitiendo su patrón, y eso es algo que debo cambiar.

Como no entendía a qué venía aquello, yo lo insultaba en femenino, y así dábamos paso a una discusión de palabras hirientes y absurdas que iban de un lado a otro y que por lo menos a mí me iban destrozando la infancia, si es que aquello se podía llamar de tal manera.

Claramente había dos grupos: mi padre y mi madre contra mi hermano y yo. Fernando y yo les decíamos que estaban para encerrar en un manicomio. Éramos incapaces de entender por qué se discutía; había días en los que todo empezaba por un simple comentario que hacíamos de las noticias, el caso era buscar excusas para desahogar su ira contra nosotros, como si fuéramos los causantes de todos sus males y tuviéramos la culpa de sus problemas. No se daban cuenta de que tan solo éramos unos críos, los suyos. Lo que necesitábamos era cariño en vez de gritos y hostias que no dejaban rastros de sangre, pero sí huellas en la memoria, de esas que no se borran ni con el paso de los años.

Éramos un buen equipo los dos juntos, hasta que dejábamos de serlo por cualquier tontería por la que nos enfadábamos, o porque ellos, que eran más listos, nos ponían en contra diciendo mentiras que el uno había dicho sobre el otro, y nosotros, que éramos unos niños ingenuos que no sabíamos aún nada de la vida, caíamos en la trampa cual ratón cae atrapado en un cepo ante el queso que le ponen como anzuelo. Cualquier cosa que decía ya era una ofensa y daba lugar a recibir un insulto.

Recuerdo perfectamente una de aquellas asquerosas cenas; había embutido para cenar, a mí me encantaba el pavo. Mi hermano Fernando se lo terminó y a mí me tocó la odiosa mortadela con aceitunas. No es que me diera asco, solo que prefería otra cosa, y, a decir verdad, me encontraba tan triste y tan mal por el castigo, por haber pasado todo el día discutiendo, que no me apetecía nada probar bocado. Me pasé un par de horas con el sándwich encima de la mesa, hasta mi hermano Fernando se fue a dormir, con eso os digo todo. Hasta que llegó mi padre de la cocina y dijo:

—¿Te lo vas a comer o qué?

—No, no tengo hambre —respondí secamente, esforzándome en decir cada palabra.

—Vale, muy bien, pues te lo vas a comer por mis santos cojones.

—No pienso comérmelo —le grité, y me crucé de brazos, enfadada. Estaba harta de escuchar lo mal que me hablaba.

Lo que sucedió a continuación ocurrió muy deprisa, como cuando se tiene un accidente: todo se ve a cámara lenta y no te da tiempo ni a reaccionar. Mi padre cogió el sándwich del plato y lo estampó contra la pared, fue hasta donde estaba y lo pisó con sus zapatos; después, lo agarró del suelo. Entre mi madre y él me obligaron a comerlo, mientras mi padre decía: «Ahora sí que te lo vas a comer».

Odié sus malditas palabras y, sobre todo, tener que comerme aquel asqueroso pan pisado que mi padre me metía en la boca mientras mi madre me tapaba la nariz para que tragase. Pero eso no era lo que me hacía sentir mal; lo que de verdad me humillaba era no saber por qué me hacían tal aberración. En esos momentos, recordaba las palabras de mi madre: «Ojalá no hubieses nacido, todo sería mejor, fuiste un embarazo no deseado, te tuvimos porque se rompió el condón, sin ti estaríamos felices…». Pensaba que tenía razón, que lo mejor hubiese sido no haber existido nunca, y deseaba no haber nacido para no tener que aguantar tal desprecio.

Era tan grande y terrible lo que sentía dentro de mí que dudaba de que pudiera soportarlo en aquel pecho frágil y pequeño que no dejaba de contraerse a cada segundo, sintiendo mi propia respiración acelerada y notando cómo torpemente mi corazón chocaba una y otra vez luchando por salir de donde estaba. Aquella escena me traumatizó demasiado y dejó mi autoestima por los suelos, aunque tan solo era una miga de pan comparado con lo que iba a tener que pasar en los próximos meses de mi corta vida.

Pasaron los años y la cosa digamos que no mejoró. Para colmo, iba a peor, aunque al menos logramos ser algo más listos y ya no nos dejamos poner en contra el uno del otro porque sabíamos que el uno al otro era todo lo que teníamos.

En aquellos años, mi alimentación era un desastre. Mis padres nunca han sido buenos cocineros que digamos, malcomíamos comida chatarra, como *nuggets*, embutidos en la cena, pasta, arroz, un pollo asado para los cuatro... Por entonces estaba obsesionada con mi peso, miraba las calorías detrás de los envases antes de comer, e incluso hacía competición con un amigo de clase, a ver quién aguantaba más días sin comer nada. Recuerdo que gané, mis récords fueron tres días seguidos, momento en el cual me desmayé en clase de Lengua, después de haber tenido Educación Física. Mi tutora, Paz, se reunió con mi madre para contarle que no era la primera vez que me pasaba, quería saber qué era lo que desayunaba en casa. Me veía «gordo», como me llamaba mi padre. Detestaba mi cuerpo, y por eso lo maltrataba, privándolo de alimentos, haciéndolo sufrir hasta la inanición, quería hacerlo desaparecer. Esta conducta autodestructiva ha durado muchísimos años; ahora, por suerte, llevo un orden mejor de las comidas e intento comer de forma saludable, aunque me sigue costando tener una dieta variada y equilibrada.

Con catorce años empecé a salir con Sergio, mi primer novio, y, cómo no, eso también fue motivo de grandes peleas y discusiones. Apenas lo veía en el instituto, o hacíamos pellas para poder vernos, ya que solo me dejaban salir con mi hermano. A todas partes donde iba, íbamos juntos, y no es que me disgustase, es más, adoraba a mi hermano; pasábamos horas ayudándonos a hacer los deberes, jugando al fútbol, leyendo libros, jugando con soldados que venían con catapultas a derribar el castillo del otro, viendo dibujos o jugando a la PlayStation, entre otras muchas cosas. Era mi mejor amigo, mi confidente, mi compañero en la guerra, con quien pasaba prácticamente todas las horas. Cómo no iba a quererlo, cuando compartíamos tantas cosas; de hecho, era él a la persona que más quería, él primero y después a mi abuelo. Incluso un día me dio por ponerme a llorar al pensar que más adelante no estaríamos juntos, y no podía soportar imaginar que llegaría ese fatídico día. Un pensamiento estúpido, pero que no podía dejar de pensarlo y me hacía sentir extremadamente triste. Pero, entendedme, había momentos en los que deseaba estar a solas con Sergio, lo que parecía tarea imposible. En las despedidas era la única vez en la que podíamos besarnos, mientras mi hermano se quejaba en silencio, poniendo los ojos en blanco y esperando aburrido, de brazos cruzados y malhumorado, a que dejáramos de besarnos. Para mí, conocer a Sergio había sido una especie de salvación.

Las discusiones ocurrían a todas horas, pero especialmente las grandes se daban después de comer. Como ya sabía cómo iba la cosa, comía superrápido; siempre me apañaba para ser la primera en terminar y encerrarme en la habitación, pero, al no tener llave ni cerrojo, tampoco era una gran idea, porque rápidamente mi padre irrumpía en mi cuarto, derribando la mochila, la silla giratoria que tenía para el ordenador de mesa y todos los trastos que había puesto para que le costase más abrir, para seguir con sus desprecios.

Estaba claro que yo era el blanco más fácil al ser la pequeña y encima ser mujer, así que siempre me llevaba lo más gordo. Temía a mi padre cuando venía a por mí con aquellas manos enormes, la cara enrojecida a causa de estar histérico o quizás por el exceso de alcohol acumulado en la sangre, imagino que por una mezcla de ambas. Se le hinchaba la vena del cuello, cosa que ni podía ver, porque la sangre y las venas es algo que, cada vez que veo, me produce tal malestar que acabo mareándome.

Venía a por mí a pasos agigantados, me cogía mi larga melena y tiraba de ella para después abofetearme con la mano abierta. Mi hermano rápidamente venía detrás, pero poco podía hacer el pobre, que también le tenía miedo, aunque alguna vez le hiciese frente y alguna torta o empujón se llevase. Mi madre me desesperaba y se ponía de los nervios, porque entre delirios borrosos la veía ponerse en el pasillo a gritar que mi padre parase y a dar saltos, pero allí todo seguía como si fuese una película más de las tantas que veíamos cada noche en el sofá. Continuaba golpeándome, y todos éramos espectadores, menos el cabrón de mi padre, que paraba cuando le dolían las manos o le parecía que ya me había abofeteado suficiente. Alguna de esas veces, al pasarme la mano por mi dolorida cabeza, se me quedaba entre los dedos más de un mechón que aquel ser despiadado había logrado arrancarme a tirones, y yo lo único que podía hacer era llorar y sentirme miserable. Odiaba tener que respirar, deseaba morirme.

Lo peor de todo es que, aparentemente, de cara a la familia, al colegio y al resto de la gente, éramos una familia «normal». Fernando y yo éramos dos niños encantadores. Él era muy tímido e introvertido, le costaba hasta comprar el pan, por lo que siempre acababa por ir yo. En cambio, mi madre decía que yo era «hiperactiva», y cómo no iba a serlo, estaba atacada de los nervios y lo que menos le apetecía a mi mente era estar sin nada que hacer para obligarse a no pensar demasiado, aunque había días en que no podía más, me invadía el sentimiento de angustia, de desesperación, caía en una profunda depresión y me tiraba toda la tarde en la cama sin ganas de hacer otra cosa que no fuera dormitar.

Aunque no me servía de nada hacer aquello porque el inconsciente es muy sabio y refleja cómo nos encontramos durante los sueños, de ahí que cada día tuviera pesadillas y soñase que me mataban de las formas más despiadadas y crueles que os podáis imaginar. ¡De qué manera no habré muerto mientras soñaba! A manos de cualquier monstruo que mi cabeza era capaz de recrear. Odiaba tener pesadillas noche tras noche, acabé cogiendo miedo a la oscuridad y, a base de quejarme, me compraron un enchufe de esos que se iluminan al conectarlos, y así podía conciliar el sueño, porque, si no, me daba por mirar al largo pasillo y ver entre las sombras aquellos seres deformes y malignos que me querían matar. Confieso que hoy en día aún tengo miedo a la oscuridad.

Un día me dio por coger un cuaderno del colegio, de esos del tamaño de una cuartilla, y comencé a escribir lo que soñaba, como una especie de desahogo. Me gustaba dejarlo escrito, era como dejar plasmado el miedo en el folio, me sentía más fuerte. De ahí pasé a empezar a escribir cosas que me imaginaba: vidas de personajes que eran felices viviendo aventuras, así al menos me olvidaba de mi vida y era feliz viviendo otras que inventaba. Hacía y deshacía a mi antojo, me sentía Dios jugando con las vidas de las personas que yo misma creaba. Habitualmente escribía cosas tristes, relatos en los que algún personaje, casi siempre la protagonista, acababa muriendo. Supongo que no era mera coincidencia, pues en la vida real también pensaba en quitarme la vida; siempre que discutía, lo pensaba, hasta lo llegué a escribir con ceras de color verde y letra enorme, de esa que hacen los niños que no saben escribir demasiado bien, en la parte de abajo de una de las baldas de la estantería de madera que tenía al lado de la cama. Sé que más adelante, cuando tiraron mi cama y aquel mueble para ponerme la litera, lo vieron, pero jamás mi madre ni mi padre me dijeron nada al respecto ni me preguntaron por aquello.

Cuando pensaba en quitarme la vida, solía pensar en cortarme las venas con algún cuchillo de la cocina o tirarme por la terraza del piso doce en Alcalá de Henares, donde íbamos cada domingo a ver a mis abuelos paternos, pero, a la hora de la verdad, me daba miedo y pensaba en lo triste que se pondría mi familia al enterarse; eso me echaba para atrás. Ahora que lo pienso, mi instinto de supervivencia jugaría algún papel a la hora de mantenerme sana y salva y conseguir que se me pasara la locura de lanzarme al vacío desde aquella distancia, que me dejaría tan reventada como una manzana atropellada por las ruedas de un camión.

Aparte de estas ideas de locos, tenía alguna más que era para echarse a reír, pero, bueno, yo a mi manera no dejaba de intentar ayudarme, así que un día, estando ya en la época del instituto, se me ocurrió la genial idea de escribir una carta, un grito de ayuda que a saber dónde fue a parar. Escribí diciendo que estaba desesperada, que corría peligro mi vida y que deseaba morirme; que dejaba aquel papel en el suelo con la intención y la esperanza de que alguien lo leyese y me ayudase, pero la ayuda jamás llegó. Normal, porque quién narices me iba a identificar sin dar ningún maldito dato de cómo era. La verdad es que en el momento de hacerlo ni caí en la cuenta. Solo recuerdo los nervios de estar escribiéndolo en última hora de clase, nerviosa por si alguien me veía o se daba cuenta de lo que estaba escribiendo, tenía la sensación de que mis compañeros me miraban. Estaba indecisa, con miedo de dejarla en el suelo de camino a casa y de que algún profesor o chico me reconociera al dejarla y se diera cuenta; idea absurda, pues lo que buscaba era ayuda, pero no quería que se enterase nadie. Era algo contradictorio, pero en aquel momento me pareció lo más normal del mundo. Me cercioré de que no hubiese nadie que me pudiera reconocer y, justo cuando iba a la altura del metro, solté aquel folio. Allí dejé un grito de ayuda que jamás fue escuchado, y, si alguien lo leyó, no pudo ayudarme o acabaría en cualquier papelera cercana, el caso es que jamás me enteré. Al día siguiente, pasé por donde lo había dejado y esperé por si alguien de allí estaba a aquella misma hora, pero no sucedió nada, pues los milagros no existen.

Llegó el día clave. Estaba en casa sola, tumbada en la cama de arriba de la litera; dormía plácidamente, hasta que irrumpieron mis padres, entrando por la puerta y dirigiéndose directamente hasta donde estaba. Ambos, como si se tratase de dos locos poseídos, empezaron a insultarme; me defendí como pude, pero eché en falta la ayuda de mi hermano. Mis padres empezaron a decirme sandeces como que no tenía derecho a contestarles y que, si lo hacía, podían pegarme, puesto que hoy habían hablado con un socio del videoclub que era policía y tenían derecho a eso. Les dije que ya veríamos si era cierto, que no se preocupasen, que esa misma tarde me iba a informar. Por entonces yo tenía 14 años y estaba más que hasta las narices de aguantar tantas estupideces de su parte. Últimamente ya no me quedaba en casa, comía la primera y me largaba al parque del canal de Isabel II, donde me tiraba corriendo hasta que se me gastaba la batería del mp4.

Apenas saboreé la comida de aquel día, lo único que quería era salir de allí e irme a despejarme. Una vez en la calle, me puse Envidia Kotxina a tope y comencé a andar a pasos ligeros; tenía la sensación de que, a mayor velocidad, mis problemas se iban haciendo más pequeños. Sé que es una tontería, pero tenía la necesidad de no pararme, y andar de aquella manera me relajaba, me daba la impresión de que, poco a poco, con cada zancada, los recientes insultos recibidos se iban esfumando; tenía la necesidad de andar a toda pastilla, porque me daba la sensación de que, si tan solo andaba, me pesaban más las discusiones. Llegué al parque; recordaba perfectamente de días anteriores que siempre había un hombre que andaba por allí vigilando el parque, y tenía la esperanza de que él me pudiera ayudar. Entré a la pista de atletismo, pisé aquel suelo suave y mullidito que me acogía con amabilidad y comencé a correr con fuerzas hasta llegar a él. Me paré a su lado, no sin antes pensar bien qué iba a decir, no sabía cómo empezar la conversación con aquel desconocido, y menos aún decirle algo tan delicado.

—Perdona, quería hacerle una pregunta.

—Adelante, dime.

—Mire, esta mañana mis padres me han dicho que, si les contesto, me pueden pegar. ¿Es eso verdad?

Aquel hombre me miró con cara de preocupación, mostró asombro, no porque no se lo creyera, sino porque no era capaz de entender aquella pregunta. Al ver su reacción, no sé por qué tuve miedo de oír la respuesta y salí disparada; a los pocos metros, sentí que las piernas me temblaban e iba perdiendo velocidad con cada paso. Aquel hombre salió sin pensárselo detrás de mí corriendo, hasta que me alcanzó con uno de sus brazos por la camiseta y me hizo frenar.

—A ver, no es la primera vez que te veo por aquí a estas horas. Mira, no sé exactamente qué te pasa, pero yo no soy policía y no te puedo ayudar. Existen números del menor donde te pueden aconsejar mejor que yo qué debes hacer —me dijo con una voz tranquilizadora, mientras me daba uno de esos abrazos que parece que te juntan las partes rotas del alma y hacen que acabes por desahogarte de manera descontrolada, dejándote después vacía y con la sensación de haberte quitado un par de kilos de encima.

—Muchas gracias, ahora mismo voy a buscar a algún policía.

—Mucha suerte, espero que se solucione pronto —me dijo con unas palabras sinceras, a la vez que se quedaba mirándome con tristeza.

Esta vez me marché, iba pensando en las palabras de aquel hombre. Salí a dar una vuelta por la zona del canal, pero no vi a ningún policía ni guardia civil al que poder pedir aquellos números; entonces, caí en la cuenta de que en casa tenía un CD de Kiko y Shara, y dentro venía publicidad acerca de ANAR, ayuda para menores maltratados. Sin dudarlo, fui en su búsqueda; sabía que me estaba acercando poco a poco a mi libertad y, a la vez, todo aquello me asustaba porque no sabía qué iba a ser de mí, ya que mi padre siempre solía decirme que, si lo contaba, nadie me iba a creer y que lo más seguro es que me encerrasen en una cárcel para menores. Aquello me daba mucho miedo, pero tenía que arriesgarme; total, no creo que aquello fuese peor de lo que tenía que aguantar diariamente.

Llegué a casa, abrí el CD con ansiedad, esperando encontrar aquel papel, como si se tratase de un tesoro; al tenerlo entre mis manos, di un gran suspiro de alivio, aquello era el billete que daría paso a mi salvación. Me dirigí de nuevo a un parque, esta vez a uno que estaba al lado, para que no me viese el guardia de antes y porque tenía tantas ganas de llamar que no podía esperarme. Me refugié en las sombras que proporcionaban unos árboles al lado de una cancha de fútbol once donde estaban jugando unos niños. Reuní el coraje necesario para dar aquel paso y, finalmente, llamé. Se me hicieron eternos los segundos que comunicaban, para dar paso a una voz femenina:

—Buenas tardes, ¿en qué te puedo ayudar? Aquella voz era angelical y dulce, acogedora.

—Pues, mire…, he ido al parque y he preguntado a un guardia por unos problemas que tengo en casa, y me ha dicho que llame al número del menor porque vosotros me podéis ayudar, y, bueno, es que mis padres… —me quedé sin palabras, se me hizo un nudo en la garganta que no me dejaba continuar hablando. La chica del otro lado del teléfono pareció entender todo sin que yo dijese ni una palabra más e intentó tranquilizarme.

—Tranquila, no estás sola, cuéntame para poder ayudarte.

Le narré algunas de nuestras discusiones con todos los detalles que en ese momento era capaz de contar. Tartamudeaba y a veces me quedaba en silencio, solo se escuchaban mis gemidos reprimidos, que querían dar paso a una lluvia de lágrimas. Mientras hablábamos, me olvidé de todo lo que me rodeaba, como si en aquel momento se parase el tiempo y solo existiéramos nosotras dos.

—Escúchame, vamos a hacer lo posible para ayudarte. Al ser viernes, está todo complicado, pero no te preocupes, que este es un teléfono gratuito y nos puedes llamar desde una cabina telefónica o desde cualquier teléfono, aunque no tengas saldo, estamos las 24 horas.

Me sentía aliviada al haber sido al fin escuchada y comprobar que me querían ayudar, pero tenía aún una espina clavada en el pecho que no me había quitado y no dejaba de sangrar; esa era la que realmente me hacía llorar desconsoladamente.

—¿Por qué lloras? ¿Quieres contarme algo más?

—Sí, bueno, es que nunca se lo he contado a ningún adulto y tengo mucho miedo —logré decir—, me da mucha vergüenza y no sé si voy a ser capaz de contarlo.

—Inténtalo, te prometo que estoy aquí contigo y no te vamos a dejar sola en ningún momento.

—Desde pequeña, mi padre…

Continuaba el río de lágrimas, y allí estallé por todos los años de dolor y tristeza, de impotencia y vergüenza acumulados. Estuve un buen rato sofocada, dando respiraciones demasiado rápidas, tanto que se tropezaban unas con otras; sentía que me faltaba el aire, que en cualquier momento me iba a dar algo, me senté en el suelo. La mujer, desde el otro lado del teléfono, intentaba consolarme sin lograrlo. Estuve unos minutos así, con el teléfono pegado a la oreja y con la otra mano tapándome la cara, para que nadie de los de allí me viese. Odiaba llorar, y mucho más que la gente me viese hacerlo, aquello para mí era vergonzoso y ridículo, de gente débil, y yo no quería serlo.

—Mi padre abusa de mí desde que tenía seis años.

Nada más decir aquellas palabras, noté un alivio enorme, más incluso que el día en que se lo conté a mi hermano Fernando.

—Espera un segundo, no me cuelgues y estate tranquila. Voy a hablar un momento y vuelvo, todo va a salir bien. Eres muy valiente por contarlo.

Ignoraba cómo podían salir bien las cosas cuando yo seguía viviendo allí, pero tenía la esperanza de que aquel día iba a ser decisivo en mi vida.

—Tengo una buena noticia: te he pedido cita este mismo lunes en Servicios Sociales. Te digo la dirección y la anotas. Allí ellos te van a ayudar, te dirán los pasos que tienes que seguir para denunciar.

Insistí para que fuera antes porque no quería volver a casa y ver la cara al desgraciado de mi padre. Imaginad cómo fue ese fin de semana, fueron los últimos días en que hablé con mi padre y desde aquello han pasado ya tantísimos años que he perdido la cuenta.

Ese mismo día tuve que llamar varias veces al teléfono, tenía mucho más miedo y estaba mucho más insegura, era como si mi vida corriese peligro. Tenía un miedo enorme de que me viera las llamadas o de que se enterase de que había pensado contarlo. Sabía que, si se enteraba, yo no iba a estar segura, temía por mi vida.

Tenía tal pánico de que descubriera mis planes que, de camino a casa, apunté el teléfono en la agenda del móvil y tiré a una papelera el papel. Una vez en casa, no podía ni mirarlo a la cara, deseaba que dieran las cinco para que los dos se fueran a abrir el videoclub, pero el maldito reloj parecía estar en mi contra y avanzaba lentamente sus manecillas, haciéndome sufrir cada segundo que marcaba. De nuevo sin venir a cuento, empezó una nueva discusión. No tenía ganas de escucharlo, así que opté por lo que hacía cuando no iba a correr: ir a casa de mi amiga Laura. Y eso es lo que hice; sin decir nada, me marché escopetada por la puerta mientras mi padre seguía insultándome y mi madre permanecía ajena a todo aquello, tumbada en el sofá. De repente, mientras subía la cuesta de mi calle para ir a Cuatro Caminos, recibí una llamada desde casa, era mi hermano Fernando.

—Fany, papá te está siguiendo.

—Yo flipo, en serio. Di a mamá que se ponga.

Pero no quiso ponerse, sino que cogió el teléfono tan solamente para decir que eso era cosa de mi padre. Me quedé flipando y gritando que si le parecía normal, pero tan solo escuché el teléfono comunicar, me había colgado. Aceleré mis pasos, e iba mirando cada dos por tres hacia atrás. Estaba temblando, y mi cuerpo no dejaba de sudar, jamás mi padre me había seguido; seguramente, se olía algo. Quería coger el teléfono, pero mis pensamientos estaban bloqueados; estaba muy asustada, jamás nadie me había seguido. Miré hacia atrás y lo vi esconderse entre los coches. Salí corriendo esta vez y noté cómo se acercaba a mí, el corazón comenzó a palpitar tan deprisa que tenía la sensación de que, en cualquier momento, iba a terminar en el suelo. Me giré y comencé a gritar con las fuerzas que pude sacar.

—Deja de seguirme, que te he visto.

—No pienso hacerlo —decía, retándome, a la vez que se iba acortando la distancia que nos separaba y aumentaba mi terror.

Me miró a la vez que sonreía con aquella sonrisa maligna que solo son capaces de mostrar los diablos. Me dio un escalofrío y salí corriendo como jamás he corrido en mi vida, sin mirar atrás, hasta que esta vez sí que lo perdí de vista. Llegué sudando a casa de mi amiga. Nada más llegar, estaba acelerada; atropelladamente, le conté lo que acababa de suceder, no daba crédito. Laura me abrazó y me dijo que me tranquilizara. Nos sentamos en su cama, cerró la puerta de la habitación y le conté lo del lunes. Le pedí por favor que me acompañase, que quedáramos un poco antes de ir al instituto y, en vez de ir a clase, fuésemos a Servicios Sociales. Accedió sin poner ninguna pega y de buena gana; ella era mi mejor amiga, una hermana para mí. De hecho, junto con mi hermano, era la única persona que sabía lo de mi padre.

Uno de los tantos días que quedábamos, habíamos salido con Paula y Noelia, dos amigas del instituto. Estábamos paseando, hasta que Laura se inventó la excusa de querer comprar agua; me ofrecí a acompañarla y ellas se quedaron fuera. Dentro del supermercado, Laura se echó a llorar y me confesó que se sentía muy mal, que nadie la entendía ni entendería de su familia y que tenía que contarme un secreto muy importante.

—Soy lesbiana, me gustan las mujeres —me dijo, prácticamente en un tono tan bajo que solo podía escuchar yo.

—Tranquila, yo te apoyo, soy tu amiga y te quiero tal como eres.

La verdad es que desconocía todo aquel mundo y no sabía muy bien qué era ser lesbiana, si no me llega a decir que significa que es que te gusten las mujeres. Sentí que mi amiga me había confesado algo muy importante para ella, algo que solo se cuenta a alguien en quien confías de verdad; así que eso dio paso a que yo le confesara lo de mi padre. Se quedó alucinando, se llevó la mano a la boca del asombro, y aquel día tardamos más de lo normal en volver al videoclub. Yo no quería ir, y ella no quería que fuese tampoco, pero éramos tan solo unas crías que no sabían cómo manejar ese problema; así que, de ahí en adelante, lo único que pasaba es que Laura me preguntaba cómo estaba con más frecuencia, me decía de ir a su casa cuando quisiera y alguna vez me soltaba que no aguantaba más, que, al ver a la Policía, le daban ganas de contárselo. Entonces recuerdo que yo me enfadaba y le decía que ni se le ocurriese. Tenía pavor de contarlo y me angustiaba el no saber qué iba a pasar; tenía miedo a lo desconocido, a que no me creyesen, a que me encerrasen, a dejar de ver a mi familia.

Llegó el domingo, día en el que por la mañana cogíamos el coche para ir a Alcalá de Henares y ver a mis abuelos paternos. Para variar, por la mañana, antes de que mi padre se fuera a recoger del buzón las películas devueltas, tuvo que comenzar una pelea, y esta vez mi madre también salió escaldada por intentar salir en nuestra defensa.

—Tú tienes la culpa de que estén así, son unos malcriados —dijo, dando por terminada la conversación. Dio un portazo y se marchó.

—Veis, hijos, por qué no digo nada. No, si encima yo tendré la culpa.

—No le hagas caso, mamá, está pirado —dijo Fernando.

—Mamá, por favor, sabes que nunca te lo he pedido, pero déjame hoy que no vaya.

—No, hija, ya sabes cómo es tu padre.

—Venga, por favor, déjame ir a casa de Laura —le dije, mientras ponía las manos en forma de súplica.

—Hija, no puedo, tu padre es el que manda.

—Te lo pido solo por esta vez. Venga, anda, no quiero ir, temo que, si voy hoy, nos matemos en el coche todos por estar discutiendo.

—Venga, vale —terminó por acceder, aunque sin estar muy convencida—, pero solo por esta vez.

—Gracias, mamá. Te prometo que el lunes haré algo para que todo esto cambie.

Mi madre se me quedó mirando sin entender nada.

—El qué dices, hija.

—Nada, mamá, ya lo verás —dije, y tan pronto como pronuncié la última palabra, me fui de casa antes de que cambiara de opinión o llegase mi padre otra vez y no me dejase irme.

Cogí el teléfono y mandé un SMS a Laura para decirle que si podía comer conmigo. Me contestó que sí; así que me fui bordeando la Cruz Roja, que era un atajo para llegar antes a su casa.

Iba andando cuando de repente escuché que un coche no dejaba de pitarme, me giré y era el Hyundai Coupe de mis padres, allí iban ellos y mi hermano. El coche se acercó hasta quedarse a escasos centímetros de mí, paró, se bajaron las ventanillas y mi madre y mi hermano suplicaron que entrara.

—Venga, hija, entra, por favor.

—No, mamá, me has dejado antes en casa.

—He dicho que entres ahora mismo —gritó de forma histérica, ya le estaba subiendo la sangre e hinchándose la vena del cuello.

—No pienso subir.

—Ya veremos —dijo mi padre, a la vez que se bajaba del coche. Quería hacer algo, pero me quedé paralizada en el sitio, observando cómo se acercaba.

—Entra ahora mismo —me gritó a la cara.

—No pienso hacerlo —le dije.

—Igual que te he dado la vida, te la puedo quitar —dijo, mientras me miraba con aquellos ojos furiosos que me consumían la vitalidad.

Tragué saliva al escuchar aquello y un escalofrío sacudió cada músculo de mi espalda. Quiso acercar su brazo para alcanzarme, pero era demasiado tarde; por suerte, mi cuerpo había reaccionado, estaba ya a varios metros de distancia, corriendo incluso más que la vez que me había seguido. Aquellas fueron las últimas palabras que mi padre me ha dicho. Me encantaría tener una conversación con él para que esas no fueran sus últimas palabras, para que reconozca el daño que me ha causado, para poder decirle que, a pesar de todo, lo he perdonado.

CAPÍTULO 3

POLICÍA

«Si hay algo que te da mucho miedo, hazlo. Justamente enfrentarte a esa emoción, te ayudará a que desaparezca».

Son casi las 8 de la mañana, me voy de casa con los nervios a flor de piel, salgo sola porque mi hermano, como siempre, se ha quedado dormido. Hago que voy por el camino de siempre, me cercioro bien de que no me estén vigilando. Cuando al fin me he alejado lo suficiente, entonces me desvío y voy al punto de encuentro donde he quedado con Laura para ir juntas a Servicios Sociales.

Ambas estamos muy nerviosas, a mí ni se me pasa por la cabeza lo que puede ocurrir, es una de estas veces en las que se actúa por inercia, sin pensar en las consecuencias, porque, de hacerlo, el miedo me paralizaría, como se ha encargado tantas veces de hacerlo en anteriores ocasiones.

Llegamos al edificio, preguntamos y nos sentamos delante del todo, hay varias filas y hemos llegado con bastante antelación, por lo que nos toca esperar. Me muevo de forma nerviosa, no puedo dejar los pies quietos ni las manos, me coloco el pelo detrás de la oreja una y otra vez casi de forma instintiva. Escucho unos gritos familiares, Laura mira hacia detrás y me mira, estoy petrificada:

—No mires —me dice, casi en modo de súplica, como sabiendo que hacerlo me iba a causar daño.

Los gritos continúan, mis manos se convierten en puños, la tensión aumenta, no entiendo nada. Al igual que en el mito de Eurídice, soy incapaz de no mirar, me paralizo, siento que la sangre se me congela al ver a mi padre y a mi madre allí, dirigiéndonos miradas asesinas. Están visiblemente alterados, coléricos; siento ganas de gritar, de llorar, de pedir ayuda. Laura ve mi semblante y me agarra de la mano, me siento mejor, pero muy insegura. Intento taponar mis oídos para no escucharlos, sus palabras taladran mis tímpanos; entre ellas, logro escuchar: «A saber qué le habrá contado a la lesbiana de su amiga». Como siempre, hablando despectivamente de las personas, humillando al otro.

Mi reloj interno también se ha vuelto de piedra, no avanzan las manecillas; de repente, me nombran y veo cómo se abre la luz ante mis ojos, nos levantamos las dos y nos pasan a una habitación. Nos sentamos en unas sillas junto a una mesa que nos separa de la trabajadora social. Me pregunta el motivo de la consulta, pero de nuevo reaparecen los gritos; son mis padres, están detrás de la puerta. Sin apenas comenzar a hablar, interrumpen entrando al interior de la sala. La trabajadora los echa de allí y les pide por favor que esperen fuera, que la cita es mía. Estoy muy nerviosa, sabiendo que están allí me cuesta mucho contar lo que está pasando, aunque imagino que en esa situación nada les debe sorprender. Casi en un susurro, le cuento la llamada al número del menor, que mi padre me pega, me agrede verbalmente y que también abusaba sexualmente de mí. Veo en los ojos de aquella mujer querer ayudarme. Se queda callada unos momentos, me dice que allí estamos bien, que no me preocupe y que ahora vuelve.

No entiendo nada, cada segundo que pasa para mí es como un latigazo. Deseo que venga y nos explique qué está pasando o qué tenemos que hacer. Las dos estamos asustadas, sumidas en un silencio sepulcral.

Al fin reaparece la trabajadora social. Nos dice que han llevado a mis padres a otra sala, que los van a retener allí unos minutos; mientras tanto, nosotras tenemos que ir a la comisaría de Policía a denunciar lo que le acabo de contar. Doy las gracias y salimos corriendo de allí.

De camino a la comisaría de Tetuán, no paramos de mirar hacia atrás, caminamos a paso ligero, mirando cada pocos metros con terror. El camino no es muy largo, pero se me hace eterno. Tengo pánico de que nos alcancen, de que no nos dejen llegar hasta los policías y me hagan daño. Cuando llegamos a la plaza de la Remonta, mi paso se acelera aún más, a lo lejos está mi salvación. Entramos con vergüenza, apresuradas, con la respiración acelerada y el pulso a doscientas pulsaciones por segundo. En el mostrador nos preguntan qué queremos, ya no recuerdo si fue Laura o yo la primera que habló, creo que fue ella. Logré contar lo que sucedía. Inmediatamente, el policía habló con compañeros suyos, hicieron unas llamadas y tuvimos que esperar de nuevo.

A decir verdad, no era consciente de lo que estaba sucediendo, de que estaba denunciando a mi padre.

Cuando nos llaman, nos mandan salir, y fuera hay un coche patrulla esperándome con dos hombres uniformados. Uno de ellos se baja para abrirme la puerta trasera; el asiento es negro, de plástico duro y muy incómodo. Me siento, miro a Laura a través del cristal, me tapo con las manos la cara y empiezo a sollozar de manera descontrolada. Quiero que el mundo me trague, me siento tan frágil y sola… Estoy desesperada, no sé quién soy ni qué va a ser de mí.

Entre lágrimas y de forma borrosa, veo cómo el copiloto se dirige a mí, me intenta tranquilizar, pero no lo consigue. Entonces me pregunta: «¿Quieres que venga tu amiga?». Asiento con la cabeza. Laura se sienta a mi lado, nos damos un fuerte abrazo, me agarra la mano, pero esta vez no tiene el efecto tranquilizador de antes. Paso todo el trayecto llorando, como si fuera una niña de ocho años, como si fuera de camino al matadero.

Nos llevaron al Grume, la Policía de menores. Allí me tomó declaración primero un hombre con el que no pude hablar; terminó por entrar una mujer al despacho, a la cual, como pude, le hice un resumen, centrándome solo en los abusos sexuales que se habían producido de los seis a los doce años. Declaración que he guardado durante años, mudanza tras mudanza.

Ese día recuerdo que, al terminar de declarar, nos encontrábamos lejos de casa. La policía nos preguntó qué íbamos a hacer y hablaron con la madre de Laura, que se ofreció a tenerme en su casa hasta que se dijera mi destino.

Al día siguiente, la Policía se iba a presentar en mi casa y llevarse a mi padre al calabozo, donde estaría tres días encerrado. Si la memoria no me falla, el Grume habló conmigo y después llamaron a mi madre para contarle lo que iba a suceder de ahora en adelante. Por lo que me contó mi hermano Fernando, nada más enterarse de que lo había denunciado, mi padre se echó a llorar, como el verdugo que sabe que le ha llegado la hora, como quien es cazado y sabe que va a tener que pagar caro el precio de sus maldades.

Todo sucedió muy rápido, no recuerdo cómo ni por qué al día siguiente me vi en casa de nuevo, supongo que me acompañaría Laura. Había quedado para hablar con mi madre y mi tío, recuerdo que en la calle pude ver, como un relámpago, a mi tía Maribel junto a mi padre, que se metían por una calle próxima a donde vivíamos. Por supuesto, mi padre no podría acercarse a mí desde aquel momento, había una orden de alejamiento que le prohibía hacerlo.

Al subir a casa, nos metimos en el salón los tres: mi tío, mi madre y yo. Pedí que se quedase mi hermano, pero no lo dejaron; me dio rabia porque él en parte era un apoyo. El ambiente estaba muy tenso, sentía cómo las miradas me atravesaban, no me sentía bien, el aire quemaba.

Mi tío empezó diciendo que dejase el teléfono encima de la mesa, frase que no comprendí hasta años más tarde, pues me estaban grabando, y ya dicen que el ladrón piensa que todos son de su condición. No pudieron utilizar la grabación, no por lo que yo dijera o dejase de decir, pues seguí diciendo lo mismo que en comisaría, la verdad, sino porque mi tío me pidió que retirase la denuncia. Me hablaba de forma más o menos cordial, pero ahora comprendo que, si lo hizo, fue porque querían utilizarlo de prueba en el futuro juicio. Le contesté que no iba a hacerlo, que no iba a retirar la denuncia, y que, además, aunque lo hiciese, el juicio iba a seguir adelante, como me habían asegurado en comisaría. Me sentí presionada, juzgada, utilizada; era una situación muy incómoda, donde no se me comprendía y me hacían preguntas muy duras. Lo peor fue cuando mi madre empezó a hacer interrogatorios y afirmaciones, cuando comenzó a chillarme y a decir que yo era una puta, una zorra, una guarra, que ojalá no hubiera nacido, que les había jodido la vida, que todo era por mi culpa, que, si mi padre me hubiera follado, me hubiese reventado porque tenía la polla muy grande.

—¿Cómo tiene la polla tu padre? —me espetó a la cara.

Sentí que me hundía, que me ahogaba, que todo me daba vueltas. Mi tío intentó tranquilizar a mi madre y a la vez quería consolarme, pero no logró ni una cosa ni la otra, y acabé saliendo de allí sintiendo que había recibido una paliza emocional.

Regresamos a casa de Laura, ese era mi lugar seguro. La pobre de mi amiga me dejó su cama y ella se fue a dormir al sofá. Por la mañana, me contó que mis gritos de desesperación y angustia la habían despertado, se acercó a mi cuarto y yo estaba soñando. Al despertarme, recuerdo cómo un nuevo episodio de abuso sexual había sido recreado en mis sueños, pero a ella tan solo le pude decir que había tenido una pesadilla. Esa noche había dormido fatal, dando vueltas a mi cabeza, reviviendo una y otra vez el maltrato recibido en casa; recordando y repitiendo en mi cabeza los insultos de mi madre, las frases de mi tío; viendo la imagen colérica de mi padre. Estaba asustada, pensando en lo que iba a suceder, en dónde iba a vivir, en el rumbo que iba a tomar la situación.

CAPÍTULO 4

RESIDENCIA DE MENORES
TUTELADOS, MI NUEVA FAMILIA

«No vayas detrás de mí, tal vez yo no sepa liderar. No vayas delante, tal vez yo no quiera seguirte. Ven a mi lado para poder caminar juntos».

PROVERBIO UTE

Los días pasaron y mi padre ingresó en el calabozo, allí permaneció tres noches con sus respectivos días. Las trabajadoras sociales pretendían en un primer momento que fuera a vivir a casa, así que mi padre, al tener una orden de alejamiento, tuvo que irse a vivir a Alcalá de Henares con sus padres. Se le puso una medida judicial que le prohibía acercarse a mí a menos de 100 metros, y yo regresé a aquella casa maldita.

No sé cuánto tiempo aguanté, puede que una semana o menos, pero fueron días eternos. Mi madre se iba con mi padre desde por la mañana, iban de la mano y le ofrecía su apoyo; verlos así, como si no hubiera pasado nada, me partía el alma. Nos dejaba sin dinero y sin comida en la nevera. Regresaba sobre las doce o más tarde, alrededor de la una. Me despertaba y me comenzaba a chillar, me gritaba insultos como *puta* o *zorra*, me decía que era una mentirosa, que los abusos eran mentira, que no habían pasado porque se lo había preguntado a las cartas y no salía nada, entre otras cosas sin sentido y disparates varios. Yo lloraba de la impotencia, de no entender a cuento de qué venía aquello, de saber que estaba del lado de mi violador en vez de protegerme a mí, que era su hija, a quien habían hecho daño; por el contrario, recibía sus ofensas y desprecios. Tal como me gritaba, se iba y aparecía a los cinco minutos suplicando que le diese un abrazo o que le dijese que la quería. No podía con aquello. Como me quedaba callada, de nuevo comenzaban más gritos, amenazas e insultos.

No soportaba aquella situación, me daba pena ver a mi madre de aquella manera, y por dentro, poco a poco, iba muriendo la chica adolescente que era. Sintiendo desprecio, abandono, rechazo por una madre que prefería estar con su marido maltratador antes que conmigo, su hija. Fernando hacía de intermediario y a veces me defendía; después de cada bronca, le suplicaba que no aguantaba más esa situación, que me quería ir, y él parecía entenderlo.

Me sentía desbordada y para nada me apetecía darle ninguna muestra de cariño después de todas las barbaridades que me había escupido, y mucho menos decirle algo que en ese momento no sentía, como decir que quería a alguien que me dejaba de lado, que me quería apartar de su vida. Ella quería que estuviese a su lado, pero era incapaz de demostrar una pizca de amor, de compasión, de ternura o de amabilidad.

Recuerdo que pedía dinero prestado en clase y, de camino a casa, me compraba en un bar de la esquina lo más barato; ese sándwich mixto era la única comida que entraba en mi estómago durante todo el día. Le expliqué a mi hermano que no aguantaba aquella situación, que no sabía cuánto tiempo podría seguir así. Lo entendió y me dijo que intentaría hablar con mamá.

En las noches, él me seguía defendiendo y le decía que me dejase de gritar, pero mi madre, como siempre, ha sido incapaz de controlar sus nervios. A ella le superaba la situación, y eso que era una persona adulta; a nosotros nos destrozaba y no sabíamos ni cómo actuar.

A finales de esa semana, le pedí dinero para comer y le comenté que necesitaba unas zapatillas nuevas para Educación Física porque las viejas estaban rotas. Se puso a gritarme, a desvalorarme, y me dijo que no había dinero para mí y que el poco que había sería para pagar a los abogados de mi padre. Esas palabras helaron mi sangre, me hicieron entrar en razón y ver que, en aquel lugar, efectivamente, no había un sitio para mí; en aquel sitio no me querían, es más, me detestaban.

Decidí otra vez hablar con Fernando y le dije que lo mejor era irme, que no podía concentrarme en ningún sitio, que a causa de eso iba a enfermar, a volverme tarumba y a suspender todo. Así que, sin tardar demasiado, conté la situación en Servicios Sociales, enseñé las fotos de la nevera, conté cómo me trataba mi madre, si es que se le puede llamar así a alguien que te trata de una forma tan despectiva, y decidieron que no estaba en condiciones de tenerme. Acabaron por quitarle la tutela.

Me ofrecieron dos opciones: la primera era ir al centro de primera acogida de Hortaleza, donde se estudiaba dentro; la segunda, quedarme con alguien que se quisiera hacer cargo de mí mientras había alguna plaza en una residencia de menores. Me preguntaron si conocía a alguien y se me vino a la cabeza Laura, que estaba allí conmigo. Llamaron y hablaron con su madre, esta accedió. Le comentaron que sería cosa de una semana o menos el tiempo que estaría, aunque luego se alargó hasta ser casi un mes; de ahí que Laura sea para mí como una hermana, la quiero muchísimo, porque hemos estado juntas en los momentos más duros de mi adolescencia.

Fui a vivir a casa de Laura, pero antes necesitaba tener mis cosas. Una mañana fría de octubre, fuimos a mi casa y, entre las dos, en un solo viaje, sacamos de allí todo aquello que nos entraba en las manos. Cada una terminó llevando ocho bultos, entre ropa, libros, apuntes, peluches y fotos. Un momento triste, ácido y amargo fue cuando empezamos a sacar todos los álbumes de fotos y a quitar cualquier fotografía en la que apareciese yo. Me lastimaba hacer aquello, pero más lo hacía cada vez que me encontraba con alguna fotografía recortada donde mi madre, en un ataque de desesperación, rabia e ira, se había quitado de en medio. Muchas veces, siendo una niña, recuerdo cómo cogía los álbumes y con tijeras que dejan formas picudas se iba recortando de las fotos donde salía con nosotros de pequeños.

Ahora, al pensarlo, creo que lo hacía porque no se veía feliz en esa vida, porque sentía que no encajaba, quizás porque no nos quería o no podía aceptar lo que estaba viviendo. No sé la razón exacta ni nunca se lo he preguntado, pero era descorazonador ver aquello. Cada vez que hacía eso, por dentro me sentía una mierda; sentía que ella me rechazaba, que le daba asco, que yo era culpable de su malestar y que me quería fuera de su vida.

No quería que se quedasen con ningún recuerdo mío, quería borrar que era su hija, deseaba pensar que había sido adoptada, o que mis padres habían muerto en un accidente y por eso estaba sola.

Me despedí de Linda, mi gatita, y, sin saberlo, también lo hice de aquel infierno, de mi madre, de mi hermano, de sus paredes y de sus rincones, que con furor guardaban tanto desconsuelo y malestar. Sentí que estaba huyendo de allí, que me largaba del campo de batalla, de la guerra que había destruido mi infancia y parte de mi adolescencia.

Esos días en clase estaba ausente, con la mirada perdida, no podía dar pie con bola, mi mente estaba fuera de mi cuerpo. Era imposible estar en clase, la pena embargaba todo mi ser. Aquella situación consumía toda mi energía; me daba igual el instituto, las clases y la gente de mi edad, en lo único que podía pensar era en mi familia, en lo sola que me encontraba, en por qué mi padre me había tratado como un objeto, en por qué mi madre no me quería, en por qué mi familia no quería saber nada de mí, en por qué tenía que estar pasando por todo aquello, en por qué me dejaban de lado, en la incertidumbre que me deparaba el futuro.

Quería creer que nada de aquello estaba pasando, pero, por desgracia, era tan real como el aire que respiraba. Un profesor, José María, con el paso de los años, me llegó a decir que nunca había visto en su vida una mirada tan triste y descorazonadora.

Mi abuelo materno entra en escena: Miguel, la persona que más he querido y querré de mi familia. ¡Cuánto lo echo de menos!

Recuerdo que, mientras vivía en casa de Laura, tuve una cita en Servicios Sociales para valorar si podía ir a vivir con un familiar antes que ir a una institución de la Comunidad de Madrid, cosa que no surtió efecto, ya que también acudió mi madre. En la sala de Servicios Sociales nos tuvieron que separar de nuevo porque no dejaba de insultarme, estaba fuera de sus casillas. Intentaban que mi madre se tranquilizase, pero era muy complicado, por no decir imposible. El caso es que, durante este periodo corto de tiempo, mi abuelo Miguel se ofreció para que me quedase a vivir con él y con mi abuela. En cuanto me enteré de aquella noticia, mis ojos recuperaron algo de brillo, no deseaba otra cosa que no fuera esa, todos los días me imaginaba viviendo con mis abuelos. Estaba feliz con aquella idea, pero la ilusión, tan pronto como vino, se fue.

Llegó el día en el que habían citado a mi abuelo para valorar la solicitud, estaba muy nerviosa, más aún cuando vi a mi madre entrar también. En ese momento, me desmoroné, todas mis ilusiones se fragmentaron y me temí, sin equivocarme, lo peor. Rechazaron que fuera a vivir con él, me sentí la chica más desdichada del mundo. En aquel momento, me partió el alma que no me dejasen ir a vivir con ellos, pero con retrospectiva lo he llegado a entender: hubiera sido muy negativo para mí porque mi madre no hubiera dejado de molestar, ya que vivíamos a cinco minutos andando de casa de ellos, además de que mi abuela llevaba años sumida en una depresión que no la dejaba salir de la cama.

El día temido al fin se dejó ver, mis padres perdieron la tutela sobre mi persona y comprendí que pusiera en el instituto firma del padre, madre o tutor. Llegó un coche a casa de mi amiga, en él iban un hombre y una mujer que me dejaron a la entrada de una casa de dos plantas con verjas de color rojo que rodeaban el edificio, y también estaban en las ventanas. Aquel edificio situado en Vallecas era la residencia de menores tutelados donde iba a vivir hasta cumplir los 18 años. No fue una imagen demasiado acogedora, influía mi estado de ánimo y de recelo a estar en un sitio que no conocía ni sabía cómo iba a ser; además, la imagen y la idea que daban de estos lugares no eran demasiado alentadoras.

Para protegerme, utilicé torpemente mi vestimenta como escudo de protección y me presenté con mis botas negras y pantalones militares; en la parte de arriba llevaba una sudadera con el símbolo de anarquía y la frase que decía: «Anarquía will be». Con los años, entre risas me han confesado los educadores que pensaron al verme: «Aquí viene otra que la va a liar». Pero para nada era así, era tan solo una barrera que puse sin darme cuenta, sin ser consciente de que, de aquella forma, intentaba protegerme, dando una imagen de chica dura y fuerte, todo lo contrario a lo que realmente era.

Llegué un día cualquiera, entre semana, a la hora de la comida. Estaba Rafa, el primer educador social que he conocido; estaban comiendo dos chicos que eran hermanos, y no había en esa planta, la de los mayores, nadie más. Bajamos a la primera planta, donde estaban los pequeños, la señora de la limpieza y Silvia, una educadora social que, en la actualidad, es una de mis mejores amigas y de las personas que han estado siempre a mi lado, apoyándome en los momentos más duros y también en muchos cruciales, junto con Marisol, la directora.

Las plantas estaban divididas por zonas, una para los chicos y otra para las chicas. Una vez instalada, me puse a comer mientras Rafa intentaba darme conversación, aunque yo creo que tenía que digerir todo aquello, no sabía muy bien qué hacía allí ni tenía la más remota idea de cómo funcionaba aquello, de las reglas y normas que había que cumplir. Tenía miedo, recelo de los adultos y también de los compañeros.

Sentía que no era mi hogar, que no encajaba allí, pero tampoco sabía si en la vida había un espacio donde pudiera hacerlo, ya que en mi casa estaba claro que no tenían sitio para mí. Me sentía un bulto en medio de la nada, un objeto sin valor que habían desechado porque no tenía utilidad, sentía que no servía para nada y que por eso había terminado allí, donde viven todos aquellos niños que, por diferentes razones, son descartados, dejados de lado por no encajar, chicos y chicas que no teníamos a dónde ir y que seguramente no teníamos un buen porvenir. Sentía que mi vida se había acabado, y eso que tan solo tenía 15 años.

No voy a relatar toda mi estancia en la residencia porque es muy extensa, pero fueron unos años muy importantes en mi vida y que han marcado mi futuro, mi profesión, mi destino. Allí tuve unos modelos sanos a seguir, encontré amigos, a un padre y a una familia. Fue el primer lugar donde fui sintiendo que encajaba. Pude, después de tantos años, sonreír, dejé de coquetear tanto con la muerte, pude centrarme algo en los estudios, disfrutar de cosas propias de chicos de mi edad, como jugar al fútbol, escuchar música, compartir comidas y cenas agradables o ver la televisión.

Aun así, había momentos duros en los que añoraba a mi familia, a mi madre y, sobre todo, a mi hermano, y era incapaz de comprender por qué ninguno se ponía en contacto conmigo. Al único que seguía viendo era a mi hermano, porque íbamos al mismo instituto. Me quisieron cambiar, pero me negué porque allí estaban mis compañeros de clase y, sobre todo, los profesores, las personas en las que siempre me he refugiado, ya que me sentía valorada por ellos, sentía que tenían interés por mí, y eso ninguna persona antes lo había demostrado, o al menos no lo había hecho como ellos, de corazón y con sinceridad. Si soy alguien hoy en día, es gracias a mis maestros, a mis educadores sociales, a mi abuelo, a las personas que creyeron en mí, en que yo era diferente a mi familia, en que tenía la libertad y la capacidad de ser diferente a ellos, de que podía salir adelante si me esforzaba… Aunque yo no lo tenía tan claro, visualizaba un futuro negro, oscuro, descorazonador.

En la residencia pronto me hice muy amiga de Verónica, una chica con la que compartía habitación, y, sobre todo, de Alberto. Al principio, él y yo éramos los únicos de la planta de arriba que pasábamos allí los fines de semana, así que juntos nos hacíamos compañía, hacíamos de confidentes, éramos el apoyo del otro, a quien contábamos nuestras penas y alegrías.

El primer fin de semana logré disfrutar como nunca. Fuimos con Rafa, Silvia —ambos educadores sociales—, con Alberto, Samuel y algún menor más a un centro comercial y estuvimos montando en *karts*. Fue una experiencia inolvidable, recuerdo que nos pusimos unos monos de color rojo y unos cascos blancos, aún tengo la foto con Silvia a mi lado. Pude olvidarme por unas horas de mi tormento y disfrutar de aquellas vueltas, creo que fue una de las primeras veces en las que me he sentido viva y feliz de verdad.

Mis educadores me compraron un diario que aún conservo, aquí os dejo un escrito que hice, para que veáis cómo respondía mi familia ante los abusos sexuales. Este en especial va sobre mi abuelo:

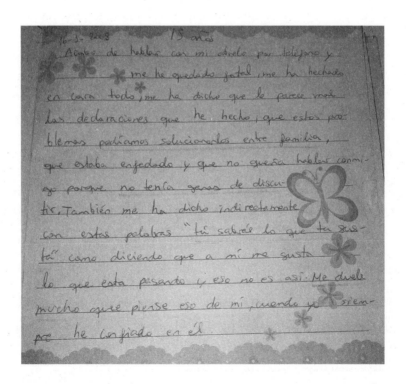

No entiendo nada, parece que todo el mundo está escrito mía, parece que aquí los únicos que tienen sentimientos son ellos y se olvidan de que yo también tengo sentimientos, que sufro y que me están haciendo daño. Me he dicho que no tenía que haber dicho esas cosas, pero le he dicho que esas cosas son las verdad y no las hubieran dicho si no las hubiesen hecho. Ellos son los que no tenían que estar haciéndome esto, y mi padre es el que no tenía ... haber hecho lo que hizo, pero nadie quiere ver la verdad. Prefieren fingir que nada ha ocurrido y eso no puede ser... he de ser con quien cargue y un desprecio de todo el mundo, lo único que tengo es mi madre y a mi hermano y ni siquiera sé si esto haciendo bien en creer que no están por parte de ninguno desde porque no quiero hacerme ilusiones y luego llevarme disgustos y decepciones como me pasa con las demás personas. Lo único que tengo seguro son mis palabras y lo que sé, pero temo que no aguante más porque cada vez que me llevo una decepción, y siento que nadie me apoya y que estoy sola, siento que he nacido para sufrir y que la vida es una

... idea ... Hay unas cosas ahora en la que pienso que sería mejor no haber nacido ... me hubiese ahorrado el estar sufriendo. Pero no nada endiñara porque eso es lo que ellos quieren, y no les voy a dar esa satisfacción, no les daré el placer de que me vean mal, aunque por dentro me ... fatal, ... que me quita las ganas de todo. He aprendido que no tengo que ser tan buena como he sido, pero han dado para ... perdonarlos, les he dado otra oportunidad y ... de esto me he vuelto a desilusionar, pero esto no va a volver a ... porque no pienso caer otra vez en esa trampa. Ojalá todo esto no hubiese sido, ojalá tuviese una familia normal como las demás. No entiendo que hecho para merecerme esto. En estos momentos lo único que me gustaría es que me dejen en paz ... no me crean pero si no lo hacen es ... pero por lo menos que no me ... en casa y me llamen mentirosa, y encima que digan palabritas o que ... cuente errores y que siempre hay que ... eso sí que no lo soporto y ... que no ...

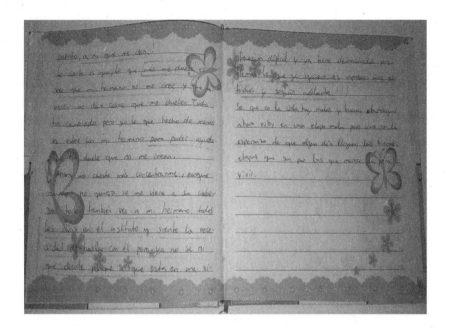

Estando allí me llevaron a CIASI (Centro de Intervención en Abuso Sexual Infantil) y me atendió Teresa, mi primera psicóloga, quien se convirtió en una gran amiga. Deseaba que llegase el día de la cita para compartir con ella lo que me había acontecido durante la semana, y eso que el primer día salí diciendo que no quería volver a ir.

En nuestras sesiones tratamos los abusos sexuales, la forma que tenía de verme y de ver el mundo. Trabajamos mi vergüenza, mi culpabilidad, el rechazo, mi autoestima, la asertividad, la forma de relacionarme... Poco a poco, año tras año, me fue ayudando a cambiar por dentro, a ser más fuerte, a conocerme, a aceptarme, a saber que nada de lo que había pasado había sido responsabilidad ni culpa mía. Recuerdo que, como me encantaba escribir y no se me daba mal, me proponía ejercicios escritos donde expresarme. Me hacía leerlos en voz alta y me costaba mucho porque casi siempre rompía a llorar. Comencé entonces a llevar un diario para hacer aquellos ejercicios de autoconocimiento y a leer libros relacionados con la psicología: *Los cuentos que me enseñaron a vivir*, de Jorge Bucay; *El derecho a decir no*, de Walter Riso; *La asertividad: expresión de una sana autoestima*, de Olga Castanyer; *Los renglones torcidos de Dios*, de Torcuato Luca de Tena; *El coraje de sanar,* de Ellen Bass y Laura Davis; *El arte de amar,* de Erich From, o *El alquimista,* de Paulo Coelho.

Mi primera sesión en terapia fue destripadora, recuerdo que al salir dije a mis educadores que no quería volver jamás a ir a un psicólogo. A veces, hurgar en las heridas escuece demasiado, no estamos preparados para limpiar, pero hay que hacerlo para poder desinfectarla. Si eso fue doloroso, ya ni os cuento la primera vez que me citaron para ir a los juzgados de plaza de Castilla, fue muy duro estar en los bancos de los pasillos esperando mi turno y ver enfrente a mi madre, mi hermano y su abogado, mientras yo esperaba al mío. Mirarnos a los ojos y no intercambiar palabras, solo gestos y malas caras que me hacían agonizar. Tuve que pasar por el perito y por unas psicólogas forenses para que me hicieran unas valoraciones. Me preguntaban por los abusos sexuales y me pasaron unos test. Después de esas entrevistas hubo muchas otras, pues el juicio se alargó hasta que cumplí los 21. Esos años vivía pendiente de esa fecha clave, deseaba que se hiciera justicia, sabía que mi padre se iba a declarar inocente, pero dentro de mí deseaba que reconociese todo el mal que me había causado, que se hiciera responsable de tanto dolor y sufrimiento. Cuando paseaba cerca del barrio de mis padres, pasaba mucho miedo, temía encontrármelo. Iba mirando a todas partes, cada dos segundos miraba hacia atrás, el corazón me latía con fuerza, mi respiración y pulso aumentaban de forma descontrolada, tenía pánico de cruzármelo, verdadero terror.

Ahora, mirando con perspectiva, me doy cuenta de que en el único lugar que pude sentir que encajaba era en la residencia de menores. Me sentía parte de una pequeña gran familia que se preocupaba por mí, me quería y hacía que creciera. Pero nadie puede suplir el amor de una madre o de un padre, me sentía huérfana de padres y de abuelos. Allí era una más, alguien a quien no querían y, como un trasto viejo, habían dejado porque no tenía ninguna función. Lo peor eran los fines de semana, porque veías la ilusión de los más pequeños, seguro que anhelaban el viernes como ningún otro día de la semana, para estar con sus seres queridos. Sentía verdadera envidia, se me partía el alma al mirar por la ventana cada vez que sonaba el timbre y veía sus sonrisas, su alegría por irse de allí unos días. Ingenua, creo que me asomaba entre las cortinas pensando que alguna vez llamaría alguien que preguntase por mí. La ilusión, dicen, es lo último que se pierde. Cada domingo, al caer la noche, la mía se desvanecía; cada viernes volvía a recobrar la esperanza, un fin de semana tras otro, y ninguno tuve la suerte de que mi sueño se hiciera realidad. Revivo mi estancia con nostalgia, y no deja de sonar en mi mente la canción *Injusta condena* de El Tren de los Sueños, que habla de un niño que está encerrado en un centro porque sus padres no lo querían y se siente solo, abatido, desolado por no tener unos padres.

Aunque lo peor, por supuesto, eran las Navidades, fechas importantes donde todas las familias se juntan porque son días de celebración, de dar y recibir cariño y amor. Sin embargo, era cuando más sola me sentía. Eran fechas dolorosas, penetraba la negrura hasta el último axón de mis células. Aquí se acrecentaban mis ganas de volatilizarme, de escapar del caos y del desorden, de ir hacia la ansiada luz blanca y tranquilizadora que me mecería en su manto de paz a cambio de mi vitalidad.

Al estudiar la adolescencia en tercero de carrera, me di cuenta de por qué soy yo y no otra persona, comprendí muchos comportamientos actuales y comportamientos que predominan en mi forma de ser. En esta etapa vital de grandes cambios, de vulnerabilidad, donde se consolida la personalidad del ser humano, estuve centrada en mis problemas, en el dolor y el abandono que sentí por parte de cada uno de los miembros de mi familia que desaparecieron de mi lado de la noche a la mañana. Este proceso genera inestabilidad, inseguridad e incertidumbre, y en mi caso me hizo crecer siendo una persona muy insegura, con muchos miedos, que no toleraba su cuerpo y que se veía diferente al resto, por todos los procesos que se dan, físicos y cognitivos, sumado a lo diferente que me sentía por vivir en una institución de la Comunidad de Madrid.

Es un momento vital en el que se dan cambios bruscos y radicales en un periodo breve de tiempo. Somos conscientes por primera vez de lo que está sucediendo. Existe una necesidad de aceptación, un reclamo de autonomía y una necesidad profunda de ayuda. Crecí con ansiedad, con ganas de sentirme parte de algún lugar, de alguna familia, y esto es algo que me ha perseguido: sentir que no tengo raíces, que pertenezco al mundo, incluso alguna vez he llegado a decir que sentía que era de otro planeta porque no encontraba mi hogar, un lugar que reconociese propio, un sitio donde no se me juzgase; me sentía como un extraterrestre, como alguien exiliado de su país. Me apetecía imaginar que había sido adoptada, que mis padres habían muerto en un accidente de coche o, como dije alguna vez, que me habían encontrado en el cubo de la basura y por eso era tratada de forma cruel.

Es una etapa que necesita ser trabajada bien para cubrir todas las necesidades del adolescente, las consecuencias se acarrean durante todo el ciclo vital, he sido y sigo siendo testigo de esto. Todo es novedoso, se tiende a encontrar una explicación a lo que está pasando. Yo buscaba entender el porqué de los cambios, saber el motivo que había en mí que generaba rechazo, pero no encontré la razón porque no había ninguna, vivían cegados en una realidad que les permitía vivir como autómatas, en la cual no había cabida para mí.

Encontré, eso sí, mucho rechazo. Me sentía muy juzgada, cuestionada e incomprendida. Esto conllevaba un gran sufrimiento, un malestar interno que intentaba disimular a veces con una sonrisa forzada para que nadie me preguntase qué me pasaba. Los adolescentes responden a la mirada que se tiene de ellos. Y yo había recibido una muy negativa por parte de las personas que más quería, de las que siempre habían estado a mi lado. Menos mal que logré unas miradas positivas, de aprecio, de orgullo, de superación en los ojos de mis educadores sociales. Estas miradas hicieron posible que creyese en mis capacidades en momentos que ni yo creía en mí.

En esta fase se da una conexión entre el sistema límbico, las emociones y la corteza prefrontal, donde se halla el razonamiento. Creo que, debido a mis experiencias traumáticas de estos años, no pude realizar bien esta conexión; de ahí que muchas veces me cueste conectar con mis emociones. A nivel racional las entiendo perfectamente, pero soy incapaz de sentirlas, me cuesta una barbaridad conectar con mi sistema límbico. Sin embargo, tengo la gran capacidad de contener las emociones, de no sacar a relucir el odio, la frustración ni la rabia. Esto se debe a que siempre he inhibido las emociones por temor, por las consecuencias que podían generar en los demás y porque, cuando las he podido exteriorizar, siempre han acabado en fracaso, en desconsuelo.

La tarea propia de esta etapa es conocerse y distinguirse como uno mismo, tener una opinión sobre el mundo y sobre el lugar que se ocupa en él, saber diferenciarse del otro. Así lo explica el filósofo Romano Guardini. Y así es como creé mi visión acerca del mundo, como un lugar tétrico y caótico, donde todo cambiaba constantemente, donde no te puedes fiar de las personas, donde te abandonan y hacen daño los seres que amas. Conocí un mundo turbio, lleno de falsedades, de mentiras, de desprecios…, visión que fui cambiando al conocer a personas maravillosas que aún conservo como amigos, porque sin ellos la vida no sería lo mismo; sin ellos, se pondría el sol igualmente, sí, pero alumbraría y calentaría un poquito menos.

En Silvia, Bernardo, Teresa, Paz, María, Nuria, Salti, Mamen, Simona, María, Malizzia Kiss, Fernando, Laura, Noemi, Rebeca, Eva, Samuel, Alberto, Verónica, Salomé, entre otros, pude sentir una mirada acogedora, una que no me cuestionaba ni criticaba, una mirada que abrigaba mis partes rotas. Al fin me sentía aceptada, ellos eran capaces de ver lo que les gustaba de mí, mis cualidades positivas; me reconocían como un ser vulnerable, sensible, que sufre y necesita ayuda. Veían a la persona que se encontraba detrás de las barreras, de la desidia, de la amargura, del dolor y de la indiferencia que aparentaba.

Estando en la residencia de menores, tan solo una vez vino mi madre a verme, estaba muy nerviosa de poder volver a verla después de tanto tiempo. Deseaba aquel encuentro, temía también por si salía mal, por el dolor que me iba a poder producir. Al fin llegó el momento, recuerdo que fue por la tarde, mi madre entró a mi cuarto y vino con un pequeño regalo, algo que había comprado en el chino. Mi madre siempre ha sido muy tacaña, nuestros regalos de cumpleaños siempre eran ropa del Alcampo o videojuegos que luego alquilaban en el videoclub. Al principio parecía que la cosa iba bien, aunque no terminaba de fiarme del todo. Nos peguntamos lo típico, que cómo estábamos y cómo nos iba. Duró poco la burbuja de felicidad, hasta que me dijo que volviese a casa, que no había pasado nada, que si estaba allí era porque me daba la gana, que era una niñata, que ya se habían reído de mi carta, que la habían dejado leer a todos los socios del videoclub, que ya se veía lo madura que era; en fin, no pude soportar aquellas palabras. Mi madre prefería negar la evidencia en su cabeza porque la verdad le sería insoportable. Así que, con todo el dolor de mi alma, tuve que pedir a Bernardo, mi educador, que, por favor, le dijese que se fuera.

CAPÍTULO 5

BERNARDO, MI PADRE ADOPTIVO

«Padre no es quien te tiene, es la persona
que te quiere y se preocupa por ti».

En la adolescencia, como he comentado, se forja la personalidad, es una etapa de dolor y sufrimiento, pero, sobre todo, de cambios, predomina la vulnerabilidad. Nos sentimos indefensos, débiles y frágiles, atacados; tenemos la necesidad de encajar. Por delante tenemos la ardua tarea de conocernos y diferenciarnos del otro, pero también de saber vernos reflejados. Necesitamos aprobación y aceptación, también unos modelos a quienes seguir, y aquí cobra un gran interés, es de suma importancia, Bernardo, mi padre adoptivo, mi modelo a seguir.

Bernardo llegó a mi vida como la estrella de Belén que guio en el camino a los Reyes Magos hasta el portal donde estaba Jesús. Él hizo posible que no me perdiese por el camino, que sorteara las dificultades, que no me hundiese en las arenas movedizas, que no me dejase arrastrar al mundo de las tinieblas que tantas veces me tentaba y donde alguna vez estuve a punto de ir. Él era mi tutor, mi educador social, pero, sin saberlo, era mucho más; para mí era mi padre, la persona que se preocupaba por mí, que me quería, aunque le cueste, porque, al igual que yo, es una persona tímida, de expresar poco sus emociones, y le cuesta dar su opinión en asuntos complejos. Era alguien que dedicaba su vida y su trabajo a ayudar a otros, y eso me cautivaba, yo al crecer quería ser como él. Saber que existían personas así hacía que viese el mundo menos cruel, que visualizara esperanza y que soñase con un futuro donde pudiera hacer la mitad de lo que él hacía conmigo.

Recuerdo perfectamente un día que regresábamos a la residencia, estábamos en la furgoneta blanca aparcando, me quedaba poco tiempo para irme de allí; de nuevo, tenía que dejar ir de mi vida a personas que tanto significaban, y eso lo llevaba muy mal, me costaban las despedidas, alejarme de las personas siempre me ha costado en exceso. Iba a cumplir la mayoría de edad y ya no podía estar más tiempo viviendo en el que había sido mi hogar; era hora de que alzase el vuelo sola, sin su protección, cariño y calor. Yo pensaba que no estaba preparada para aquello, ¿quién está acaso preparado para volar con 18 años? Desde luego a mí me daba miedo, sentía que me iban a fallar las alas y me iba a estampar contra el cemento del asfalto. Por suerte, Bernardo había pedido una excedencia para que pudiera estar allí unas semanas más, pues se acercaba selectividad y quería que estuviera relajada, tranquila para poder concentrarme, estudiar y pasar el examen de acceso a la universidad. Me estaba explicando lo que iba a suceder en caso de que no se aprobase dicha petición, tendría que irme a vivir a una residencia de monjas, exactamente de salesianas, una dedicada a mujeres víctimas de violencia de género. Yo no quería marcharme, pero sabía que no tenía otra opción, me rompí por dentro al recibir aquella devastadora noticia. Al pensar que no volvería a aquel lugar donde había pasado tantas penas, compartido tantas alegrías, donde había encontrado algo de paz. Justo antes de bajarnos de la furgoneta le dije a Bernardo entre lágrimas que, para mí, era como mi padre. Me costó mucho decírselo, ya que tampoco soy de expresar públicamente lo que siento, no vaya a ser que al hacerlo me hagan daño. Y, siendo sincera, creo que él también soltó alguna lágrima silenciosa, porque su cara enrojeció. Él siempre dice que es la alergia y por eso le pican los ojos, pero los que lo conocemos un poco sabemos que es su forma de decir disimuladamente que algo le ha llegado al corazón.

Me gustaba la forma que tenían de cuidarnos, de abrigar nuestras heridas; de hecho, las Navidades dolían algo menos con su presencia. Recuerdo que la primera que celebramos allí recibimos 50 € (o una cantidad aproximada), me hizo mucha ilusión ir de compras y que me ayudasen a elegir la ropa. Ni siquiera conocía mis gustos, nunca había comprado algo en tiendas como Blanco, Pull and Bear,

Zara, Bershka o Stradivarius. Para mí eso era algo nuevo, casi toda mi ropa era de mercadillos o de Carrefour. Comprábamos lo que queríamos y, el día del duende, nos juntábamos todos —pequeños y grandes, chicos y educadores— en la planta de abajo, donde nos daban envuelto en papel de regalo aquello que habían comprado. Era un día muy especial, esa celebración me acogió desde el primer momento. Había música, bailes, representaciones teatrales, cada uno habíamos preparado una actuación…, fue bonito sentirse parte de un grupo, sentirme una más. Cenábamos todos juntos, en familia. Qué hermosa es la compañía, el comer junto a otros es una sensación maravillosa; duelen los días que me encuentro comiendo o cenando de pie con mi única presencia, no hay plato más grato que el que es compartido.

Imaginaos a una joven de 18 años que tenga que irse a vivir sola, aunque tenga un apoyo detrás seguro, que le va a ser difícil enfrentarse a las dificultades propias de un adulto, como encontrar un trabajo, convivir con otras personas, tener un lugar donde vivir, organizarse económicamente para pagar sus gastos, ir a la compra, hacerse la comida, ordenar y limpiar su casa, etc. Pensad en las chicas que, como yo, han vivido en residencias de menores. Pensad en los jóvenes extutelados que no cuentan con una red de apoyo familiar ni con ahorros ni dinero que les den sus padres. En España, cuando un menor tutelado cumple los 18, debe buscarse la vida; esto muchas veces quiere decir regresar al lugar donde se producía el maltrato, irse a una casa de okupa, ir debajo de un puente, vivir en cajeros, irse con desconocidos que dicen querer ayudarte o ir a una residencia gestionada por monjas, que es lo que acabé eligiendo. Sin apenas formación, sin trabajo, sin redes sociales ni familiares, sin experiencia, sin ingresos, sin alojamiento…, es poco probable que pueda salir adelante. La ley española en materia de menores está desactualizada y no está preparada para poder reinsertar a esos jóvenes. Estos menores han estado bajo el sistema de protección porque han vivido una situación de gran dificultad en su infancia y/o adolescencia. ¿Cómo deben sentirse cuando, el día que cumplen 18, se tienen que ir del único sitio en el que se han preocupado por ellos? Ya os lo digo yo, te sientes desesperada, que no tienes un lugar donde ir; revives el malestar y el abandono; ves un futuro incierto, inseguro, y piensas en lo peor… Se te cae el mundo encima.

La etapa que les espera es de lo más complicada. Tendrán que buscar piso, formarse, acceder a un trabajo y mantenerlo, regularizar su documentación en algunos casos, manejar su propia economía, esforzarse para tener una buena red de amigos, comprender la propia historia y el entorno donde viven, convivir con su pasado y saber construir el presente. Y, todo ello, sosteniéndose emocionalmente, siendo personas vulnerables, con un paisaje vital de inestabilidad emocional y carencias afectivas. Salir de la residencia hace que tengas que enfrentarte sin red ni apoyo a una vida independiente, llena de incertidumbre, donde tienes menos oportunidades que el resto de hacer cosas que te gustarían, simplemente porque no puedes permitírtelo, como tener un techo propio, y ya no hablamos de lo complicado que es poder cursar estudios superiores.

CAPÍTULO 6

PRIMER ENCUENTRO CON LA MUERTE

«Tanto si crees que puedes hacerlo como si no,
en los dos casos tienes razón».

HENRY FORD

Una creencia negativa te limita, convierte tus miedos en algo real para tu cerebro. Lo mismo pasa cuando crees en ti, esa imagen mental que creas te respalda y ayuda a conseguir lo que visualizas. La infravaloración hace que se acentúen nuestras debilidades y que ni siquiera lo intentemos. El mundo que yo misma me había creado era uno muy turbio, en el que solo había desesperanza, pues pensaba que nunca podría salir adelante, era incapaz de ver un futuro alentador. Esos pensamientos negativos limitaban y condicionaban cada paso que daba; de ahí que fuese cada vez a peor, sin ser consciente de que era yo misma la que cavaba mi propia fosa.

Con mi hermano Fernando apenas me hablaba, tan solo se dirigía a mí para pedirme los apuntes del colegio. En segundo de bachillerato, repitió curso y acabamos yendo a la misma clase, una forma de hablar, ya que apenas lo veía por clase. Imagino que estaba con sus amigos consumiendo drogas. Ese año le quedaron todas, y es que a cada uno nos afectaba de una forma.

Era doloroso ver a mi hermano y no poder hablar con él. Un día en Educación Física, cuando estábamos todos corriendo, dando vueltas alrededor de la pista de fútbol, lo aparté a un lado y me puse a hablar con él. Le dije que necesitaba que me diera un abrazo o que me dijese que me quería, pero no lo hizo, se marchó para seguir trotando y yo me quedé allí como un poste, sin entender nada, y llorando por no recibir el cariño de un hermano al que tanto quería y, a pesar de todo, quiero.

Las clases las pasaba escribiendo historias, relatos que siempre acaban de manera trágica. Recuerdo que allí tenía una amiga, María Moreno, que un día se molestó y me dijo que no volvería a leer ningún cuento mío, a menos que terminase bien, pero yo no sabía hacer aquello, reflejaba cómo veía mi futuro.

En aquella época, acababan de llegar los teléfonos móviles, la gente nos enviábamos SMS, pero casi nadie los utilizaba en clase, porque estaba totalmente prohibido. Excepto yo, ya que recibía de vez en cuando llamadas de la Policía para ver cómo iba la orden de alejamiento y para preguntar cómo me encontraba. Detestaba tener que salir de clase porque todos se preguntaban por qué yo era diferente y podía salir a atender la llamada. Estando allí jamás conté que vivía en una residencia de menores a nadie, temía que me rechazasen o me viesen con malos ojos. Me sentía rara, diferente, alejada del resto. Cada año que pasaba, me distanciaba más. Además, con los horarios de la residencia no podía quedar con mis amigos y, en la hora del patio, prefería hablar con los profesores, ir a la clase de Laura o quedarme sola. Las conversaciones con mis compañeros me parecían frías, superficiales, aburridas y que no iban conmigo. Hablaban de novios o de las relaciones de pareja, y yo lo que tenía en mente era trabajar. Pensaba en el juicio que tenía pendiente con mi padre, en querer hacer justicia, en mi familia, en mis primos, en mis abuelos, en todo lo que ya no tenía, en mis cosas abandonadas, en mi gata, en que, estando muerta, terminaría todo aquello. También pensaba en la casa donde había sobrevivido quince años, en qué hubiera pasado si hubiera continuado viviendo allí; seguramente, hubiera terminado haciéndole frente y uno de los dos hubiera muerto, y lo más probable es que fuera yo.

Una mañana de mayo, estaba en clase de Matemáticas cuando Isabel, la profesora, me permitió salir del aula porque había venido el jefe de estudios a decir que tenía una llamada de mi hermano Fernando. Me sorprendí y temí lo peor, ya que esas cosas eran muy extrañas. Cogí el teléfono y escuché: «Fany, el abuelo ha muerto».

Aquello me cayó como un jarro de agua fría. Me quedé descompuesta, pálida, sin decir nada. Fui hasta mi clase, metí todo en la mochila y me marché sin decir nada. La profesora salió detrás de mí y le conté que acababa de morir mi abuelo. María Moreno estuvo conmigo, llamé a la residencia de menores y les pedí que vinieran a buscarme. Ese era el día en que nos hacían la foto para la graduación. Os imagináis la foto de la orla, salgo llorando, con una camisa roja, un chaleco negro y unos vaqueros claritos. Esa imagen la tengo grabada a fuego en mi hipocampo.

Pasé varios días sin comer ni querer hablar con nadie, era la primera vez que moría alguien de mi familia, y no era solo eso, sino la rabia, el dolor, la impotencia de querer ir al funeral y a la misa, pero no poder. A decir verdad, podría haber estado allí, pero me tenía que llevar un coche de Policía y estar con escoltas. Por amor de Dios, aquello era un funeral y quién era yo para fastidiarlo todo yendo con la Policía, para recibir malas caras y comentarios groseros. Menos mal que no fui, porque no hubiera podido soportar aquello. No fui y se me quedó grabado en el alma el no haber visto a mi abuelo, el no haberme podido despedir de él, porque, al poco de irme a la residencia, a él le habían diagnosticado cáncer de colón, un cáncer agresivo que lo mató en dos años.

En cuanto pude, fui al cementerio de la Almudena, acompañada por Bernardo y por Sergio, mi novio. Ese día lloré su pérdida, me maldije, reproché y sentí el no haber estado a su lado los últimos días de su existencia. No pude despedirme en vida de mi tato.

Ya que no había podido estar en el funeral, quise visitar a mi abuela, darle el pésame en persona. Tuve que prepararme, estar lista para lo que pudiera pasar. Temía que mi padre estuviera en la casa de mi abuela; así que dejé el móvil preparado, por si tenía que realizar una llamada de emergencia. Me sentía algo segura sabiendo que abajo, en el portal, estaban Bernardo y Sergio.

Me encontré con ella después de estar años sin vernos, le di dos besos, un abrazo y el pésame. Estuvo hablándome de mis tíos, mis primos, de la enfermedad de mi abuelo, hasta ahí parecía que todo iba con normalidad. Yo miraba con angustia y miedo a todas partes, pensando que en cualquier momento saldría mi padre a estrangularme o clavarme algún cuchillo.

De repente, mi abuela sacó el tema de la denuncia a la Policía. Me echó la culpa de la muerte de su marido, me dijo que, desde que había denunciado, el tato no estaba tranquilo por lo que yo podía haber contado de las películas porno que nos ponía en casa, que temía ser arrestado por la Policía y que, a raíz de eso, le había venido la enfermedad, que yo lo había matado. «Mi hijo irá a la cárcel, pero tú irás bajo tierra», juró hacerlo y me dijo que ya lo vería, que ella se iba a encargar de aquello. Me estuvo amenazando con más frases, pero no las recuerdo, no podía soportar más acusaciones ni escuchar más sentencias de muerte. Empecé a sentir miedo y a sentirme fatal. Cogí y, tal y como había venido, me fui. Esa fue la última vez que vi a mi abuela Antonia.

Mi abuela sacó este tema a relucir porque el tato, mi abuelo, siempre decía que, cuando le tocase la lotería, se lo daría todo a los etarras. También tenía una escopeta en casa y cada vez que discutían, que no eran pocas veces, amenazaba con pegar un tiro a su mujer. Yo veía aquello como un espectador, me aterrorizaba aquella escena y me ponía a defender a mi abuela; el único que defendía a mi abuelo era mi padre.

Sucedían cosas muy extrañas en aquella casa. En la hora de la comida y de la siesta, siempre había que ver películas pornográficas, y, para colmo, mis padres le reían la gracia. En la mesa contaban chistes verdes y mi abuelo solicitaba a mi padre películas con menores, con animales y cosas muy extrañas (cosa que a mi hermano, siendo más mayor, le molestaba y le decía a nuestro abuelo que aquello de las niñas menores no estaba bien). Todas estas conversaciones se mantenían estando nosotros presentes, empezaron cuando teníamos once y doce años.

Me duele que mi madre no recriminase esa actitud y se riese con ellos, mi abuela era la única que alguna vez se cabreaba por ese comportamiento. Aunque hay muchas otras actitudes de mi madre que duelen y jamás entenderé, como que se riese en el videoclub contando que nos quedábamos muy tranquilitos durmiendo la siesta cuando éramos pequeños porque nuestra merienda consistía en comer melocotón mezclado con Cointreau, un alcohol con sabor a naranja. O que dijese que ella, para mantenernos toda la tarde quietecitos, nos ponía películas de Freddy, *El resplandor* o películas de Jack el Destripador y permanecíamos inmóviles en el salón. No me sorprende que todas las noches tuviera pesadillas, aunque lo peor no eran desde luego las películas de terror. Tampoco entenderé cuando me ponían a la bruja que me daba miedo en la mesa del comedor o en el techo para que la viese al despertar. A ellos les haría gracia, pero aquello iba haciendo mella en mi personalidad.

Alguna vez a raíz de esto he visto a mi abuelo empalmado o masturbándose, pero parecía ser que aquello era lo normal. Mi hermano y mis primos, cuando dormíamos en Alcalá de Henares, en la casa de mis abuelos, se levantaban por la noche y se quedaban en el pasillo viendo las películas XXX. A mi abuelo le daba todo igual; es más, nos decía que no entendía qué hacíamos allí con ellos en vez de estar follando. A mi hermano le regaló condones siendo muy pequeño y a mí un consolador. Cuando compraba alguna cosa extraña, nos la enseñaba, como la muñeca hinchable que tenía en su armario con dos agujeros: uno en la boca y otro en sus partes íntimas. Me decía que me echase un novio negro (mientras se llevaba el brazo hasta el codo para indicar el tamaño), que esos tenían la polla muy grande.

Por lo visto, este abuelo tenía una enfermedad mental por la cual se había prejubilado cuando tenía cuarenta y tantos años; según él, le había conseguido la baja un amigo médico suyo. Jamás me enteré de qué enfermedad tenía, pero estaba claro que de la cabeza no estaba muy bien nadie de la familia. Tenía prismáticos en casa para espiar a las vecinas y se compró un teléfono móvil con cámara para hacer fotos a las cajeras de los supermercados. Delante de mi abuela hablaba de otras mujeres que le gustaban, como si ella no estuviera presente, desvalorándola y hablando de ella como si fuese un trozo de carne en vez de una persona. No sé cómo podía aguantar aquello. Después de aquel fatídico desencuentro, estuve unas semanas sumida en la oscuridad. No me relacionaba con nadie, no quería saber nada del mundo; en aquellos días, estuve planeando mi muerte, pero no se me ocurría ninguna idea buena, excepto dejarme morir de hambre. Se acercaba la graduación, pero yo no tenía nada que celebrar, la maldita enfermedad se había llevado a mi abuelo muy pronto. Me embargaba la culpabilidad al pensar que realmente podía haber matado a mi abuelo (cosa irracional e imposible, pero las palabras a veces actúan como armas) y que lo había pasado mal por mi culpa, que encima no había podido despedirme de él. Mis educadores y Sergio me animaron a ir, aunque no me apetecía nada estar en un ambiente de celebración. Mi hermano no estuvo en el acto oficial porque había suspendido todas, pero sí en la discoteca. No recuerdo hasta qué hora me habían dejado estar, solo sé que llegamos al local sobre las doce. Yo en mi cabeza tenía todo programado, poseía un plan.

Cuando llegamos Sergio y yo, nos enteramos de que solo quedaba una hora de barra libre. Yo, que nunca había bebido una copa, empecé a pedir ron con Red Bull, ron con Coca-Cola, vodka con limón, vodka con naranja, y a beber y bailar, tan solo quería olvidarme de todo. Mis amigos y mi novio me traían copas que no dudaba en beber de un trago. Detestaba el sabor del alcohol, pero me daba igual, después de la cuarta o quinta copa apenas notaba el sabor fuerte y repulsivo. No sé cuántas copas pude beber, en la onceava perdí la cuenta, pero sé que seguí bebiendo alguna más. Había unos asientos dentro, donde estábamos sentados Sergio y yo; en un momento de la noche, le dije que iba al baño y que ahora regresaba, pero, por lo visto, no regresé.

Aquí mis recuerdos son bastante torpes y difusos. Recuerdo ir al baño, regresar a la pista de baile, buscar a Sergio y encontrarme muy mal, mareada, perdiendo la consciencia y el control de mi mente, de mi cuerpo. Decidí sentarme en el banco donde habíamos quedado, cerré los ojos y se hizo la oscuridad, el silencio total se apoderó de mí. La música dejó de sonar, apenas se escuchaban los latidos torpes de mi corazón, como un caballo débil que intenta galopar, pero no lo consigue. Estaba tranquila, en paz, pero, mirase donde mirase, era todo de un color negro intenso, todo era oscuridad, un pasillo enorme negro que no tenía profundidad.

«No puede ser, no tiene pulso».

«Ey, despierta, abre los ojos».

«¡No respira!».

«¿Estás ahí? ¿Me escuchas?».

«¡Está muerta!».

«¡Joder! Ha muerto».

«No puede ser, no responde».

«¡¡¡Fany, Fany, despierta!!!».

«Vuelve con nosotros».

«¿Me oyes?».

Gritos y más gritos, podía diferenciar alguna voz; entre ellas, la de mi novio y la de algún amigo. Solo podía escuchar, pensé que realmente mi cometido se había cumplido, estaba en el otro barrio, había muerto, y la muerte significaba ser un ente, un alma que puede escuchar, pero no puede ser escuchada. Intenté gritar en un primer momento: «Estoy viva, os escucho, no lloréis», pero vi que era imposible. Lloré y maldije en mi cabeza mi propia pérdida. No tenía sentido seguir así, supuse que eso era lo que me esperaba, la ausencia de lo material y lo inmaterial, la vacuidad eterna. Así que me abandoné a la oscuridad, me dejé llevar, me dejé acunar por los brazos de Morfeo. Estaba fundida en la nada, era una sustancia etérea, un ente, tan solo era pensamientos que no se podían expresar; así que decidí que era mejor no pensar. Tampoco sentía fuerzas para hacerlo. Renuncié por completo, ya no había ni colores ni sonidos, nada. Todo dejó de existir, dejé de estar viva, hasta que sentí que estaba en una montaña rusa, que algo dentro de mí se agitaba levemente, recobraba el conocimiento unos segundos y volvía a perderlo. Solo era capaz de abrir los ojos y ver al portero sostener mi cuerpo entre sus brazos, lanzándome tres o cuatro metros por los aires, una y otra vez de forma mecánica. Veía la escena como si estuviera viendo una película, hasta que escuché unas sirenas, era la ambulancia. Creo que volví en ese momento a recuperar mi cuerpo, vomité y volví a perder el conocimiento de nuevo. Cuando abrí los ojos, esta vez pude ver que estaba tumbada en una camilla junto a alguien y logré preguntar casi en un susurro: «¿Voy a seguir viviendo?», y escuché: «Sí, tranquila, todo va a ir bien». Sentí el tacto de una mano y una voz que me rogaba que no me durmiese, pero era imposible no hacerlo, sentía que flotaba en la inmensidad, en la placenta de la madre tierra. De nuevo me dejé ir a aquel lugar de oscura calma sin saber muy bien dónde iba a ir o si sería capaz de abrir los ojos otra vez o esa sería mi última vez.

CAPÍTULO 7

RESIDENCIA MARÍA AUXILIADORA

«Un hogar no es tener un techo donde poder dormir, no tiene nada que ver con cosas materiales. Un hogar es al sitio donde quieres llegar después de haber tenido un mal día porque sabes que te va a producir bienestar».

Cumplí los temidos 18 años. Como podéis suponer, no fue una gran celebración, aquella edad anunciaba desasosiego e incertidumbre. Anunciaba mi paso de la adolescencia a la vida adulta. Estaba atacada de los nervios, por dentro parecía estar de luto: acababa de morir mi abuelo, se presentaba un punto de inflexión en mi vida y además tenía que sacar buena nota para estudiar Psicología en la Universidad Complutense de Madrid.

Todo fue un desastre, me costaba horrores concentrarme y mantener la atención. Silvia, una educadora, me dijo que a ella le ayudaba hacerse un *planning* de estudio para organizarse el día. Logré crear uno y cumplir con los horarios que me había propuesto, pero mi cabeza andaba por los cerros de Úbeda, intentando prever el futuro, imaginándomelo una y otra vez, y la claridad brillaba por su ausencia. Llegó el día temido, estaba muy nerviosa, pero pude realizar el examen. Más miedo y nervios tuve el día de mi partida, se me hizo un nudo en el estómago y otro en la garganta. Recuerdo que me llevó Patricia, mi educadora, y también vino a acompañarme mi compañera de habitación, Verónica. Fue una despedida rápida, aunque intensa, estaba dejando atrás una etapa bonita de mi vida; en ese momento no la valoraba tanto porque no sabía lo que me esperaba. Las notas me las dieron una vez estuve instalada en la residencia salesiana. Miré la nota de corte y no llegaba a ella. Quería que la tierra me tragase, no soportaba la idea de no poder estudiar la carrera que siempre había deseado. No desesperé, aunque poco me faltó. Recurrí la nota en Filosofía, ya que pensaba que el examen me había salido muy bien en esa materia, pero la respuesta no llegó hasta septiembre. La espera fue agónica, aunque estuve distraída formando un nuevo grupo, conociendo a las monjas, a las mujeres. Empecé a trabajar en diferentes sitios, acudía al psicólogo, seguía saliendo con Sergio, yendo a visitar a mi abuelo…, me mantenía ocupada. Digamos que podía entretener mis pensamientos y así sobrevivir.

Llegó el día esperado, abrí la carta en contestación a mi reclamación y me alegré, como si hubiera encontrado un tesoro escondido. Me habían subido la nota bastante, con lo que ya podía entrar en Psicología. Me puse eufórica, no me lo podía creer, al fin noticias buenas. Me puse rápido manos a la obra y llamé a la Universidad Complutense, pero, para mi desgracia, ya no había plazas. Llamé a la Universidad Autónoma de Madrid, y nada, tampoco quedaban; con cada respuesta negativa, mi ilusión se iba evaporando. Volví a desesperarme, a pensar que mi sino era ser una doña nadie, que iba a malgastar un año de mi vida sin hacer nada productivo. Tenía que haber algo que pudiera hacer; así que comencé a pensar qué sería de mí y di con la clave: estudiar para Policía Nacional. Llamé a mi abuelo Miguel y le conté lo que había pasado, me sentía muy mal; él me intentó calmar y me dijo que me ayudaba a pagar la carrera o, en el otro caso, el carné de conducir. Le di las gracias y volví a sentirme mejor. Aquel día estaba siendo una montaña rusa de emociones y sentimientos. Así que planteé a mis educadoras la posibilidad de sacarme el carné de conducir, porque era un requisito indispensable para pasar la oposición a la Policía Nacional y así ayudar a mujeres que estuviesen en mi situación y a menores en el GRUME (Grupo de Menores de la Brigada Provincial de Policía Judicial).

La directora enseguida me dijo que no, que, si mi abuelo tenía para pagarme el carné de conducir, lo mejor sería que me fuese de aquella residencia; sus palabras me hicieron mucho daño. Por suerte, las trabajadoras sociales y otras monjitas de allí, Nuria, Marta, Salti y Pilar, tenían más tacto, empatía y sensibilidad. Ellas me explicaron que no iba a perder ningún año, pero que no me veían trabajando de policía. Estaba cansada de escuchar a todo el mundo decirme lo mismo; en la residencia de menores ya me dijeron que era demasiado buena para trabajar en algo así, que no tenía el carácter necesario, y tenían razón, pero yo en aquella época no lo quería ver. Los chicos se burlaban de mí porque un día fui a ver a Pepa, mi abuela materna, que estaba ingresada en urgencias al lado de mi instituto, y me dio 20 €. Desde pequeños, la única paga que recibía era la que ellos me daban; mi abuela, como si fuera droga, la escondía en una servilleta para que mi abuelo no se enterase, era muy gracioso. El caso es que, de camino a la residencia, un hombre que estaba en la calle me pidió dinero y yo le dije que dinero no porque me lo acababa de dar mi abuela y era todo lo que tenía; así que decidí entrar a Burger King y comprarle el menú que quisiera, pues no tuvo bastante, ya que, al salir a la calle, comenzó a seguirme y decir que le diera dinero. Me sentí abochornada, todo el mundo nos miraba y él gritaba que no lo quería ayudar. Estaba desbordada y sin saber qué hacer, le decía que ya le había comprado la comida, pero que el resto era para mí, pero, al final, como yo era un trozo de pan que no se atrevía a poner límites ni decir que no, le acabé dando todo el dinero.

De camino a la residencia, sentada en el tren, las lágrimas no paraban de correr por mis mejillas. Le conté a Bernardo delante de mis compañeros de piso lo que me acababa de ocurrir, y estos se empezaron a reír. Ahora entiendo que lo hicieran, pero en ese momento fue algo que me sentó fatal.

Finalmente, me ofrecieron una alternativa: estudiar Educación Social en otra universidad; además, si estudiaba allí, me concedían una beca de colaboración para que la mensualidad fuera del 30 %. Vi una buena opción en aquella oportunidad, ya que esa diplomatura tenía muchas asignaturas de Psicología y además podía seguir los pasos de mi «padre», ser educadora social y ayudar a otros. Así que, sin pensármelo mucho, dije que sí, y esa misma semana me acerqué a matricularme. Me encantaba la idea de estudiar en esa zona, cerca de allí vivían dos de las personas que más quería, mi novio y mi abuelo, así estaba más cerca de ellos.

Para poder pagar el resto de la mensualidad, más la doble matrícula y mis gastos, trabajé en dos colegios. En uno estaba de 7:00 a 8:30 en el programa «Los primeros del cole», y en el otro iba como monitora de comedor y vigilancia de patios en la hora de las comidas. Mi horario de universidad era de 16:00 a 20:00 o 21:00, dependiendo del día. Las horas que trabajaba en la universidad en la biblioteca las solía hacer antes de entrar a clase o al salir; así que poco tiempo me quedaba para estudiar, sumándole que tenía terapia psicológica una vez por semana y cada quince días terapia grupal. Además, pedí la beca del Ministerio de Educación para que me ayudara a pagar la universidad; cada año esperaba impaciente y con ansiedad la respuesta, porque de ello dependía que pudiera seguir o no. El primer año tuve que pelear cuando me la denegaron, me acerqué para saber las razones, pues no entendía que la hubieran rechazado si mis ingresos eran mínimos. Pero fue en vano, pues no lograban comprender que siendo independiente y ganando tan poco dinero era muy difícil poder mantenerme. Les expliqué mi situación, pero les dio igual, incluso alegué que mi abuelo tenía que ayudarme económicamente a veces, pero seguían sin hacerme caso. Salí sintiendo indignación, rabia e impotencia por el hecho de que les dieran las ayudas a personas que tuviesen más dinero, que lo necesitaran menos que yo. Llamé a la trabajadora social de mi residencia, María Jesús, quien habló con ellos, realizó un informe y, a través de la insistencia, conseguimos que me diesen la beca. Todos los años tenía la misma lucha con el Ministerio de Educación para conseguir que me diesen la ayuda económica.

En mi primer año en la residencia, me iban llegando noticias del juicio donde mi familia y mis amigos tenían que ir declarando, aquello me removía el estómago y me hacía recordar mi pasado turbio. Una de las veces que peor me sentí fue tras la declaración de Laura, la pobre estaba con un ataque de nervios y con ansiedad porque tampoco le apetecía pasar por aquel trago ni ver a mi padre.

Mi estancia en la residencia no duró demasiado, pues antes de terminar la carrera abandoné este lugar. Allí conocí a personas que lo habían pasado verdaderamente mal; unas que luchaban al igual que yo por sobrevivir en este mundo; otras éramos desechos de la sociedad, mote que yo misma me puse; algunas se convirtieron en ladronas; algunas repitieron patrones familiares y acabaron en relaciones de maltrato y dependencia; otras se metieron a la prostitución o acabaron metidas en las drogas. Existía una gran variedad de futuros posibles, y nosotras teníamos la libertad, con nuestras decisiones, de elegir uno u otro.

-09-2009

Hace ya toda 2 años desde que mi vida cambió.
Es como si en aquel momento hubiera muerto para
a la vez resurgir. Hay cosas que aún no han
cambiado y otras que van a peor, entre ellas las
primeras se encuentra el juicio y que sigo viviendo
en una residencia. Por otra parte respecto a lo
segundo, mi familia (sobretodo mi madre) sigue
sin apoyarme y sin querer ver la realidad.

Hoy estoy escribiendo porque el hablar con Isa-
mar y contarme lo sucedido en su declaración ha
hecho que recuerde todo lo que tiene que ver
con mi familia y por otra parte me he sentido
impotente por la situación ya que mis padres
(por llamarlos de alguna manera) no saben ni que
inventarse con tal de salvarse y hacer que yo
me sienta mal.

Debido a esto y todo el cumulo de sensaciones,
sentimientos y pensamientos y recuerdos que he
tenido se me ha revuelto el estómago, me
he mareado y sobretodo he sentido rabia, dolor,
tristeza, soledad, impotencia, asco, etc... cosa que
hace que me sienta fatal.

Lo que más me duele es ver y saber como
tu propia familia va declarando en tu contra
cuando yo soy la víctima de toda esta mierda y no les basta con que me pasara eso
sino que tienen que negarlo, defenderse y

... el ~~........~~ y hace cosas para que yo me sienta mal, y culpable por decir quién me agredió (sexualmente, físicamente a veces y psicológicamente).

A veces me paro a pensar y pienso que estoy solo, que esto me puede la verdad si sigo adelante es porque quiero ver justicia, ver que mi agresor tenga su castigo y no voy a descansar hasta que lo consiga.

Quiero que esto termine porque no puedo seguir así, no soporto ver como la gente que quería y por desgracia quiero apoyan a la persona que me violó. No se si llegaré a ser algo en la vida pero lo que si sé esque no voy a parar de luchar hasta que esto termine.

Estoy nerviosa también y muy dolida porque mi abuelo materno no se merece todo este jaleo, me duele que tenga que ir a declarar no por lo que vaya a decir sino porque esta muy mayor y tiene demasiados problemas con sus dolores y con la enfermedad de mi abuela como que para encima tenga que aguantar esto. Además sé que en estos momentos cruciales, mis padres manipulan a mi abuelo y cuando le veo no es el mismo ya que todo esto le afecta y por ello los dos discutimos, cosa que no quiero y no me gusta, así que muchas veces me tengo que aguantar y no decir lo que pienso, ni lo que

siento. Esto hace que me guarde las cosas
y a su vez esto me destroza por dentro.
Soy tan estúpida (por pensar en los demás) ya
que mi madre hace lo que quiere, le gusta lo que le interesa al igual que mi padre y yo por no hacerle daño me lo guardo. Pero eso es lo más fácil y yo no soy
así, no puedo hacer eso. No quiero que cada
vez que vaya a ver a mi abuelo me vea
mal y triste. Tiene demasiado como para
que yo cada vez que le vea me ponga
a llorar.
Por otra parte está mi hermano que también tiene que ir a declarar y eso me fastidia.
Sé que a él le cuesta mucho hablar sobre este tema, ya que cada vez que ~~sucede~~ sucede
algo que tiene alguna relación, él cambia mucho
porque empieza a ser diferente. Cambia totalmente su comportamiento y su cara se vuelve fría,
refleja que está vacío. Estoy segura de que él
discute y si no se siente mal por no saber que
hacer
Lo que pasa es que él es más débil que yo. Pero
a veces no entiendo porque tenemos que discutir cuando
ninguno de los dos nos hemos hecho nada. Pienso
que es porque yo le he dejado un poco solo pero
si él supiera todo el tiempo que pienso en

como estará y lo que le quiero, entonces estoy segura de que cambiaría su forma de comportamiento.
Sé que me quiere porque hasta que salí de casa
fue un gran apoyo, me ayudó mucho y eso nunca
lo voy a olvidar.
Ojalá él leyera esto pero se haría el fuerte y
diría que es una chorrisilada pero es lo que siento.
Además él diría eso pero en el fondo se daría cuenta de que siempre seré su hermana y que voy a
estar a su lado.
En definitiva lo que quiero es que acabe toda esta pesadilla para poder seguir viviendo y al despertar darme cuenta de que todo esto ha terminado

La verdad es que estaba cansada de normas y reglas, de solo
poder dormir un día fuera, de tener que llegar a las diez de la noche
siendo mayor de edad, cuando había niños y niñas más pequeños
que nosotras que llegaban más tarde a sus casas. No dejaba de com-
parar mi estancia allí con la de menores, y las monjas se enfadaban,
alegando que regresase allí si estaba tan bien como decía, a lo que
les respondía que ojalá pudiese, pero que ya era mayor de edad. Qué
asco me daba y qué mal llevaba ser mayor de edad, me había esta-
fado con un mundo mejor y yo solo veía complicaciones y leyes que
cumplir. Nos rebelamos contra las reglas, teníamos un horario de
limpieza, de rezos en días puntuales, recogíamos y colocábamos la
mesa por cuadrantes, hacíamos actividades para conocernos e inte-
grarnos, actividades típicas de campamentos para fomentar la inte-
racción. Por suerte, nunca me pasó, pero, si llegabas tarde, la puerta
la encontrabas cerrada y te tocaba dormir en la calle o esperar a que

abriese el metro a las seis de la mañana para tener un lugar caliente donde refugiarte. Aunque había monjas más flexibles, modernas, comprensivas y empáticas que hacían lo que estaba en sus manos para que nuestra estancia fuera agradable y llevadera. Salti era una de ellas, con la que mejor relación tenía, una mujer excepcional que se merece mi admiración y respeto.

Para colmo, mi fecha de nacimiento coincidía con el día de M.ª Auxiliadora, el 24 de mayo, así que lo solíamos pasar rezando y realizando actividades de convivencia. A veces dudé de que fueran señales, porque la residencia se llamaba igual y mi universidad estaba en la calle con el mismo nombre. Y, es más, mi sentido de vida era ayudar, auxiliar a aquellos que me necesitasen.

Allí éramos todo mujeres, pero recuerdo que, el primer día que llegué, un chico joven me ayudó a subir la maleta por las escaleras hasta mi cuarto. Pregunté entonces a una de las monjas si vivían allí también los hijos de las mujeres, y me contestó que aquella era Pamela, mi compañera. Era una chica muy maja, enseguida conectamos: jugábamos al fútbol, salíamos juntas y tuvimos muchas conversaciones; en la actualidad, somos amigas y nos llevamos muy bien. Era con la que mejor me llevaba, había tenido una vida dura, parecida a la mía, pero eso no impedía que, de vez en cuando, pudiéramos sonreír. Todo iba bien hasta que las monjas se enteraron de que a Pamela le gustaban las mujeres y tenía una relación afectiva con otra de las chicas que vivían allí; se lio gorda cuando esta noticia se extendió por la residencia. Le dijeron que la iban a echar —injustamente— por parecer un hombre y producirnos malestar al recordarnos a nuestros agresores. Me dolió leer aquella carta porque era mentira, a mí ella no me producía ningún malestar. Era mi amiga y no tenía dónde ir, tenía derecho, como cualquier otra, a estar allí y rehacer su vida.

Lo hablé en mi universidad y también con una buena amiga, y juntas redactamos una carta. Me encargué de recoger firmas por la residencia donde vivía y enviar la carta a todas las personas que conocía. Me alegré mucho cuando me enteré de que, gracias a ese documento, se pudo quedar, y a aquella directora la acabaron sustituyendo, aunque, para mi desgracia, quien la sustituyó era una persona con muy mala sangre y peor carácter, la responsable de que me acabara yendo de allí.

CAPÍTULO 8

SEGUNDO ENCUENTRO CON LA MUERTE

«La muerte es algo que no debemos temer porque, mientras somos, la muerte no es, y cuando la muerte es, nosotros no somos».

ANTONIO MACHADO

Desde los siete años he deseado irme en la barca con Caronte, y confieso que hasta el año pasado quería hacerlo. Cada vez que tenía una experiencia dura, se galopaban en mi cabeza todas aquellas en las que había experimentado algo similar. El vaso se iba llenando a pasos agigantados de emociones envenenadas, y llegaba un punto en el que mi cabeza quería explotar. Mi psicóloga conocía estos pensamientos intrusivos, y también Sergio; así que, cada vez que me atemorizaban, se los contaba a uno de los dos. Normalmente, se lo contaba a mi novio y solo con darme un abrazo era capaz de tranquilizarme, su cariño hacía que se diluyesen esos pensamientos y se mantuvieran alejados hasta la próxima vez.

En el año 2010, la idea de suicidarme ya estaba muy presente en mi vida: el alzhéimer de mi abuela; el rechazo de mi familia; la tensión del juicio, que estaba a la vuelta de la esquina; ir a terapia y remover la porquería de mi pasado; las discusiones en la residencia de mujeres con la directora de allí, y más problemas puntuales y normales que todos podemos tener en la universidad y en el trabajo. La suma de todos hacía que quisiera quitarme de en medio.

En terapia estábamos trabajando el vínculo con mi madre. Hacía poco tiempo que había recibido noticias suyas, cada vez que se acercaba el día de mi cumpleaños era una sensación de ahogo insoportable. Me había llamado y habíamos hablado por teléfono. En ese momento, me quedé con muchas cosas por decirle; así que decidí escribir una carta para poder expresar lo que albergaba en mi interior:

Que sepas que siempre que pienso en ti me duele, me destroza saber que he perdido a mi madre y en ella una parte de mi vida.

Ya no quiero escucharte, para mí dejaste de existir el día que no me apoyaste. Sólo pedía un poco de amor y ayuda por tu parte pero tú en vez de eso me acusaste de mentiroso, me despreciaste e incluso llegaste a odiarme.

Y todo esto por no querer ver la realidad, elegiste el camino fácil y al hacerlo me abandonaste.

Tienes que escucharlo de una vez, no creo que pueda llegar a perdonarte. Me cuesta decir esto pero me lo pones muy difícil, no te reconozco desde hace mucho tiempo.

Por otro lado siento tristeza por ti ya que tú eres también una víctima de él, sé que estás mal pero prefieres creerle a él para no tener que sufrir más. Todo te hace esto me dejas a mí solo.

Esto ya lo decidiste hace tiempo, me maltrataste e intentaste destruirme por dentro y casi lo consigues.

La verdad no sé que quieres, no sé que pretendes hacer con tu vida. Sólo te pido que me dejes de una vez en paz y me dejes vivir tranquila.

Ya elegiste tu camino y prefeñiste desde el primer día vivir con él, así que no me pides nada porque no puedo perdonar que vivas con mi agresor, la persona que me arrancó la vida.

Sentía rabia, desesperación, impotencia y mucha ira. Jamás pensé que podría llegar a perdonarla, pero, por suerte, nuestros caminos nos han vuelto a unir, a pesar de ser una relación tortuosa a veces.

Mi chico y yo casi nunca discutíamos, teníamos un vínculo muy fuerte. Pasaba los fines de semana a su lado, con la compañía de Eva, su madre. Una mujer que me ayudó mucho, hacía que me sintiese una más. Todo nos iba muy bien hasta que llegaron los celos, y comenzaron las discusiones. De un día para otro, y sin esperarlo, él me dijo que la relación se había terminado. Llevábamos juntos alrededor de 5 años, había sido mi primer amor, mi mejor amigo, mi confidente, con quien quería pasar el resto de mis días, quien ocupaba todo mi tiempo y pensamientos, la persona con la que había compartido una etapa tan dura de mi vida, que conocía todos mis secretos, que había estado en la residencia de menores... Era todo lo que tenía, era mi mundo.

Además, no era una buena situación vital. Por entonces, acudía a CIMASCAM (Centro de Atención Integral a Mujeres Víctimas de Violencia Sexual), a terapia individual una vez a la semana, y cada quince días iba a terapia grupal, dos tardes que ya no iba a clase. Los temas que trabajábamos eran muy duros y removían en exceso. Había que reducir la culpabilidad, el sentirme cómplice, la vergüenza, mejorar mi autoestima, saber poner límites, no abrirme tanto a otras personas, ser más asertiva, quererme, cuidarme. Y no eran tareas fáciles que digamos; de hecho, aún me cuesta hacer algunas, pero trabajo de manera constante y ardua para conseguirlo.

Con mis casi 20 años cumplidos, no recibí nada bien aquella noticia, que, sumada a los nervios, la angustia y la ansiedad de la proximidad del juicio, hizo que mi cabeza explotase. Sergio además no me dio motivo alguno para dejarme, fue un impacto de bala a sangre fría. Recuerdo ese día como uno de los peores de mi existencia. Se amontonaban en mi mente frases como: «No vales para nada», «Nadie te quiere», «Te vas a quedar sola», «Ojalá no hubieras nacido», «Ojalá te mueras», «Sin ti todo iría mejor», «Todo es por tu culpa», «Él era todo lo que tenías», «Vuelves de nuevo a estar sola en este mundo», «Lo mejor es que te vayas», «Eres un embarazo no deseado», «Nadie te quiso tener, excepto tu abuelo»...

Detestaba esos pensamientos que no podía parar, aunque otras veces había logrado silenciarlos durmiendo; así que fui a mi cuarto para acallarlos, me tumbé en la cama, pero no podía con ellos, eran más fuertes que yo. Tenía que ir a trabajar, pero en esas circunstancias no podía, no dejaba de planear mis diferentes muertes: tirarme por un puente, cortarme las venas metida en una bañera, mezclar mis pastillas para la ansiedad y para dormir (diazepam y lorazepam)... De todas las opciones que barajé, la última era la que más me llamaba la atención, la que me atrevería a llevar a cabo, ya que la idea de verme rodeada de sangre era espeluznante, y más teniendo en cuenta que me mareaban los glóbulos rojos. Miré en internet la cantidad exacta de pastillas para lograr matarse, no quería tomar menos y acabar durmiendo tres días seguidos, ni tampoco tomar más de la cuenta y que mi cuerpo solo las expulsase. Pude leer en diferentes blogs que el alcohol aumentaba con creces las probabilidades de suicidio. Iba a ser muy llamativo meter alcohol en la residencia de monjas donde vivía; así que me dije que tomaría un par de pastillas más para lograr el efecto deseado.

Antes de hacer nada, recobré un poco de cordura. Llamé a la psicóloga, le conté la fuerza de mis impulsos y me atendió inmediatamente. Dijo que lo mejor es que ese día me lo tomase de descanso y que al menos no fuera a trabajar al colegio para dar las comidas, ni a la biblioteca donde estaba de becaria, sino que estuviera tranquila y, si me encontraba con fuerzas, fuera a la universidad por la tarde, entonces estudiaba segundo de Educación Social.

Como estaba relativamente cerca, fui a casa de Sergio, llamé como veinte veces o más a su puerta, necesitaba un abrazo suyo. No quería volver a discutir, lo único que necesitaba era hablar con él para que me tranquilizase, quería contarle que estaba pensando en matarme para que hablase conmigo y, entre los dos, acabar con esos pensamientos autodestructivos, pero no había nadie, o, si estaba, no me quiso abrir la puerta. Estaba desesperada, totalmente ida, le mandé un millón de SMS, lo llamé otras tantas veces; era como si se hubiera esfumado. Me pasé incluso por la Paloma, su instituto, hablé con un compañero de clase y le dije que, por favor, si lo veía, le dijera que necesitaba hablar con él, que era muy urgente. Lo mismo hice enviando SMS a varios de sus amigos, tan solo les decía lo mismo, que le dijeran que era un tema muy importante, que, en cuanto lo vieran, le dijesen que necesitaba hablar con él.

Esperé unas horas, una espera que fue en vano. Fui a la residencia de mujeres, apenas probé bocado en la comida. Allí no quise hablar del tema y, en cuanto pude, me retiré a la habitación. De nuevo, como taladros, los pensamientos irrumpían en mi cabeza, me gritaban y atormentaban, diciendo una y otra vez las frases de antes: que me matase, que acabase con mi vida y así dejaría de sufrir, que era lo mejor que podía hacer, que así no tendría que soportar el dolor. Parecía una idea reconfortante, dejar de sufrir, de pelear, el descanso eterno, la paz que anhelaba estaba solo a un paso.

Mi razón quiso formar parte de aquel arrebato amigdalino. Escribí en un folio mi testamento, dejando constancia de que todo el dinero que tenía ahorrado en aquel momento, unos cinco mil euros, se lo dejaba a mi novio, y dejé plasmado en aquel folio arrugado y sudoroso también que no pudiera ir al funeral nadie de mi familia, excepto mi abuelo Miguel. En aquella carta también di gracias por todo lo que habían hecho por mí y dije que le quería, que no se sintiese mal por mi pérdida, pero que necesitaba descansar de una vez por todas. Resbalaban por mi cara gotas de agua salada, formando diferentes surcos que terminaban en mi boca, dejándome un sabor salino. En los momentos importantes y decisivos, decido actuar sin pensar porque hacerlo haría que cambiase de idea; así que cogí los blísteres de ambas cajas de pastillas, dejé caer en la palma de mi mano diez lorazepanes y unos cinco diazepanes. Una vez estaban todos juntos, los coloqué encima de la lengua y los tragué con un sorbo de agua. Ya estaba hecho, no podía dar marcha atrás, y tampoco tenía sentimiento de culpa ni de haber obrado mal. Me tumbé en la cama, a la espera de que hicieran su cometido. Tenía ganas de alcanzar el cielo, de palpar la eternidad.

Cerré los ojos y me dejé arrastrar hacia el anhelado sosiego; entonces, se hizo un magnífico silencio y supuse que allí acababa mi corta pero intensa existencia. Imágenes de mi vida pasada acudían a mi mente, eran muy difusas, casi abstractas. Pude ver a Sergio, a mi hermano y a mi abuelo. Y en esos hermosos cuadros pintados por mi subconsciente quise permanecer para toda la eternidad.

Tal placidez fue interrumpida, sentí que mi cara se movía suavemente de un lado para otro. Abrí los ojos, entre borrones pude ver cómo había varias personas observándome con las bocas desencajadas y las manos en la cara, como no queriendo mirar. Tal escena les horrorizaba, sus ojos no daban crédito a lo que estaban presenciando. Allí estaba Mamen, una monja de la residencia donde vivía y con la cual me llevaba muy bien; también estaba Julia, la directora, con la que no tenía muy buen trato que digamos, y por último había dos o tres policías uniformados. Uno de ellos era el que me sostenía con una mano por la camiseta y con la otra me golpeaba fuertes tortas en mi cara, unas que yo recibía como caricias traicioneras que me impedían llegar al cielo.

No recuerdo nada de lo que me dijeron ni de lo que pasaba, estaba demasiado drogada como para poder contar lo que sucedió. Tan solo sé que fuimos en taxi hasta el hospital Gregorio Marañón, sentí que todas las miradas se centraban en mí, aunque no podía mantenerme consciente. Me sentía algo chafada por que hubieran descubierto mi plan, decepcionada por seguir respirando. Hubiese preferido morir en aquel momento, pero solo Dios sabe por qué sigo aquí, frente a este ordenador, escribiendo estas líneas.

Mi siguiente recuerdo fue despertarme por unas molestias. Tenía un tubo enorme metido por la nariz y por la boca, me estaban realizando un lavado de estómago, metiendo carbón para que no hicieran efecto las pastillas. Al ver aquel panorama, supe que iba a seguir viviendo.

Ahora que lo pienso, siento lástima y pena. Me siento fatal por haber hecho pasar tan mal rato a las pobres monjas, por haberme causado tanto daño. Supongo que tenía que vivir aquello para empezar a valorar más las cosas que tenía, para dejar de flirtear con la muerte.

Esa noche me vino a visitar Eva, la madre de mi exnovio. Me regañó por haber hecho aquello por culpa de su hijo, me dijo que no merecía la pena. Pero yo no dije nada, solo quería dejar de respirar, no quería escuchar nada. Me encontraba fatal, asqueada, solo quería hablar con Sergio, pero, por lo visto, él no quería. Ella insistió para que se acercase a ver cómo estaba, y al fin se acercó para decirme: «No quiero volver a saber nada de ti». Esas palabras me remataron, terminaron de hacer lo que las pastillas no habían logrado.

A la mañana siguiente vinieron una psicóloga y una psiquiatra a hacerme una visita. Me realizaron unas cuantas preguntas sobre por qué lo había hecho, de cómo me encontraba… ¡Estaba yo para terapias! Lo único que quería era desaparecer. Como soy muy cabezota, me preguntaron: «¿Quieres seguir viviendo?». A lo que respondí: «No, preferiría estar muerta». Así que supongo que me gané a pulso lo que vino a continuación. Creo que me dejaron sola para que reflexionase, la cabeza me daba mil vueltas, sentía un millón de punzadas, tenía el estómago como una centrifugadora y los ojos me ardían. Estallé interior y exteriormente, maldije ver la luz del sol. Pasaron lo que para mí serían tres días, aunque en realidad fueran minutos, y la que me había parecido más borde y arrogante regresó: «¿Qué, te lo has pensado mejor? ¿Quieres vivir o no?». «No», respondí de forma segura, en un tono de altivez que no sé de dónde fui capaz de sacar. «Bien, tú te lo has buscado». «Pues vale», pensé para mis adentros, como si me importase algo lo que fuera a pasar. Me daba igual todo, estaba sumida en un estado de indiferencia indescriptible.

Nuria, la trabajadora social de la residencia de mujeres, vino a verme y le comenté lo que había pasado. Nos trasladaron en una ambulancia al Hospital Psiquiátrico Doctor Rodríguez Lafora. Tuvimos que permanecer sentadas un rato en la sala de espera, hasta que al fin me atendieron. Al ser mayor de edad, importaba mi opinión y si quería o no entrar de forma voluntaria, o eso pensaba yo en aquel momento. Realizaron una valoración y se la comunicaron a la trabajadora social, que no tardó en llamar a la residencia para comentar lo que estaba sucediendo. Se alejó para hablar sin que escuchase lo que decía, pero por su rostro vi que no le habían dado buenas noticias. Al colgar, se acercó a hablar conmigo y me dijo que lo sentía muchísimo, pero que me tenía que quedar allí un tiempo, que las monjas no contemplan el suicidio, porque alguien que se mata no tiene derecho a ir al cielo.

El mundo se me vino encima, no quería estar encerrada en un centro psiquiátrico. Me enfadé, porque estaba segura de que era una decisión de Julia. Quería ir a la residencia y no quedarme en aquel lugar insípido, de paredes blancas con olor a lejía. Intenté convencerla, pero todo esfuerzo era en vano, ya que ella y los de allí pensaban que lo mejor era que me fuese a descansar unos días, que olvidase aquel desagradable suceso, pero no se podía hacer nada, pues la última decisión dependía de la directora y tenía muy claro que no me quería tener allí.

Me dolió mucho tener que quedarme, pero lo peor fue la vergüenza que pasé cuando tuve que ver a Bernardo, Salti y Silvia, que, por suerte, vinieron a visitarme en cuanto se enteraron de que estaba ingresada. Lo único que podíamos hacer era dar paseos alrededor de los edificios; entre el mío, que era de estancia breve, y el de los internos de larga duración. Nunca lo he pasado tan mal, es irónico que no tuviera reparo en suicidarme, pero sí en haber sobrevivido y que las personas que quería vinieran a visitarme.

Los primeros días del ingreso fueron una pesadilla, se me cayó el alma a los pies cuando me quitaron la ropa y, a cambio, me dieron una especie de pijama roído, descolorido por el uso y los lavados acumulados. Detestaba la idea de que me quitaran todas mis pertenencias, y más aún la de ducharme mientras me vigilaban, por si hacía algo que comprometiese mi vida. Aquello era detestable.

Recuerdo que al menos pasé un día o dos encerrada en el cuarto de aislamiento. Los demás, a través de una ventana que abrían y cerraban a su antojo, podían observarme; yo no podía hacer nada, tan solo agudizar mi sentido de la vista para saber que mi habitación contenía una cama, un sofá pequeño y un baño minúsculo. Me tenían allí para observarme y, en parte, creo que como una especie de castigo reflexivo para que meditase sobre por qué había intentado quitarme la vida. La verdad es que lo tenía bien merecido.

Lo que menos hice fue pensar en los motivos que me habían llevado hasta allí; en realidad, estaba acostumbrada, gracias a mis depresiones, a estar muchos días seguidos dormitando, como si fuera un oso polar en su periodo de hibernación que necesita ahorrar energía para luego despertarse y continuar con la otra mitad de las estaciones.

Estuve encerrada una o dos semanas, tiempo que falté a mis tres trabajos; dos de ellos, en colegios, como monitora de comedor y de patio, y el otro, como becaria en la biblioteca de la universidad. Por supuesto, en clase también me echarían de menos. Aunque la verdad es que no solía ir demasiado, y cuando estaba era en un estado disociativo, por lo que tenía que pedir los apuntes cuando sonaba la campana y pasarlos durante los cinco minutos que daban entre clase y clase. Apenas tenía tiempo, iba dos veces por semana al psicólogo: una de ellas, a terapia individual, y otra, a terapia grupal. A eso se sumaban los trabajos grupales, ir a ver a mi abuelo, que por entonces andaba de hospital en hospital, y dedicar tiempo a la relación con mi novio. Digamos que el tiempo precisamente no me sobraba, pero, claro, yo quería terminar con todo de una vez.

Allí todo el mundo estaba medicado excepto yo, no me debieron ver tan mal. Me sentí Alice Gould en *Los renglones torcidos de Dios*, haciendo de investigadora, pero yo, a diferencia de ella, no tenía que buscar a ningún asesino. Mi misión, me dije, era contar al mundo lo que sucedía en los psiquiátricos, dar voz a aquellos que tienen el alma atrapada, aquellos que han perdido la cordura y eran presos de sus ideas, de sus pensamientos, que tenían una percepción errónea de la realidad.

Los internos dudaban de si era una más o, por el contrario, era una enfermera o una doctora, aquello me hacía gracia y, por otro lado, me hacía sentir bien, eso quería decir que era la más «normal», la cuerda en el país de los locos. Estaba todo el día sonriendo allí, nadie entendía aquella actitud, ni siquiera yo misma; a veces utilizo la risa como mecanismo de defensa, para quitar peso a las situaciones engorrosas.

Los días los pasaba jugando al ajedrez, al *ping-pong*, escuchando los problemas de las personas para conocer cómo habían llegado hasta aquel hospital y hablaba con las enfermeras y los vigilantes, quienes me decían que tuviera cuidado de no hablar demasiado con ellos, de no involucrarme en exceso. Recuerdo que, al irme, todos los enfermeros, auxiliares y doctores me dijeron que jamás me querían volver a ver por allí, que me cuidase. Estaba claro que no encajaba con el tipo de personas que estaban ingresadas; era la más joven y la que mejor estaba a nivel psicológico. Esa observación hizo que no me sintiera tan mal, que valorase la vida y el tener buena salud, porque sus enfermedades psiquiátricas sí que eran duras de verdad, lo mío a su lado era una simple rozadura.

Me daba paseos por los alrededores, escribía en un diario que me dieron e incluso por la noche veía un rato la tele, si es que se puede llamar «ver la televisión» a una caja que cambia de canal cada cinco minutos, porque allí cada uno quería ver una cosa diferente y rara vez se podía ver una serie o película completa. Lo que más me gustaba y sorprendía es que los horarios que había eran mucho más permisivos que los que tenía en la residencia, la que, por cierto, me provocaba una gran incertidumbre, pues mi psiquiatra ya me advirtió que no iba a ser fácil regresar, que a lo mejor tenían que buscarme un lugar donde vivir. En ese momento, se me pusieron los pelos de punta, ya que no tenía ningún sitio al que acudir. Me explicaron que, al ser un sitio religioso, no contemplan el suicidio, ya que las personas que intentan quitarse la vida no pueden ir al reino de los cielos; así que, como veis, me había quedado sin la entrada que me permitiría estar con Dios. Ahora sí que era una oveja negra oficialmente, a saber qué lugar me deparaba el destino, miedo me daba.

Deseaba poder regresar a la residencia, pero, para mi desgracia, no dependía de mí, sino de la directora, Julia, que vino a hacerme una visita. Fue la peor visita de todas, me dijo que me tenía que quedar más días, sin darme ninguna explicación. Le dije que no quería faltar más a la universidad ni a mis trabajos, y me contestó: «¿Qué te importa perder el tiempo? Total, si ya no querías vivir». Seguía con su falta de tacto y empatía que la caracterizaba. Al igual que la vez que me dijo, al poco de entrar: «Si estando aquí sale el juicio, tendré que ir, pero no me apetece nada». «Como si yo quisiera que vinieses», pensé para mis adentros.

Fue una conversación absurda en la que me sentí criticada y muy mal. No me dio ninguna respuesta y tan solo parecía jactarse de mi situación diciendo cosas del estilo: «Ahora que no estás, me ha tocado hacer tu parte de limpieza». Unas incongruencias que no entendía antes y tampoco ahora.

Al salir me recetaron aumentar mi dosis de sertralina (un antidepresivo) para aumentar mi nivel de serotonina en la sangre, aunque no sirvió de mucho, porque soy una persona demasiado racional y me decía a mí misma que, si estaba bien, era por algo químico, que no era una sensación real, sino una inducida y, por tanto, ficticia. Porque, claro, yo seguía teniendo los mismos problemas, mi ambiente seguía siendo atronador, y las pastillas, por mucho que quisieran, no podían cambiar mi contexto, las circunstancias que me abrumaban.

En los trabajos, las empresas no se tomaron muy bien que digamos el haber estado de baja. A causa de este incidente no me renovaron en uno de ellos, y el otro lo acabé dejando cuando encontré otra cosa. A mis compañeras de universidad y profesores tampoco les hizo demasiada gracia; así que tuve que apechugar y ponerme al día, realizar trabajos sola que eran grupales. Me enfadó y molestó tener que hacerlos sola, pero, visto desde ahora, estoy muy agradecida a mis compañeras de clase; si no hubiera sido por ellas, no tendría ahora mismo la diplomatura en Educación Social, fueron un gran apoyo, aunque no llegaron a entender mi situación. Era muy compleja y dura, sabían algo de mi pasado, pero no por todo lo que estaba pasando. Por entonces yo era introvertida y no contaba demasiado cómo me sentía ni lo que me pasaba o dejaba de pasar. La que conocía algo más de mí era Marta, admiraba a aquella mujer, que trabajaba en una residencia para personas con discapacidad como integradora social y a la vez estudiaba la carrera. Era mi modelo a seguir por entonces, la veía como una supermujer y siempre quise ser como ella. Por eso, estando ingresada en el hospital psiquiátrico, fue a la única a la que telefoneé. Me hubiese gustado seguir teniendo contacto con ella, pero sé que es imposible, que los vínculos se van transformando y que hay que dejar avanzar a cada uno por su lado por mucho que nos duela. Todos nos cruzamos en la vida de alguien por una razón, ambas personas aprendemos la una de la otra cosas buenas y malas, son experiencias que marcan. Bonitas o dolorosas, son importantes para crecer y poder madurar.

Sergio quedaba conmigo de vez en cuando, hasta que un día dejó de dar señales de vida. Imagino que era duro asumir mi intento de suicidio, y quitarse la responsabilidad fue lo mejor que pudo pasarnos, dejar de vernos, y más sabiendo en la persona en la que se ha convertido. Su madre se portó muy bien conmigo, seguíamos quedando y viéndonos, aunque al final, como es normal y lógico, tuvimos que dejar de hacerlo porque aquello afectaba en la relación con su hijo.

La vuelta a la residencia no fue nada fácil debido a Julia, la directora; de las demás monjas no tengo ninguna queja, eran todo un amor de personas y siempre me transmitieron paz, sosiego, cariño y cuidado. Ella era todo lo contrario, me sacaba de quicio, limitaba mis horarios, me tiraba la cama al suelo o me la deshacía, me insultaba o abría la puerta del baño estando desnuda, cosas que yo no lograba entender. No sé cuál era su propósito, pero consiguió que no me encontrase a gusto, que dejase de reconocer aquel lugar como un hogar y tuviera que irme de allí a casa de Samuel, un interno del hospital que estaba allí, según me dijo, por depresión grave y que siguió internado después de mi salida. Nos habíamos intercambiado los teléfonos; así que, nada más darle el alta, se puso en contacto conmigo, quedamos, le conté mi situación y se ofreció a ayudarme dejándome estar en su casa. Los primeros meses los pasó con sus padres, que lo vigilaban y cuidaban debido a su frágil estado mental, pero rápido se vino a vivir a La Elipa, en la casa que me había prestado. Al principio todo iba genial, hasta que me negué a tener relaciones sexuales con él.

Es lo que tiene salir corriendo de un lugar malo a otro, que puedes dar con otro mucho peor. Aunque a primera vista parezca un refugio o una salvación, puede acabar convirtiéndose en una cárcel. Al año siguiente tampoco mejoró demasiado la situación, estos pensamientos me han acompañado durante casi toda mi vida, pensar que nunca se iban a ir de mi cabeza era mi peor tormento.

El día de mi cumpleaños no solía traer pensamientos positivos, me sentía mucho más sola en esas fechas. Me daba por pensar en la felicidad del resto de personas, en aquellos que lo celebraban y disfrutaban, aquellas imágenes me eran insoportables, no entendía por qué yo no podía tener un día especial. Aunque, claro, me decía a mí misma desde la autocompasión que ni siquiera era una niña deseada, y que era normal por tanto ser tratada así, que de alguna manera me lo merecía. Esas ideas, junto con otras, me atormentaban y se apoderaban de mi mente. Aquí queda algo reflejado, si bien es cierto que ahora me aplico en clase porque me encanta saber y aprender, soy la primera en leer libros y hacer trabajos, pero por entonces no tenía fuerzas para ninguna de las cosas, me salvaron mis compañeras y los profesores, dejándome exponer otros días y apoyándome en todo lo que podían.

Date: Tue, 24 May 2011 02:10:03 +0200
Subject: Exposición

Hola, profesor, soy Estefanía. Mañana me toca exponer junto a mis compañeras, pero lo más seguro es que no vaya en toda la tarde. Ni siquiera sé qué hago ahora escribiéndote esto, lo que pasa es que no puedo dormir porque tengo ansiedad, estoy nerviosa y me encuentro en un estado depresivo, con la autoestima por los suelos. Solo he tenido fuerzas en toda la tarde para escribir esto que estás leyendo. Mañana me iré al médico por la tarde para ver si me da la baja por depresión por un par de días (pues mi psicóloga me recomendó que cuando estuviese así fuera al médico, nunca lo he hecho, pero por una vez le haré caso), la consulta los martes y jueves la tengo por la tarde, de ahí que falte. Siento no poner más de mi parte y hacer el esfuerzo de ir mañana a respaldar a mis compañeras, pero no me veo capaz, paso de ir y ponerme en ridículo, a llorar y eso que mañana es mi cumpleaños —no pienso celebrarlo ni ir a clase para que me feliciten y lo único que sea capaz de hacer encima sea responderles con mi cara de «muerta»—. No tengo ganas de nada, tomaré un lorazepam para poder dormir. Gracias por leer todo este absurdo que te mando, seguro que nunca habías tenido una alumna así, con tan poca dedicación y con tanta desgana. Lo siento y de antemano gracias por leer este mensaje.

Enviado: martes, 24 de mayo de 2011 18:42
Asunto: Re: Exposición

Querida Estefanía:

He tenido un día muy ajetreado y siento no haber tenido oportunidad de haber leído hasta ahora tu mensaje. Espero que subas pronto el ánimo pues los razonamientos que haces no están fundados. Son sentimientos y pensamientos de los malos duendes a los que no hay que hacer mucho caso, sino espantarlos. Creo sinceramente que eres una persona muy valiosa y yo te tengo en gran estima, solo que la vida te ha dado algunas sorpresas desagradables. La misma vida, los amigos y sobre todo tú misma harán que te muestres como eres, sin temor, sin angustias y sin sentimientos de culpa ni nada por el estilo. Me parece acertado que vayas al médico, pero, por favor, no dejes de asistir a clase ni a los exámenes. Me gustaría mucho verte mañana, así que haz un esfuerzo y te espero mañana.

Un abrazo.

Por eso en el mes de mayo me autoescribí esta carta que me mandé a mi correo. Evidentemente, no pude esperar al mes de junio, a que terminase mi trabajo, y mi segundo intento autolítico se adelantó.

Me encuentro mal, por no decir fatal. No tengo ganas de nada, cada día es insoportable, cada hora se hace eterna. Tengo cosas que hacer, pero la más absurda tarea se me hace insoportable. Me cuesta hasta escribir, estoy en un estado de desgana máximo.

Tengo que sacar fuerzas hasta para ducharme o simplemente para comer. A veces creo que nada tiene sentido. Mi vida parece una parodia, ojalá no existiese, así todo sería más fácil, no llego a comprender el porqué de las cosas que hago. Mi vida es asquerosa, la semana pasada empecé con el bajón y aún sigo con él. Quiero suicidarme, pero me cuesta hasta pensar la manera o sacar fuerzas para llevarlo a cabo. Me doy asco, pena, aún ni he celebrado mi cumpleaños, y eso que fue el martes. La gente hipócrita te felicita, pero el resto del año pasan de ti como de la mierda, en su vida pareces no existir, excepto para felicitarte. De mi familia solo me felicitó mi hermano mayor, los demás pasaron de mí, pero es normal, nadie me quiere, ni tan siquiera yo misma.

Necesito una salida, que se pase mi vida rápido. Desearía cerrar los ojos y que, al abrirlos, hubieran pasado los años para así tener que esperar menos para poder descansar en paz. Tengo derecho a morir y lo prefiero antes de tener esta vida deprimente.

Hoy seguramente no haga nada, pero es lo mismo que hice ayer, no me importa no hacer nada porque estoy débil, en un estado en el que todo me cuesta un esfuerzo exagerado. No tengo fuerzas, estoy desesperada y sin saber qué hacer.

Esta es mi vida, a quién quiero engañar, soy un desperdicio de persona. Tan solo como y duermo, esto no es vida. Me da igual todo, pero no puedo aguantar ni un minuto más en esta situación en la que un segundo se hace interminable.

La vida es un castigo y yo soy idiota por seguir en ella, por no saber disfrutarla. Existen millones de personas que viven en condiciones bastante peores que las mías, pero ellos luchan por seguir adelante. No tengo el instinto de luchar para vivir.

Qué coño he hecho para merecerme esto, no quiero esto para mí. Matarme es la única opción que puedo tomar, la única salida a esta asquerosa situación en la que me encuentro.

Me duele la cabeza, estoy triste, desganada, acabada, consumida en la soledad, harta de seguir respirando y de no encontrar placer en las cosas que hago. Creo que cuando termine de trabajar (día 1 de junio) pasaré todos los días tomando pastillas para dormir a todas horas, por lo menos así no pienso. Prefiero convertirme en un vegetal antes que estar así, nunca saldré de esta pesadilla en la que estoy sumergida. No le importo a nadie, solo quiero morir, ¿tan difícil es lo que pido?

Me dan ganas de llorar, de tirarme por los suelos, pero no puedo. Siento una enorme impotencia. Me he convertido en alguien sin sentimientos, nadie desearía esto, porque es insufrible.

¡¡¡Joder, quiero salir de aquí!!! ¡¡¡Necesito ayuda urgente!!! Ya no sé qué hacer. No quiero que llegue mañana…

Necesito que alguien me arrebate la vida, porque, si no, seré yo misma quien lo haga.

CAPÍTULO 9

CONVIVIENDO CON LA DEPRESIÓN. MI VIDA EN UN SOFÁ CAMA

«La depresión es pensar en exceso en eventos traumáticos del pasado y la ansiedad es pensar en exceso en un futuro catastrófico».

Estar en una situación desastrosa que requiere de nuestra total atención hace que nos olvidemos de otras igualmente dolorosas, que incluso le restemos importancia a las anteriores y dejemos de pensar por completo en ellas. Para poder dormir bien, no hay nada mejor que una conciencia tranquila, que un ser interno relajado y en paz. Puedes estar durmiendo en un castillo, en un yate o en una mansión, pero el ruido interior no te va a dejar descansar. No estás mal por circunstancias externas, *locus* de control externo, sino por cómo te tratas, piensas y actúas. La actitud es muy importante, es la libertad que todos tenemos, pensar que nada depende de ti hace que creas que no tienes control sobre las situaciones y te dejes llevar por la marea hacia la inmensidad del mar. He dormido en sofás cama, en colchonetas, en lugares rodeada de insectos, en el suelo, y he podido descansar de un tirón las ocho horas que duermo, porque en mi mente había silencio. Es posible huir de los monstruos externos, pero no de los internos. Para sentirnos bien, basta con aliviar el dolor y el sufrimiento de los otros. Cuando somos capaces de ver más allá de nuestro ombligo, empezamos a dejar de estar tristes y deprimidos. La depresión en realidad es un exceso de egoísmo, la incapacidad para ver la amplitud de la vida y pensar en los demás, en lo que podemos hacer, en la ayuda que podemos brindar, aunque estando en ese estado de abatimiento lo que menos te apetece es hacer cualquier actividad.

No todo eran risas en mi mundo de fantasías, había momentos en los que lo pasaba realmente mal. Cuando no estaba de fiesta, me daba por pensar en la vida que llevaba y me deprimía. Siempre he sido una persona muy perfeccionista, he criticado todo lo que hago, nunca está bien; haga lo que haga, me esfuerce lo que me esfuerce, me tengo que regañar. Es un fastidio ser tu peor enemigo, reprocharte cada movimiento, cada actuación. Es algo insoportable, genera ansiedad, malestar y rabia, mucha rabia hacia uno mismo. Esto, sin ir muy lejos, se remonta a las frases de mi padre: «No vales para nada», «No vas a llegar a ningún sitio», «Vaya mierda de notas has sacado», «Todo lo haces mal»... Frases que han regido mi vida, puñales que han dejado heridas supurando que, de vez en cuando, sangran por no estar desinfectadas. En los últimos días de mi estancia en casa, pasaba de enseñar mis dibujos o leer mis escritos, porque no eran valorados; sentía que cualquier creación mía era desechable, inservible, por el simple hecho de provenir de mi persona.

Sentirte toda la vida un bicho raro, alguien que merece ser despreciado, repudiado, no es algo precisamente sano. Te sientes una persona tarada, una excluida social, un desecho de la sociedad, un paria, alguien que no tiene derecho a nada porque no tiene valor. Te maldices, te gritas, te pones la zancadilla, corres riesgos innecesarios, te humillas y maltratas, todo porque no te quieres, porque no te han enseñado a aceptarte, a darte amor, y creces en un mundo ajeno, al que das la espalda, no esperas nada de él, vas en contra de todos y de ti misma. Detestas lo que ven tus ojos porque te quemas la retina con las acciones violentas, te centras en buscar noticias de abusos y no entiendes por qué hay padres que maltratan a sus hijos, que no los quieren; no comprendes por qué hay tanto resentimiento, tanta maldad en el ser humano, y eso te hace sentirte desgraciada, derrotada, te quita la energía y luchas cada mañana por saber qué mueve a las personas a querer levantarse para ver si puedes apropiarte de alguno de sus impulsos. Pero no lo haces, sigues batallando hasta que te cansas y acabas entre las sábanas, tapándote hasta la cabeza y deseando fundirte para no tener que enfrentarte a la realidad.

Te duele mirarte al espejo y ver los ojos de tu agresor, te dan ganas de arrancarte las cuencas y dejarlas vacías, pensando que eso te calmará. Deseas no llevar su sangre corriendo por tus venas, pero no puedes hacer nada para remediarlo; así que temes ser como él y te refugias haciendo lo contrario, ayudando a las personas. Alejándote de los niños por sentirte mal, no vaya a ser que en los genes esté la maldad escrita. Cuando trabajé dando las comidas a niños de cinco y seis años, lo pasé fatal, muchos se hacían sus necesidades encima, tenía que ir con ellos al baño para cambiarlos, y juro por Dios que no podía limpiarlos. Me sentía un ser asqueroso y despreciable, que estaba abusando de ellos por el simple hecho de cambiarlos. Es una sensación repulsiva en la que te maldices y sabes que no estás haciendo nada malo, pero, aun así, te machacas, porque cualquier contacto lo ves de manera negativa y lo evitas, pues te sientes sucia. Me costaba sudor y lágrimas ser cariñosa con ellos, hasta que, gracias a la reflexión, me di cuenta de que no era como mi padre y que podía jugar con ellos, abrazarlos, cuidarlos, que esas acciones eran buenas y no tenían nada que ver con lo que me hacía mi padre.

Me fui de la residencia sin avisar, estaba harta de los desprecios de la directora. Desde que regresé del psiquiátrico me trataba peor, no me quería dejar salir, venía a molestarme a la habitación sin venir a cuento; como bien me dijo otra monja, a las flores hay que regarlas y no pisarlas, como hacía ella. Con los años, las chicas denunciaron ese trato y la acabaron despidiendo de ese puesto, para el cual no estaba capacitada.

Al salir de la residencia nos corresponde una ayuda de pago único por haber cumplido los requisitos escritos en el PAI (Plan de Atención Individual), el cual me fue rechazado a causa de que esta directora, sin motivo ninguno, escribió a la Comunidad de Madrid para comentar que no los había logrado, cuando yo era la única de aquella residencia que trabajaba y estudiaba una carrera a la vez, que cumplía con los horarios y las normas establecidas, pero, cuando alguna chica se le ponía en el punto de mira, no había demasiado que hacer. Me la encontré un día, había pasado poco tiempo, íbamos en el mismo autobús, y le dije irónicamente que muchas gracias por haberme denegado la ayuda que me correspondía —que eran alrededor de 1000 euros, por lo que sabía de otras mujeres que habían salido—, que por su culpa me iba a ser más difícil independizarme y poder salir adelante con la falta de esa ayuda económica. Se empezó a reír y no supo contestarme cuáles eran esos objetivos que, según ella, no había logrado.

Por la noche cerraban con llave la puerta, pero, por suerte, yo sabía dónde se encontraba, porque algún fin de semana me iba a trabajar la primera, antes de que se despertasen para rezar, y me habían dicho dónde estaba para que abriese la puerta y después la colocase en el mismo lugar. Así que, sin hacer ruido, me despedí de mi compañera de habitación, Mari Luz, y saqué todas las pertenencias que pude. Samuel estaba en la plaza esperándome, entre los dos cogimos mis bártulos y los llevamos hasta un taxi.

Al llegar a la casa, me sorprendió su aspecto, nunca había visto nada igual. Estaba todo lleno de polvo, de manchas en el suelo, en el techo y en las paredes, y repleto de trastos en cualquier parte amontonados. Me llamó la atención poderosamente unas huellas de zapatos oscuras que había en las paredes, como si alguien las hubiera pateado, y unos agujeros que había en la pared, boquetes del tamaño de una naranja que más tarde supe que eran de los golpes que daba Samuel para mandar callar a las voces y los ruidos estruendosos que solo podía escuchar él. Me gustó sin embargo que la casa contaba con tres habitaciones: una tenía una cama de matrimonio; en otra había un armario y un contrabajo, y, por último, mi preferida, la que estaba a rebosar de libros. Ver aquello hizo que me quedase anonada, perpleja ante tantas novelas que me estaban esperando. Solo de verlas sentí el impulso magnético de quedarme allí a devorar sus historias.

Tampoco le di mayor importancia a tanto descontrol, desorden y suciedad; como se suele decir, a caballo regalado no le mires el diente, aunque más adelante tuve que pagar el precio de vivir en ese piso. Aunque ahora he aprendido que la manera en que alguien tiene su cuarto o su casa refleja en parte el estado interno en el que se encuentra; de ahí que muchas personas deprimidas descuiden sus hogares, su vestimenta, su alimentación y su higiene corporal.

Cuando empecé a vivir con Samuel, también empecé a probar las drogas. Él era consumidor habitual desde que era joven de hachís, cada semana compraba una bellota a un camello conocido. Con 20 años, desconociendo todos los efectos que podía acarrear, probé mi primer porro. Recuerdo que las primeras veces me daban lo que se denominan «amarillos»: entraba en un mareo y una sensación de irrealidad indescriptibles, la percepción de las cosas cambiaba, todo se desvanecía poco a poco, daba vueltas y giraba; a veces parecía que estuvieran flotando, como si fueran nubes, y otras se veían más cerca o, si querían, también se alejaban.

He tenido suerte de no tener factores biológicos que me hayan predispuesto a tener brotes psicóticos, porque viviendo con él consumía de vez en cuando, y también era una fumadora pasiva. Era una persona descuidada en todos los aspectos: no cuidaba su imagen ni su higiene, tenía la casa asquerosa y todo roto. Al entrar daba la sensación de estar en una casa de okupas, pero a él no le importaba vivir en esas condiciones, estaba acostumbrado. La mayor parte del día lo pasaba en la cama durmiendo, viendo la televisión, escuchando música, leyendo libros o fumando porros. Yo le animaba a hacer cosas y salir de casa; al principio, íbamos a bares, a locales a escuchar *jazz*, al Café Comercial, o dábamos una vuelta. Costaba mucho convencerlo para salir de casa y hacer alguna actividad. Había tenido una vida de drogadicción, lo habían internado varias veces en clínicas de desintoxicación, como Proyecto Hombre, para intentar sacarlo del alcohol, pero había sido sin éxito. También faltaba al trabajo y la liaba en los bares. Así que, al cumplir los 50 años, lo habían prejubilado para deshacerse de él, les salía más barato hacer eso que mantener su puesto de trabajo en el banco. Con el dinero recibido por la indemnización se compró la casa de La Elipa, unas plumas carísimas, libros, instrumentos musicales, y se lo fundió también en copas y en prostitutas; así que ahora estaba de nuevo sin blanca y malviviendo, sumido en una depresión que acarreaba desde hacía décadas. Se consideraba un músico fracasado al que su mujer lo había engañado, pues un día llegó a casa y la pilló en la cama con otro. Eso había terminado de hundirlo.

Era una especie de simbiosis. De alguna manera, nos ayudábamos el uno al otro: él, con la casa, y yo, intentando animarle. Como al principio me dejó vivir de gratis —a lo que económicamente me refiero, no en otros aspectos que el lector pudiera imaginar—, mi aportación iba a favor de la casa. Me encargué de ir arreglándola poco a poco: de comprar muebles, un televisor, un *home cinema*, un microondas, vajilla, cubiertos, sartenes, cubos de basura, fregona, escoba, tendedero y toda clase de utensilios necesarios que no había. Además de aquello, me encargaba de hacer la compra y, por primera vez en mi vida, tuve que aprender a cocinar, o al menos intentarlo, porque, si no hacía yo la comida, allí no se alimentaba nadie. Más adelante, cuando la cosa empeoró en nuestra convivencia y mi situación laboral mejoró un poco, llegamos al acuerdo de pagar 150 € al mes, a cambio de dormir en el sofá del salón.

Mi espíritu de salvadora era incontrolable, me ha metido en demasiados líos. Cuidaba a los demás y a mí me dejaba tirada a un lado. Siempre he terminado por tener una especie de afecto hacia los que he considerado desechos de la sociedad, sentía que pertenecía a la misma clase social. Era como un imán, sentía una llamada, que debía hacer algo por ayudar a salir adelante a los otros. Incluso a aquellos que me maltrataban también les tenía un cierto cariño; era por ese motivo muy duro dejarlos tirados y salir de aquellos pozos oscuros.

En aquella casa es donde más tiempo estuve viviendo. Entre idas y venidas, puede que pasase allí dos años, aunque hubo varias interrupciones y unos meses que me fui a vivir a casa del mánager, pero después, como no tenía dónde ir, me volvió a acoger, ya que ninguno de los dos teníamos a nadie, y la soledad a veces pesa tanto que hasta cae en la trampa de buscar compañía en personas que no convienen. No voy a negar que este hombre se portó muy mal conmigo, lo que más primaban eran las peleas y las discusiones, pero es cierto que me proporcionó un techo cuando no tenía donde caerme muerta, y, si no hubiera sido por él, habría vivido en la calle o con otro que quién sabe si hubiera sido peor. En el fondo no había mucha maldad en sus acciones, pero sus decisiones, su círculo de amistades, habían hecho que cayese en aquel saco roto. Ya al final, lo vi muy mal, consumiendo codeína, alcohol y hachís, me tenía que encargar yo de conseguirle esas sustancias. Hasta que no aguanté más aquella situación, estaba harta de recorrerme todas las farmacias del barrio y de que me mirasen con mala cara, de que me pusieran excusas y de que ya no quisieran venderme más medicamentos, cosa que es más que comprensible, aunque yo me inventase la excusa de que eran para mi compañero de piso, que estaba enfermo.

Así que al llegar a casa tuvimos una gran discusión, me negué a seguir siendo partícipe de su elevado consumo. Se puso como una fiera, a gritar y lanzar cosas, a dar patadas a las paredes. Me fui de casa, como había hecho otras tantas veces cuando se ponía insoportable y no se podía hablar con él. Pasaron los días, la cosa no mejoraba, estaba tirado en la cama, no salía para ducharse ni para comer, ni tan siquiera para ir al baño. Tenía un cubo de plástico o una botella de agua vacía de un litro y allí a veces hacía sus necesidades. Le hablé de que eso no tenía razón de ser, que era insoportable ver cómo alguien vivía en aquellas condiciones inhumanas. Le quería hacer entrar en razón, mi idea era que ingresara en una clínica para que lo ayudasen, pero él no quería volver a estar encerrado en ninguna institución porque ya acarreaba muchas a sus espaldas. Hablé con su hermana y sus padres, que a la vez hablaron con él. No sé exactamente cuánto tiempo pasó, pero el milagro ocurrió y entre todos conseguimos que se internase una temporada.

Estando ingresado, era yo su primer contacto. Me iban contando sobre su evolución y, aunque me había tratado mal, me alegraba que fuera mejorando, por un lado, pero, por otro, he de decir que, de forma egoísta, quería que permaneciera allí un tiempo largo, porque desde que no estaba en casa no había gritos ni golpes y me sentía tranquila por una vez en mi vida, teniendo una casa entera a mi disposición, aunque bien sabía que no me pertenecía, pero soñaba con la ilusión de que tenía una por unos meses.

Esa puede que haya sido una de las mejores épocas de mi vida, cuando estaba sola en aquel piso con mi gato y quedaba mucho con mi amigo Fernando, que para hacerme compañía se quedaba a dormir en el otro sofá. La cama estaba tan sucia que preferíamos dormir juntos en el salón; además, yo estaba acostumbrada a dormir en aquel sofá desgastado y hasta me parecía extraño utilizar una cama. Fernando, por no hacerme sentir mal, dormía en el otro, que incluso era más pequeño, y le sobresalían los pies y la cabeza por fuera, pero aun en esas condiciones me consideraba feliz y afortunada por tener amigos, por tener a mi hijo gatuno, por estar resguardada del frío y por tener dinero para ir al supermercado.

CAPÍTULO 10

MALIZZIA KISS, MI MADRE ADOPTIVA

«Repetimos patrones y relaciones interpersonales dañinas hasta que no nos hacemos conscientes de ellas».

El día 20 de febrero del año 2012, me enteré por internet que había una noche sabinera. Empecé a escuchar a Joaquín Sabina desde que era pequeña, mi abuelo paterno me grababa canciones suyas, de Gloria Estefan, de Juan Luis Guerra, entre otros cantautores. Recuerdo que me ponía la cinta de radiocasete por la noche y me quedaba dormida escuchando aquellas canciones. Cuando fui a la tumba de mi abuelo, prometí llevarle una foto firmada por Joaquín Sabina y conseguí cumplir mi promesa años más tarde.

En el último año de carrera salí antes de clase para llegar a Gran Vía, el evento se celebraba en el Teatro Rialto. Fui la primera en llegar, porque me había enterado de que los cinco primeros podían cantar en el escenario. Yo era muy tímida, pero quería conseguir mi objetivo, y para ello tendría que acercarme a los músicos. Había escrito por Facebook a uno de los músicos, preguntándole si podía subir, y me había contestado que sí, que solo tenía que estar de las primeras en la cola; para mi suerte, era la primera. Recuerdo que, en mi mochila, llevaba dos ejemplares del libro que acababa de publicar: *La pantera que vivía entre las flores del desierto*. Los llevaba porque en aquella época los iba vendiendo, aunque uno de ellos estaba dedicado para Pancho Varona.

Estuve inmersa en mi libreta, siempre llevaba alguna para escribir algún poema o microrrelato, haciendo tiempo hasta que nos dejasen pasar. Aparecieron dos mujeres de mediana edad, una de ellas me llamó más la atención, desprendía mucha vitalidad y desparpajo. Era Malizzia Kiss, junto con una amiga, Mapipu. Me saludaron y dijeron que también querían subir —en realidad, solo quería subir Malizzia—. Hicimos muy buenas migas enseguida, eran dos mujeres muy cercanas y amables. Me estuvieron contando anécdotas graciosas sobre Sabina y el tiempo se me pasó volando. Me preguntaron por el libro que llevaba en mis manos, y les conté que lo había escrito hace poco. Entonces Malizzia decidió comprarme uno, y, aunque quería comprarme el otro, le dije que no podía vendérselo porque ya lo tenía dedicado. Nos intercambiamos los números de teléfono antes de entrar, ya que las entradas estaban numeradas, y quedamos en vernos en otra ocasión.

Ese día había acudido también con Mario, un cantautor obsesionado con ser como Joaquín Sabina. Nos habíamos conocido por internet, pero aún no habíamos quedado en persona. A raíz de ese día, comenzamos a hablar para quedar. En un principio habíamos quedado para realizar un trueque: él me daría su disco, y yo, a cambio, mi novela. Quedamos por el centro de Madrid, en la plaza de Ópera. Me dijo que el CD se lo había dejado en su casa, que lo acompañase a buscarlo, y accedí. Me pareció algo extraño, seguramente lo tenía todo premeditado. Había mucha gente en ese piso, estaban de fiesta, me dijo que si quería tomar algo y me puso un cubata. Nos quedamos charlando un buen rato mientras los allí presentes iban y venían cada pocos minutos de una habitación contigua. Una de las veces, cuando llevaba varias copas encima, Mario me llevó con él a ese cuarto. Lo que allí sucedía me sorprendió, pues nunca había visto a nadie esnifar cocaína ni fumarla en unos cigarros a los que él denominó «nevaditos». Le dije que no quería, que nunca lo había probado y que además me daba miedo hacerlo. Estuvo insistiéndome que no me iba a pasar nada, que él lo hacía con frecuencia y sus amigos también, que no fuera tonta ni cortada y que probase. Vacilé varias veces, pero imagino que la curiosidad, los efectos del alcohol y la presión ayudaron a que finalmente me metiera un par de rayas. Fue una sensación horrorosa de subidón que no puedes contener, de verborrea insoportable que no te deja ni un suspiro de descanso, se te acelera el pulso y el corazón parece un animal desbocado a punto de caerse rendido al suelo. Después seguimos bebiendo y conversando, tocando y cantando canciones de Joaquín Sabina, hasta que nos quedamos cuatro personas: un amigo y una amiga suyos, él y yo. Querían que me liase con la chica, pero yo me negué. Esa noche al final acabamos en la cama de matrimonio metidos los cuatro, y sinceramente sentí recorrer mi cuerpo muchas manos. Podía imaginar lo que había pasado sin estar muy convencida, pero me hubiera costado negarme o decir que no, pues iba bajo los efectos de la droga. A mí no me apetecía que aquellos dos desconocidos me sobeteasen, lo que quería en aquel momento era estar solamente con este chico, que más adelante resultó ser una persona egoísta que solo velaba por sus intereses. Realmente, en ese momento ya dejaba ver cómo era, lo que pasa es que yo era demasiado confiada y no sabía defenderme ni poner límites a las personas.

Haciendo un poco de retrospección, demasiado bien estoy en la actualidad. Soy consciente de que pude haber ido por otros derroteros y acabar en muy mal camino, ya sea por haber terminado siendo una drogadicta, prostituta o en alguna mafia de tráfico de personas. Estoy muy agradecida de quererme, de haber encontrado personas que me han devuelto una mirada de orgullo, que han creído en mí y en mi superación cuando yo no era capaz de hacerlo.

La siguiente vez que vi a Malizzia fue en el año 2011/2012, estaba en el Galileo haciendo cola para ver a Carabina 30-30. Era mi cumpleaños y había ido como una forma de celebración, creo recordar que me acompañaba Samuel, mi casero. Malizzia se acercó a saludarme y estuvimos hablando como si no hubiera pasado el tiempo. No sé si habíamos perdido los teléfonos o qué había pasado, pero aquella vez nos los volvimos a dar, y no pasó mucho tiempo hasta que quedamos. Esta vez nos vimos por Argüelles y fuimos a tomar algo a un Vips. Ella se pidió una Coca-Cola y yo tomé un Aquarius de naranja. Estuvimos hablando sin parar horas y horas, intercambiando momentos difíciles; entre ellos, me contó que había fallecido su padre y que había sido muy duro para ella. Yo le conté mis historias, y no sé cómo fue que me propuso pasar las vacaciones con ella y su familia. No me lo podía creer, aquella idea me apetecía un montón, pero, por otro lado, no quería molestar; así que se lo conté a mi psicóloga, que, incrédula, me dijo que luego me pasaban cosas extrañas, que no podía ir confiando a la primera de cambio, y razón no le faltaba. Pero yo me lancé a la aventura, y tuve mucha suerte, porque Malizzia es y ha sido una madre para mí.

En el otoño del año 2012 fuimos, como otras muchas veces, a un bar llamado Mui, por el centro de Madrid, en el que tocaban dos músicos conocidos. Al terminar el concierto, las dos nos acercamos a hablar con ellos. Malizzia quería cenar con ellos o tomar algo, todo lo que se propone lo suele conseguir. Así que acabamos a las doce de la noche montadas en el coche de Raúl, uno de los músicos de Joaquín Sabina, buscando algún lugar para cenar, al final, como estaba casi todo cerrado, acabamos en un bareto de barrio, tomando ron Havana Club 7 con Coca-Cola, y mi amiga se tomó solo el refresco. Estuvimos charlando de diversos temas, imagino que todos relacionados con el mundo de la música, la verdad es que mi memoria no da para tanto. El caso es que, después de dos copas, ella dijo que se tenía que ir, no me quería quedar a solas con él; así que dije que yo también me iba. Salimos del local, él se ofreció a llevarnos, creo recordar que mi amiga se fue en taxi o la acercamos a algún sitio. El caso es que, de camino a La Elipa, él paró en un descampado alegando que se había perdido, y yo, que era una maldita ingenua, le creí. Me hizo hacerle una llamada perdida porque, según él, no encontraba el teléfono, estrategia para así conseguir el mío. Después de aquello, puso su mano encima de la mía y se lanzó a besarme, yo simplemente me dejé llevar, gracias a mi gran asertividad y capacidad de decir que no. Como habéis comprobado, siempre pensaba en el otro, hacía lo que él deseaba y mi opinión no servía de nada. No culpo a nadie más que a mí, por no saber protegerme, cuidarme ni quererme, y dejar que muchos hombres y mujeres hayan utilizado mi cuerpo a su antojo por ser incapaz de poner límites.

Después de aquello, manteníamos conversaciones diarias de una hora, eso me gustaba, porque sentía que había alguien que se preocupaba por mí, que se molestaba por saber cómo estaba. Encima era de la edad de mi padre, así que me venía perfecto. Yo y mi incansable búsqueda de un padre saliendo a flote, para variar. A cambio de esa preocupación, ese cariño que yo sentía. Aunque fuera mínimo, solo con eso me valía para entregarme cada día en un hotel durante tres o cuatro horas sin oponerme a nada. Es más, no voy a contar escenas porque no quiero crear morbo, sino reflejar mi inconsciencia y hasta dónde es capaz de llegar el ser humano. Quiero advertir a quien lea esto que se cuide y proteja, que no cometa las locuras y salvajadas que hice yo.

El caso es que yo era una persona muy tímida, me costaba mucho tener sexo; lo que hacía era abandonar mi cuerpo o pensar en otras cosas. Solo podía cometer aquellos actos contra mí teniendo muchas copas encima o bajo los efectos de la droga. Antes de hacer nada, nos sentábamos en la mesa del hotel, tomábamos unas copas de ron y después fumábamos unos porros que hacía de hachís y que servían, según él, para relajarse. Me sorprendí hasta yo misma, eso sí que tiene mérito. Me instruyó, o como se diga, en tener relaciones sadomasoquistas y todas las cosas extrañas que os podáis imaginar. No las voy a desarrollar ni redactar, pero, entre ellas, recibí golpes con un cinturón, y una vez me dolió tanto que tuve heridas en las piernas y en las nalgas. Moratones tampoco me faltaban, mi amigo Fernando lo puede constatar, que me preguntaba por ellos, y yo me inventaba cualquier excusa para no decirle la verdad, ya que teníamos una promesa: él, Raúl, me había hecho prometerle que jamás contase nada de lo nuestro. Si lo cuento ahora, es porque ya no se encuentra en el mundo de los vivos, porque estoy intentando ser parcial, porque esto forma parte de mi vida y mi intención no es hablar mal de nadie en mi biografía, sino ayudar a otros, pero para eso tengo que contar las estupideces e insensateces que cometí y dejé que cometieran con mi cuerpo.

También me ataba al cuello correas y apretaba con la intención de asfixiarme, incluso me daba tortas y puñetazos o me estrangulaba, hasta que una vez se nos fue de las manos. Recuerdo que cerré los ojos y él comenzó a apretarme más y más fuerte; me preguntaba algo, pero yo no respondía, había perdido la conciencia. Ambos pasamos miedo. Después de aquello, no volvimos a realizar ese tipo de prácticas. Puede que saliese a la luz el instinto de supervivencia o que me asustase, porque empecé a poner excusas para quedar, no me apetecía verlo, y poco a poco se fueron alargando estas quedadas, hasta que un día simplemente dejamos de vernos para ir a hoteles.

Nuestros encuentros terminaron a finales del año 2013, cuando me cansé de sentirme un objeto sexual. Las conversaciones y llamadas cada vez eran menos, últimamente solo se reducían al plano sexual, y yo estaba cansada de aquello; por un poco de cariño no me compensaban aquellas tardes de los miércoles en los hoteles. Aun así, seguimos manteniendo el contacto, felicitándonos por nuestros cumpleaños o por Navidad, con la intención de vernos y saber cómo nos iba, pero realmente después de aquello fueron contadas las veces que nos vimos en alguna cafetería. Ahora, al releer mensajes y conversaciones, me siento un poco idiota, estafada.

Si cuento todo esto es para haceros ver que a veces por afecto se cometen grandes locuras. Hay que escuchar siempre lo que uno quiere, saber cuáles son nuestras necesidades y cuánto estamos dispuestos a pagar por eso. Yo pensé que se había portado bien conmigo, a fin de cuentas, pero ahora no sé qué pensar. En su vida, posiblemente solo fui una más de muchas tantas, aunque eso no quita que yo me sintiera escuchada por él.

CAPÍTULO 11

EL MÁNAGER.
JUGUETEANDO CON LAS DROGAS

«Cuando ni tú te quieres, no pretendas que otros lo hagan».

Era el año 2012, estaba en el último curso de la carrera. A raíz del vídeo que subió mi amiga Malizzia Kiss a YouTube, donde salía cantando (por decir algo, porque lo que hacía era berrear y estropear la canción) en el Teatro Rialto, recibí un montón de solicitudes de amistad en Facebook; entre ellas, de muchas personas de Latinoamérica, también una de un tal Borja, de Logroño, con el cual estuve hablando por Messenger mucho tiempo, nos hicimos amigos y compartimos confidencias; finalmente, acabó por pasar mi contacto a una persona que había sido mánager. He de decir que hasta aquel entonces yo no tenía ni idea de quién era ese señor; por lo visto, vivía en Madrid. Estuvimos hablando hasta que llegó un día en que me dijo de quedar, y acepté, estaba muy sola y cualquier plan para salir de casa y no aguantar al tarado de mi casero, Samuel, me venía bien. El día 18 de abril del 2012 por la mañana le conté a Samuel que había quedado con un mánager, aunque, si llego a saber la que se armó, jamás se lo hubiera contado. Él detestaba a Joaquín Sabina por algo relacionado con Olga Román y porque en alguna ocasión habían compartido la barra de un bar, y la cosa no había terminado muy bien precisamente. Así que, en cuanto se enteró de que iba a ver a su exmánager, montó en cólera y me dijo que, si quedaba, lo mejor sería que me fuera de esa casa, que me marchase de allí.

Estaba en un periodo sensible; a esta situación, había que sumarle que mi abuela materna había fallecido el día anterior. Estaba trabajando en el colegio dando comidas, recuerdo estar en el pasillo, esperando a que saliesen los profesores del aula para entrar, cuando de repente sonó el teléfono. Era mi madre, y, como siempre, como nunca hablábamos, me temí lo peor. Me dijo que en la pasada noche mi abuela había fallecido, no pude soportar aquello. Había dejado una y mil veces ir a verla a la residencia, desde que la ingresaron no me habían permitido ni dicho dónde estaba, y ahora, sin poder despedirme de ella ni haberla vuelto a ver, había muerto. Me encontraba destrozada. Le dije que me dijera la hora del funeral para poder despedirme, pero era demasiado tarde, estaba siendo mientras hablábamos por teléfono. No me lo quería decir porque estaba allí mi padre, me remataba que él tuviera el derecho de poder despedirla y yo no, cuando era mi abuela y no la suya. Sentía que era una injusticia enorme, un estacazo por parte de mi madre. No pude con tanto dolor, ni siquiera colgué; al escuchar aquellas palabras, lancé el teléfono contra el suelo y comencé a llorar.

Una de las profesoras, al verme así, me preguntó. Le dije la verdad, que estaba siendo ahora el entierro de mi abuela y que no iba a poder ir. Se ofreció a dejarme dinero para un taxi, pero, en primer lugar, no sabía dónde era; segundo, tampoco me lo iban a decir, y, tercero, estaba mi padre allí; así que ese día me fui a casa, era incapaz de trabajar ni de pensar en nada positivo. Para más inri, mi abuelo, tras la muerte de su mujer, ingresó en el hospital; no tenerla hizo que se fuera consumiendo de manera radical. De nuevo, estuve peleándome para saber dónde estaba, llamando a mi madre —que me daba largas—, escribiendo a mi hermano por WhatsApp para averiguar el hospital sin éxito, yendo a hospitales preguntando por él, acercándome a su casa y preguntando a los vecinos y al portero, pero esa vez no pude saber dónde estaba, no lo encontré, y la angustia me roía por dentro, como si fuera un veneno que me iba matando lentamente.

Indagando en mi correo antiguo di con esta conversación, donde le contaba a uno de mis profesores de la universidad cómo me encontraba. No sabía a quién acudir ni a quién contárselo, y, por lo visto, la única ayuda que pedí fue a él en unos correos, no sé cómo no alucinó de que una alumna le enviase tales mensajes. De ahí que sepa exactamente algunas fechas, porque mi memoria lo tenía sepultado, y entiendo muy bien la función de haberlo tenido enterrado en el olvido. Si pongo este correo, es para mostrar el grado de desesperación y angustia vital en el que me encontraba, en un pozo sin salida.

Date: Tue, 27 Mar 2012 11:49:30 +0200
Subject: Re: continuación novela

Hola, profesor, gracias por leer mis tristes y atropelladas palabras. La verdad es que estoy algo perdida ahora mismo porque por coincidencia escribí hace tiempo lo que te he enviado y hace dos semanas o menos ha muerto mi abuela, también hace poco probé la cocaína, esto solo lo sabes tú, por suerte desde ese día no he vuelto a probar nada de drogas. Parece que todo lo que sale de mi interior acaba haciéndose real. Tienes razón en todo lo que dices, es un borrador y me queda mucho por hacer, no sé cómo cuajar para unir los capítulos y las situaciones. Me falta tiempo, cosa que queda reflejada en mis escritos, no tengo ni un respiro diario. Estaría encantada de poder hablar contigo, alguien de confianza y de las pocas personas que tengo. Hoy si estás en la universidad podríamos hablar de 3 a 4, sé que es demasiado precipitado. Si no es hoy, dime cuándo puedes y nos vemos. Estoy con el alma destruida, ahora mismo se está muriendo mi abuelo (marido de mi abuela, la que murió hace poco) y nadie me dice en qué hospital está, estoy agotada. Ya no vivo en La Elipa, el día que murió mi abuela me fui a Aluche a vivir con un desconocido, aunque ahora ya lo conozco de 13 días, los que llevo viviendo allí. Estoy perdida en la inmensidad de este mundo. Siento contarte todo esto, no es justo que me desahogue, pero me van a estallar las miserias de la vida en la cara y no sé qué puedo hacer contra eso, me encuentro sin fuerzas. Gracias por todo, profesor, nos vemos y hablamos tranquilamente. Un saludo y un abrazo.

A continuación, copio y pego literal una conversación con Fernando, donde se muestra la relación con mi hermano, algo también muy doloroso para mí, cuando siendo niños éramos uña y carne. Eso también me mataba, saber que no tenía con quién contar y que había perdido a todos los miembros de mi familia. Me sentía muy sola. Como podéis leer, no me dijo dónde estaba, y tuve que quedarme con la angustia de saber cómo estaba mi abuelo, de no poder ir a verlo ni darle un beso o un abrazo.

23 de mar., 12:23 - faigest20: Hola, Fernando

23 de mar., 12:24 - faigest20: ¿Qué tal? ¿Cuándo puedes hacerme un hueco?

23 de mar., 12:47 - +Fernando: Estoy trabajando

23 de mar., 12:48 - +Fernando: El abuelo está en el hospital

23 de mar., 13:33 - faigest20: ¡Cógemelo, hostias! Dime que le pasa

23 de mar., 13:33 - faigest20: ¿Dónde está?

23 de mar., 13:33 - faigest20: ¿Por qué no me lo coges?

23 de mar., 13:33 - faigest20: Dime algo

23 de mar., 13:34 - faigest20: Joder hace nada me la liais con lo de la abuela no me hagáis lo mismo con él.

23 de mar., 13:34 - faigest20: Quiero verle dime dónde está, ¿qué le pasa?

23 de mar., 13:32 - +Fernando: Estoy currando.

23 de mar., 13:32 - +Fernando: Está bien, solo le están haciendo pruebas porque se encontraba débil.

23 de mar., 13:48 - +Fernando: A ver que no le pasa nada está en el hospital porque se encontraba débil y ya está ingresado porque le están haciendo pruebas, pero está bien.

23 de mar., 21:06 - +Fernando: Estoy en cine

23 de mar., 21:06 - +Fernando: Si quieres algo escríbelo.

23 de mar., 21:06 - faigest20: ¿Qué tal el abuelo?

23 de mar., 21:39 - faigest20: Cuando salgas contéstame please.

23 de mar., 21:58 - +Fernando: Nada, está en el hospital con mamá, pero está bien.

de mar., 23:49 - faigest20: ¿Y cuándo vuelve a casa?

23 de mar., 23:49 - faigest20: ¿Le dejan ingresado hoy?

24 de mar., 0:23 - faigest20: ¿Sabes ya algo?

de mar., 0:49 - faigest20: Dime dónde está el abuelo, voy a pasarme a verle mañana si quieres vente.

24 de mar., 10:50 - faigest20: Hola Fernando, ¿sabes ya algo?

26 de mar., 12:14 - +Fernando: A ver estoy en el médico y no puedo estar hablando te lo he cogido porque creía que era del trabajo así que entérate si hubieras hecho las cosas bien sin amenazar ya lo sabrías, pero por hacer tonterías de que un

amigo tuyo se haga pasar por policía y amenace a mamá así de malas no te voy a decir nada.

26 de mar., 12:20 - faigest20: Nadie ha amenazo a nadie, pero tú como siempre te crees todo lo que te dice un violador de mierda y una mujer maltratada…

26 de mar., 12:20 - faigest20: Ya claro, como la abuela, ojalá te des cuenta algún día de lo gilipollas que eres.

26 de mar., 12:21 - faigest20: Adiós niño mimado.

26 de mar., 12:22 - faigest20: No es una amenaza, pero hoy voy al hospital he llamado por teléfono a todos los hospitales de Madrid y me han dicho dónde está.

26 de mar., 12:22 - faigest20: Adiós.

26 de mar., 12:24 - +Fernando: ¿Qué dices de una mujer maltratada eso a cuento de qué? Tú has visto alguna vez eso porque es la primera vez que me entero si dices cosas ten argumentos no te las inventes porque eso de mamá no sé a cuento de qué. A ver explícamelo porque si no voy a pensar que estás loquísima.

26 de mar., 12:31 - +Fernando: Que lo escribas y no me llames que estoy en el médico o es que no entiendes que no puedo hablar aquí, cojones.

26 de mar., 12:31 - +Fernando: Y que estoy esperando que me llamen del trabajo que pone numero privado.

26 de mar., 12:31 - +Fernando: A ver si sabes leer.

26 de mar., 12:31 - +Fernando: Médico sala espera no hablar leeeeeeee

26 de mar., 13:31 - faigest20: Ya te gustaría a ti leer y saber el 5% de lo que yo sé.

26 de mar., 13:31 - faigest20: Que no tienes estudios ni nada en la vida seguro, solo mentiras y más mentiras.

26 de mar., 13:31 - faigest20: Tu vida es una mentira entera.

de mar., 13:31 - faigest20: No me escribas ni me llames más.

26 de mar., 16:08 - faigest20: Cada vez te pareces más a tu padre, ¡qué asco!, me das lástima, Fernando.

26 de mar., 16:31 - +Fernando: ¿Ya has encontrado al abuelo?

de mar., 16:41 - faigest20: Mira en lo que te has convertido, en una escoria.

26 de mar., 16:41 - faigest20: He encontrado al cabrón que eres en realidad.

26 de mar., 16:43 - +Fernando: Y tú la mentirosa que eres en la vida las cosas se piden bien y no se miente diciendo que mamá está maltratada y lo del policía. Yo trato a la gente como veo que tratan a los demás y dile a tu amigo que yo soy bombero.

26 de mar., 16:45 - faigest20: Desde luego ideas de bombero tienes.

26 de mar., 16:46 - faigest20: Yo jamás he mentido cosa que ni tú ni nadie de la familia puede decir.

26 de mar., 16:46 - faigest20: Tengo mi conciencia muy tranquila

26 de mar., 16:46 - faigest20: Mamá es una mujer maltratada y tú aparte de maltratador también eres y has sido maltratado.

26 de mar., 16:48 - faigest20: Guárdate estas palabras en tu miserable conciencia.

26 de mar., 16:49 - faigest20: Dentro de unos años te darás cuenta de todo y el mundo te aplastará como si fueras un insecto.

26 de mar., 16:50 - +Fernando: A ver ya te he dicho que hables con argumentos. ¿Yo maltratador por qué?

26 de mar., 16:51 - +Fernando: A mí sí me explicas las cosas yo te hago caso si te las inventas mal vamos.

26 de mar., 16:51 - faigest20: Por tu comportamiento, date tiempo y verás lo despreciable y cobarde que eres.

26 de mar., 16:51 - faigest20: La verdad hace daño.

26 de mar., 16:52 - faigest20: Lo que pasa es que nunca te has parado a mirarte desde fuera.

26 de mar., 16:58 - faigest20: Porque no aguantarías ver la verdad.

26 de mar., 20:51 - +Fernando: A ver que ya le has encontrado…

26 de mar., 21:03 - faigest20: ¿De qué vas niñato?, madura.

de mar., 21:04 - +Fernando: A ver ahora en serio que el abuelo está mejor y seguramente mañana le manden para casa lo que tiene es una inflamación en la pierna.

de mar., 16:38 - faigest20: ¿Dónde está el abuelo? ¿Cómo está????????

27 de mar., 16:57 - faigest20: ¡Contesta!!!!!

27 de mar., 16:54 - +Fernando: Que está bien y le mandan para casa mañana o pasado.

27 de mar., 16:59 - faigest20: No me vaciles.

27 de mar., 17:00 - +Fernando: Si no te vacilo, ¿qué quieres?

de mar., 17:00 - faigest20: Llevas con lo mismo desde el sábado.

27 de mar., 17:00 - faigest20: ¡Qué quiero verle!!!

de mar., 17:01 - faigest20: ¿Qué es lo que no entiendes?

27 de mar., 17:01 - faigest20: ¡No es tan complicado!!!!!!!!!!!!

27 de mar., 17:01 - faigest20: Tengo derecho a verle igual o más que tú.

27 de mar., 17:01 - +Fernando: A ver porque decían que le mandaban el lunes, pero le han hecho más pruebas y como muy tarde el jueves le mandan para casa pero que está bien, bueno un poco aburrido.

27 de mar., 17:01 - faigest20: Entérate de que también es mi abuelo

27 de mar., 17:02 - faigest20: ¡Pues qué narices te importa que vaya a verle!!!!!!!!

27 de mar., 17:03 - +Fernando: Pero él no quiere que vayas porque van papá y mamá todos los días a verle.

27 de mar., 17:03 - faigest20: Eso no me lo creo. Dime el hospital de una santa vez.

27 de mar., 17:04 - faigest20: Además tengo más derecho que él a verle.

27 de mar., 17:06 - +Fernando: Pero va mamá y por eso no quiere que vayas porque mamá siempre que te ve acabáis gritando así que espérate al jueves y le ves en su casa.

27 de mar., 17:06 - faigest20: ¿Me lo dices o qué?

Total, que me fui de casa, mucho antes del encuentro con el mánager, porque no quería verle la cara ni aguantar más desprecios. Me quedé fatal, sin ganas de ver a nadie y mucho menos a aquel hombre que era la primera vez que nos íbamos a encontrar. Deambulé por el barrio hasta que llegó la hora. No recuerdo si vino a mi barrio en coche o en un taxi, creo que fue en lo segundo, pero no estoy segura. Dejé que me hablase de lo que quería, pasaba horas y horas sin parar de hablar, padecía lo que se conoce como verborrea. En un momento de la tarde, me puse a llorar y le conté lo que me había pasado con Samuel, y él se ofreció a que viviese en su casa. Y claro, las cosas buenas no suceden así porque sí. Me sentí huyendo de nuevo de un sitio malo a otro peor, pero sin tener un conocimiento de aquello. Estaba tan mal, tan dolida y enfadada con Samuel que acepté. He realizado cosas de locos, sin pensar demasiado, pero esta vez me superaba con creces, porque tan solo lo conocía de unas horas y me había ido a vivir con él, algo parecido a lo que sucedió con Samuel, pero al menos a él ya lo había tratado durante unos días cuando me trasladé a su casa. A tiempos desesperados, medidas igualmente desesperadas.

Llamé a la única persona en la que podía confiar, a Bernardo, y le conté la situación, la de Samuel. Ya se la conocía, así que entendió que quisiera salir de aquella casa del terror. Vino con su furgoneta hasta Aluche, lugar donde vivía el mánager, y los tres fuimos a recoger mis cosas a La Elipa. En cuanto vio que me largaba de verdad, se puso a gritar primero y después a llorar para que no lo hiciera. De hecho, más adelante recibí llamadas suyas y de sus familiares para que regresase, porque su estado de ánimo desde mi partida y la del gato había empeorado muchísimo.

Como todas mis estancias, al principio son encantadores y muestran su mejor versión. Son quienes me salvan del hastío y del malestar en un primer momento, del pozo en el que me encuentro, y yo les tendía la mano agradecida. Por eso, como mis salvadores, me sentía obligada a recompensarles de alguna manera; de ahí a caer tantas veces en la misma situación. Hasta que no cambias tu relato interior, tu vida se repite de manera constante y sin que puedas hacer nada. No es el destino ni la casualidad, es el subconsciente y lo que nos contamos que merecemos. Si lo llego a saber antes, no habría pasado por ninguna de estas experiencias tan salvajes y escabrosas.

Lo primero que hizo el mánager al verme sacar de mi bolso la pastilla de por la noche para dormir fue decirme que en su casa no se tomaban medicamentos, así que tiró mis cajas de medicinas. Fueron a la basura el lorazepam, el diazepam y la sertralina. Como todo el mundo sabe, los antidepresivos hay que dejarlos de manera gradual, porque afectan de forma negativa en el estado de ánimo. Pues yo los tuve que dejar de golpe y porrazo.

Me fui a quejar, pero tampoco tenía ganas de discutir en el primer día con alguien que me estaba ayudando; pensé que lo mejor era callarme y hacer caso a lo que decía. Para variar, acaté sus órdenes e hice todo lo que me mandaba, algo que era contradictorio, ya que él sí que podía tomar medicamentos, y encima esnifados. Metió varias pastillas de rubifén, conocida como la cocaína de los pobres, en un aparato de forma cilíndrica, metálico, no muy grande, y me dijo que girase una manecilla. Después de convertir aquellas pastillas en polvo, se hizo unas rayas y las esnifó por la nariz. Insistió para que tomase, pero no quise. Bajamos a una tienda de alimentación a por unas cervezas y continuamos la conversación en su dormitorio; él bebía, fumaba y se drogaba mientras no paraba de narrar historias sin dejar que metiese baza. Me habló de todos los artistas que había llevado siendo su mánager, de cuando Antonio Banderas vivió en la habitación donde yo iba a dormir, de las venturas y desventuras de personas reconocidas, de las discusiones y problemas que tuvo con Sabina, al que ponía a parir junto con sus músicos. Asquerosidades que he olvidado, similares a cuando él y Sabina se acostaron en el camerino con una madre y su hija para después intercambiárselas. Hablaba de las mujeres como si fueran objetos, alardeaba de haberse follado a más de doscientas mujeres, sin darse cuenta de que estaba hablando de prostitutas, y que, si no fuera por Joaquín, jamás hubiese pasado aquello, porque él tan solo era su mánager, vivía anclado a un pasado distorsionado que quedaba muy lejano.

En este país ya se sabe que, si eres cantante, político, músico, futbolista, actor o cualquier persona conocida, se te atribuyen unas características positivas, como bondad, inteligencia, ser una persona amable, comprensiva, culta, entre otras cualidades que son ficticias, fruto de una masa enardecida de personas que creen que a quienes siguen son dioses, porque ellos jamás podrían hacer lo que realizan aquellos a los que admiran. Una situación penosa y muy triste, pero es así, y algo por el estilo le sucedía a él: tenía muchos «amigos» en Facebook por el simple hecho de que les contase anécdotas que había compartido con personas consideradas de éxito. Y esto es lo que hacía que tuviera seguidores y ovejas fieles, hiciera lo que hiciera.

Durante aquella noche verborreica, insistió en que me drogase, pero me volví a negar. Lo que quería era dormir y no estar excitada. Le dije que necesitaba las pastillas que había tirado, que tenía pesadillas y problemas para conciliar el sueño. Se negó, pero me ofreció una que acepté, hubiese dado cualquier cosa por dormir un par de horas. Un mes y pico más tarde, un día del mes de mayo, me quise morir cuando nuestro amigo en común, Borja, de Logroño que había conocido a raíz del concierto donde subí a cantar, vino a Madrid y le conté las locuras que me estaban sucediendo en aquella casa. Entre ellas, que el día de la República de ese año, el 14 de abril del 2012, me despertó estando como una cuba y me dejó escrita una declaración de amor que comenzaba diciendo así: «Ni Ana Belén, ni

Víctor Manuel, ni Serrat, ni Joaquín Sabina, ni Antonio Banderas, incluida mi madre, me han hecho sentir como tú...». Terminaba con un corazón donde escribió nuestros nombres.

Me quedé flipando al leer aquellas líneas y comprender que iba en serio. Cada vez que me decía que se quería casar conmigo, yo me lo tomaba a broma y me echaba a reír, o quizás de nuevo era mi risa nerviosa traicionera, o ambas cosas, ya ni lo sé ni quiero detenerme a analizarme. El caso es que esa carta, escrita de su puño y letra, la guardé hasta hace no mucho, porque fue una de las pruebas que tuve que presentar en el juicio, cuando lo denuncié por acoso. Aunque fue peor cuando me enteré de que las pastillas que había estado tomando cada noche producían un efecto de olvido. Gracias a ellas, el mánager se aprovechó de mí para tener relaciones sexuales mientras yo dormía. Además contó a Borja que me había prestado 1800 €, y aseguraba que yo tenía cáncer y que me iba a morir, o que me pinchaba morfina en los tobillos, que tenía sida..., entre muchas de sus perlas. Fue tal la desesperación, la ira y la rabia que sentí que no tardé ni dos días en irme de allí. No le conté ni le mencioné nada de mis intenciones, temiendo que, si lo hacía, me impidiese marcharme. Llamé a mi amigo Kevin, que vivía por la zona, y aprovechamos un día entre semana que yo sabía que no iba a estar en casa porque tenía terapia obligatoria, como cumplimiento de una condena que le habían concedido a cambio de no ir a la cárcel, ya que su mujer y sus hijas lo habían denunciado. Ninguna le hablaba, debido a que había sido violento con ellas, y tenía una orden de alejamiento. Él me había contado su versión, que era totalmente diferente a la que descubrí a través de sus hijas.

Date: Tue, 17 May 2011 08:13:05 -0700
Subject: Irene Pascual te ha enviado un mensaje en Facebook

Si realmente te interesa estar informada, dile que te enseñe la sentencia del 22/10/2010 donde se le prohíbe y condena (entre otras cosas) a acercarse a mi madre y a nosotras y a nuestra casa o a nuestro trabajo a menos de 500 m y a comunicarse con nosotras por un tiempo de dos años. Por lo que ves, los mentirosos, al igual que los maltratadores, nunca cambian y nunca dejan de serlo. Y no te preocupes. Ya soy feliz y pienso seguir siéndolo.

A esto se añadía el control que tenía sobre mí. Por entonces trabajaba, iba a la universidad y realizaba las prácticas de educadora social en un piso para mujeres víctimas de trata de personas. Al principio no me dio las llaves de su casa, así que, mientras hacía una copia de estas, tiempo que se alargó, tuve que hacerle un horario, y así él sabía en todo momento qué estaba haciendo y dónde me encontraba.

Salí de su casa en la primavera del año 2012, y más adelante, ayudada por Mario, recuperamos los ejemplares que tenía en su casa de mi novela. Yo los daba por perdidos, pero Mario insistió en rescatarlos, claro que a cambio nos fuimos a un hotel. Aunque luego resultó ser un mentiroso y acabó cayendo en las mentiras del mánager; entre los dos planeaban engañarme. Esto lo descubrí y lo tengo guardado en conversaciones que les pillé en el Messenger de Facebook; también tengo grabaciones que pude hacer y que aún conservo, las cuales he escuchado y releído para meterme mejor en aquellos meses. Reviviendo aquellos momentos, al principio sentí tal distanciamiento que hasta me pude reír, pero luego me quitaron el sueño por haberme descuidado y dejado que jugasen así conmigo. Al irme, las cosas no mejoraron. Seguía recibiendo mensajes, me seguía a la universidad, a mis trabajos, a mi nueva casa, se volvió obsesivo conmigo, creó cuentas falsas de Facebook para enterarse de qué hacía o dejaba de hacer y recibía SMS suyos diciendo que me vigilaba, que estaba muy cerca, que en tal concierto nos veríamos, o el día de mi graduación. Lo pasé realmente mal.

Recuerdo que en una noche sabinera que se celebraba en mayo en la Sala Clamores, me había dicho que nos íbamos a ver a través de un SMS. No quería verlo ni encontrármelo, porque, según él, había escrito a Pancho Varona, al que ponía de vuelta y media, para que le regale una entrada, ya que el mánager estaba arruinado; es más, estando en su casa era yo quien hacía la compra para que pudiésemos comer. Recuerdo que tenía los nervios a flor de piel porque, para colmo ese día, había quedado con mi hermana, de la que hablaré más adelante, pensaba en la impresión que tendría de mí si, al poco de conocernos, descubría la mala vida que llevaba, los líos en los que andaba metida… Miraba por todos lados temiendo encontrármelo; por suerte, en la puerta estaban los dos músicos, Pancho Varona y García de Diego. Me acerqué a hablar con ellos y les comenté mis inquietudes, les mostré la carta de amor del exmánager y unas fotos para corroborar que había vivido ahí casi dos meses. Se quedaron estupefactos y me dijeron que era cierto que le había escrito, pero que no le había contestado ni lo iba a hacer, que hacía años que no mantenían relación, que era un mentiroso y mala persona, que estuviera tranquila, que él no iba a venir, y, de ser así, entre todos lo echaban.

Esa conversación me dejó mucho más tranquila. Alucinaban de que hubiera podido vivir con aquel ser; yo también lo hacía, pero, cuando no tienes dónde ir, cuando estás perdida y desamparada, haces lo que sea por tener un techo, no piensas las consecuencias y te expones al peligro. Me quedé algo más calmada al escuchar aquellas palabras, y desde entonces he tenido una relación más cercana con Pancho Varona, me ha ayudado a conseguir la foto firmada de Joaquín Sabina que pude después llevar a la tumba de mi abuelo paterno. Pancho se ha portado conmigo muy bien, nos hemos visto en muchas ocasiones a lo largo de todos estos años, y puedo decir que es una persona cercana y encantadora.

En clase no podía concentrarme y seguí escribiendo mensajes a mi profesor. Estaba desesperada, quería aprobar la carrera, pero tenía asuntos más importantes de los que hacerme cargo.

Date: Sat, 28 Apr 2012 17:05:35 +0200
Subject: Memoria

Hola, profesor, soy Estefanía, te escribía por el tema de la memoria. No pude ir a clase el otro día por estar siendo acosada por el hombre de Aluche, donde vivía, así que me he vuelto a La Elipa a vivir con Samuel. Solo quería saber cuándo puedo entregarte la memoria, si es en junio o en septiembre, me refiero a la entrega que hay para recuperar la asignatura existente (Prácticum II) con este nombre y, si no, cómo podría hacer para entregártela. Muchas gracias de antemano. Un abrazo.

Sinceramente para mí son seres que merecen compasión, han llevado una mala vida y van por el camino de la oscuridad, es lo que tiene el mundo de las drogas. Por suerte, pude salir a tiempo de aquel mundo turbio que para nada me convenía.

De ahí que el día del juicio contra el mánager dijese que no quería declarar. Me dio pena verlo, no quería estar implicada en el encarcelamiento de nadie, ya que, sumado a su condena anterior, seguro que acababa entre rejas; así que opté por dejarlo correr, y él, para rematar la faena, en la vista oral dijo que iba muy guapa, cuando estaba siendo denunciado por acoso. El juez me dijo delante de él que, si me seguía molestando, les informase y se tomarían medidas sancionadoras y legales. Me llamó esa misma noche con amenazas para quedar, pero no informé. Con el paso de los años, ha terminado dejándome en paz, que es lo que yo quería: desligarme de él.

En fin, no sé cómo ni cuándo esta pesadilla terminó cesando. Al hurgar en mi correo, di con esta carta que le envié por *email* en algún momento de aquella trágica época. Os la pego tal cual la escribí, con la intención de sembrar paz. No sé si esto le haría reflexionar o no, demasiadas buenas palabras tuve para todo el malestar que estaba pasando; supongo que lo que quería era poder continuar con mi vida y dejar de nuevo la peste atrás.

Hola, las palabras quedan escritas, pero lo hablado desaparece por eso te escribo por aquí. Presta atención, en ningún momento he querido hacerte daño y no sé de qué forma puedo habértelo causado. Lo de hoy yo no lo he buscado, ha venido solo pues no pensaba en ir a verte hoy ni contar nada a nadie. Mario como él ha dicho antes, me preguntó y yo le conté, pero vamos, te dejo claro que en ningún momento ha tenido ninguna mala intención, él no tiene la culpa de nada. Sí sé que este tiempo que hemos estado viviendo juntos no ha sido bueno para ninguno, alguna cosa puede que hayamos aprendido pues de todas las experiencias se aprende, al igual que de cada persona. Mi fallo ha estado en contarte demasiadas cosas de mí y mi vida, mostrando mis puntos débiles. La única mentira contada es que nunca he estado en Las Rozas, respecto a lo demás no te he contado nada que no fuera cierto ni de lo que pueda sentirme mal.

Me ha sentado muy mal la conversación de hoy, para mí no ha tenido sentido alguno, sacando cosas que no venían a cuento para hacerme daño y al final amenazándome cuando yo no voy por ahí contando lo que pasa o ha dejado de pasar, ni lo voy a contar a nadie y menos con intenciones para fastidiarte. Lo poco que he hablado de ti ha sido a Silvia y Bernardo, pero jamás he dicho que fueras mala persona y eso te lo puedo asegurar, ni he ido malmetiendo contra ti, simplemente tienes problemas al igual que yo tengo los míos. No comprendo tampoco lo de que me hayas seguido hasta casa, hasta el trabajo e incluso hayas ido a Las Rozas para cerciorarte de que allí no vivía. En fin, da igual, pero por favor te pido no vuelvas a hacerlo.

Esto se ha ido de las manos, solo estamos creando daño mutuo así que como bien has dicho es mejor que no volvamos a saber nada el uno del otro, solo quiero que te vaya bien y como soy idiota y me gusta ayudar a las personas si alguna vez necesitas algo y puedo ayudarte lo haré, pero de momento no quiero saber nada de este tema, ni nada que esté relacionado contigo. Simplemente no se puede ayudar a quien no se deja.

El problema entre otras cosas ha sido la forma en que tenías de verme, una mezcla rara entre ser mi padre y querer estar conmigo. Los roles se han confundido y ahí es cuando ha surgido el problema. Tampoco te has puesto en mi lugar porque si no hubieras visto las cosas de otra manera.

Tus últimas palabras en persona y por teléfono móvil me han dejado impactada, sobre todo con las amenazas de que puedes ser un hijo de puta y que me harás daño si cuento cosas de ti, para empezar, yo no voy en contra tuya ni mucho menos lo único que tampoco quiero para mí cosas que me perjudiquen. No voy de malas ni nunca lo he hecho. Tenías razón, ojalá no nos hubiéramos conocido.

Si he hecho algo que pudiera dañarte lo siento, no era mi intención. Pero yo sí he salido con bastantes heridas cuando esto podía haber ido mucho mejor.

Por mi parte nada más que decirte, no recibirás nada más mío; ni sms, ni correos ni nada por el estilo. Bórrame cuando recibas este correo de la lista si quieres, tengo tu teléfono fijo y tu móvil como ya sabes, pero tranquilo que no tengo interés en utilizarlo, recalco que mi intención no es fastidiar a nadie.

Desde mi yo del presente me cuesta incluso comprenderme, pero hay que saber muy bien las circunstancias, el contexto en el que me encontraba y la desesperación que sentía para poder llegar a entender cómo se actúa en determinados momentos. No me juzgo, me he perdonado y aceptado, porque, si no, no podría seguir con esa carga. Después de hacer un análisis de mí misma, de mi comportamiento, he llegado a la conclusión de que sufría de algún modo algo similar al síndrome de Estocolmo. No estaba enamorada de ellos ni mucho menos, pero me sentía en deuda por haberme ayudado, por haberse preocupado por mí, porque te dan una de cal y otra de arena. Eso es lo peor que puede existir para enganchar a alguien, y, si no, que se lo pregunten a los descendientes de Paulov y Trondrike, a los conductistas, ya que esa es la mejor forma de crear una asociación fuerte, mostrando de forma intermitente y de manera intensa una reacción después de un estímulo cualquiera. Además, en cierta manera había un vínculo nocivo que hacía que sintiera afecto; de alguna manera, yo sentía que, al estar con ellos, estaba también con mi padre, es algo muy complicado de explicar, pero quienes hayáis pasado por algo similar seguro que lo comprendéis o incluso os sentiréis identificados. Ellos me proporcionaban un refuerzo positivo al darme un lugar donde dormir, un techo bajo el que poder cobijarme. Y en cierto modo también me daban un espacio donde podía desahogarme y ahogar mis penas, encontraba un hombro donde llorar. A veces, es un arma de doble filo, pues abrirse tanto a una persona deja tus puntos débiles al descubierto; hay gente que se aprovecha de ti al conocer tu talón de Aquiles y va directo a atacar justo donde más te duele.

La manera en que una persona se comporta dice mucho de cómo es, por eso se equipara el comportamiento con la personalidad. De ahí que los seres negativos tengan comportamientos destructivos hacia otros y hacia sí mismos. Se muestra una forma de pensar y de ser en nuestras acciones. Como bien decían las teorías dinámicas de la personalidad, la forma de comportarse se escapa de nuestra conciencia, demuestra nuestros temores, deseos, conflictos e ideas adquiridas en edades tempranas de la infancia.

Interiormente sentía que no podía ser feliz, que me merecía lo que me estaba pasando, que no podía estar contenta porque, de hacerlo, le restaba importancia a los abusos sexuales y psicológicos de mi infancia. Sentía que no podía defenderme de aquello, repetía el mismo patrón de mi madre: relacionarme con hombres que te desprecian, te controlan, se aprovechan de ti y te hacen sentir pequeñita, que no sirves para nada. Era mi propio enemigo. El pasado me condiciona, pero no me determina; por eso en la actualidad, al ser consciente, he podido cambiar mis motivaciones inconscientes.

CAPÍTULO 12

EL JUICIO

«¿Tú verdad? No, la verdad;
y ven conmigo a buscarla.
La tuya, guárdatela».

ANTONIO MACHADO

En el año 2012, vino el amigo de Logroño, Borja, para acompañarme en un día tan decisivo, el día del juicio. Habían pasado casi cinco años desde la denuncia a mi padre, se había demorado demasiado tiempo aquel suceso que marcó un antes y un después. Apareció Sergio, mi ex, el cual me había jurado que estaría apoyándome el día del juicio, pero, nada más verlo, supe que no había ido para eso, que era un testigo de última hora e iba a declarar a favor de mi padre. El alma descendió a las tinieblas cuando lo vi.

No fue la aparición que más me impactó. Vi llegar a mis tíos y a más personas que no conocía. Me pasaron a una sala para que no tuviera que verlos mientras nos llamaban a declarar. Estuve en todo momento con mi abogada, con mi psicóloga de la infancia, perteneciente a CIASI, y con dos trabajadoras del centro de CIMASCAM que vinieron para apoyarme. También se unió Silvia, mi educadora y amiga, sentí un gran apoyo con su presencia. Mis nervios iban en aumento, por no hablar de la ansiedad y de la desesperación, de la angustia, de la falta de oxígeno que estaba experimentando. Mi abogada pudo sentir mi angustia y pidió que se pusiera un biombo para que no tuviera que ver la cara a mi padre, pero nos lo denegaron. No quedaba otra que enfrentarme a él, volver a verlo después de cinco años, tras aquellas palabras que me había escupido como una maldición.

El juicio duró tres horas, que parecieron ser por lo menos cuatro cursos escolares, con sus vacaciones incluidas.

Primero declara el acusado, mi padre, y luego entra la denunciante, yo. Después van entrando el resto de testigos o personas que puedan dar información relacionada con el caso. Me dio asco y repugnancia tener que estar a su lado; no tenía miedo, pero sí me sentía vulnerable y sin ganas de relatar detalladamente los abusos sexuales a desconocidos. Es muy duro declarar en un juicio contra tu propio padre, ver que tu madre, tu hermano, tus tíos y tu abuelo están del otro lado y ni siquiera te dirigen la mirada; en caso de hacerlo, es para mirarte de manera despectiva y por encima del hombro. Ese recuerdo no creo que lo pueda borrar jamás de mi memoria.

Al menos estaban allí mi psiquiatra y todas las psicólogas por las que había pasado, creo recordar, si no me falla la memoria, que eran cuatro en total. Todas aportaban sus informes, pero fueron, digamos, desechados o infravalorados, porque la justicia en este país es penosa, y las fiscales de plaza Castilla son malas personas, me hicieron sentir de nuevo estar siendo violada, esta vez de mis derechos y de mi persona. Te hacen sentir juzgada, cuestionada, al decirte que deberías haber llevado una mala vida y haber caído en la prostitución o en las drogas; es gracioso y doloroso ver cómo juzgan si has sufrido o no abusos en tan solo una sesión, basándose en la apariencia externa, cuando no tienen ni idea de todo por lo que he pasado, cuando no sabían nada de lo que relato aquí. Deben cambiar mucho las cosas para que los que vienen detrás y sufran abusos sexuales en la infancia no pasen por esto, es traumático y humillante.

Me dijeron que jamás podría estar con un hombre según los resultados del test. Me sentí tratada como un bicho de laboratorio.

¿Y quién desconformaba eso? Sergio, al decir que habíamos sido pareja y preguntarle si habíamos tenido relaciones sexuales. Lo que no me preguntaron a mí es cómo eran: si estaba o no presente en cuerpo, mente y alma cuando las tenía, si disfrutaba o no de ellas, si me ausentaba, si me era fácil o me traía malos recuerdos... Eso parece que les daba igual. Además, mi exnovio añadió que, si te pasaba algo así, es decir, si sufrías abusos sexuales, esto no se iba contando por ahí, a razón de que se lo dije a un amigo de la universidad, Roberto, y al grupo de compañeras de clase con las que mejor me llevaba.

Para que veáis cómo cambian los contextos. Era un tema tabú sufrir abusos sexuales y encima estaba mal visto que lo contases; es más, si lo hacías, es que no te había pasado. Decidme vosotros entonces qué es lo que podía hacer un niño o una niña que había sufrido estas violaciones. ¿Callarse y tragárselo todo? ¿Suicidarse? ¿Matar a quien le desgarró el alma?… En fin, estos temas me siguen hirviendo la sangre. Menos mal que poco a poco la sociedad se va concienciando, pero aún queda mucho. Lo que más duele no son los abusos en sí, sino todo lo que generan a raíz de haber sucedido y cómo te destruyen por dentro.

El mío era un juicio más aquel día, y lo único que les interesaba a las dos fiscales era tener la razón sin una pizca de humanidad. Esas señoras sí que merecen ser juzgadas por el trato vejatorio que dan a las víctimas.

Fue uno de mis peores días. Salí sin ganas de querer estar viva, y menos mal que Borja se dio cuenta de eso y me llevó con él unos días a Logroño, para que intentase evadirme de aquella sentencia, de aquel juicio aniquilador.

Pedí el vídeo del juicio a mi abogada y, pasado un tiempo, recuerdo que, viviendo en La Elipa, lo visualicé entero mientras me bebía dos litronas. Quería analizar a mi padre, escuchar el veredicto y los informes. También necesitaba ver a mi abuelo, a Laura, a Luis, a mi hermano, a Sergio, escuchar cómo mi madre se ocultaba a sí misma información, cómo se negaba a la realidad. Lo que más me gustaba era el testimonio de mi hermano Fernando, que dijo que yo nunca mentía ni veía razón alguna para que me inventase algo así. Sinceramente, no sé cómo no fue culpado, aunque cómo se van a demostrar unos abusos sexuales cuando han pasado más de 8 años. Lo que me dolió fue que dijesen que mi depresión y mi distimia podían bien ser causadas por la salida de casa a la residencia de menores. Ojalá hubiera sido así, de verdad, pero, por desgracia, no; siempre estuve deprimida, desde pequeña pensaba en la muerte y me quería suicidar, porque aquel ser despiadado, mi padre, me había roto y robado mi infancia, mi intimidad, lo más preciado que tiene un niño.

Me sentí muy mal al ver a mi abuelo materno en silla de ruedas. Estaba ya muy deteriorado físicamente, aunque no tanto como para ir de esa forma, intuyo que lo llevaron así para dar más pena. Mi madre siempre adopta el papel de víctima, al igual que en el juicio, que tuvo que decir que había pasado por un cáncer. Debería haber contado yo todo lo que había pasado y estaba pasando, quizás así las juezas se hubieran interesado en aquellas secuelas que dejan los abusos, de cómo condicionan e influyen en la vida de aquellos que son jóvenes y adultos, aunque dudo que eso les importase.

Mi abuelo Miguel, prácticamente fue llevado para que dijera que en los días que sucedían los abusos durante las siestas de los fines de semana, él dijera que estábamos con él, en su casa, cosa que era mentira; así que oírlo de sus labios me hizo muchísimo daño. Estuve muy cabreada y dolida con él, dejé de ir a visitarlo, ni siquiera lo llamaba por teléfono. Solo lo hice una vez, llorando, diciéndole que la abuela no estaría orgullosa de él por haber mentido en algo tan importante. Hasta que un día soñé que mi abuelo se moría; entonces, sentí pena y tristeza, culpabilidad por dejar de verlo, y retomé nuestras visitas de nuevo. Comprendí que había sido manipulado por mis padres para ir al juicio y no se lo tuve en cuenta, fui capaz de perdonarlo.

CAPÍTULO 13

ENCUENTRO CON MIS DOS NUEVOS HERMANOS. PUBLICACIÓN DE MI PRIMERA NOVELA

Desde pequeña noté mucha tensión entre mis padres, muchas veces veía cómo él le gritaba. Una vez recuerdo que la empujó en el pasillo y a mi madre se le cayeron las gafas al suelo. Solían discutir bastante, él decía que mi madre era muy celosa y controladora, una persona muy tacaña, y la verdad es que ahora entiendo por qué era así. Sin embargo, mi madre era incapaz de ver aquello, pues era una mujer totalmente dependiente, sumisa, que se veía inferior y acataba las órdenes de mi padre. Detestaba que mi madre fuera así, que se dejase maltratar y manipular de mala manera, rol que acabé adoptando inconscientemente en mis relaciones de pareja.

El caso es que un domingo, yendo al Rastro, hubo un enfrentamiento entre mi familia y otra. Empezaron a insultarse y gritarse, yo pasaba miedo, vergüenza y no entendía nada. Me quedaba mirando a un niño que era algo mayor que yo, muy guapo, rubio, de ojos claros. En el pasado quedó aquel incidente que intentaron ocultar, pero mi memoria guardó aquel recuerdo con sumo cuidado. Tiempo después, empecé a observar que sucedían cosas extrañas, y es que a veces llamaba una mujer a casa preguntando por mi padre y se ponían a discutir acaloradamente. Siendo más mayor, con unos catorce años, pregunté quién era esa mujer que llamaba y qué tenía que ver el niño del que hablaban y que yo recordaba con nitidez en mi memoria por el gran parecido con mi padre. Mi madre entonces se puso histérica, a chillar y a dar voces, discutiendo con mi padre, hasta que se calmaron y me dieron a entender que podía ser mi hermano, pero que la otra mujer era una golfa —y seguramente no era cierto—, que mi madre había querido adoptar al niño y le había dicho que no..., cosas demasiado incongruentes que no me convencieron. ¿Cómo iba a dar la otra mujer, que, por cierto, se llamaba Blanca, su hijo a una desconocida? Intenté preguntar por él en otras ocasiones, pero aquello parecía un tema misterioso del que no se podía hablar, puesto que mi madre a la mínima se enfurecía y se negaba a hablar de aquello, era imposible sacar el tema.

Aquello nunca se me fue de la cabeza. En cuanto surgieron las redes sociales, buscaba a mi hermano, poniendo el apellido de mi padre —Igartua— en Tuenti, Facebook, Google, pero nunca obtenía resultado, era frustrante.

Pasaron los años y lo dejé en el olvido, hasta que una tarde estando en la residencia de mujeres víctimas de violencia de género, volví a intentarlo, y esta vez tuve suerte. Al poner Igartua en Facebook, vi el nombre de muchos chicos que se apellidaban así, y aquello me entusiasmó, sabía que estaba cerca de mi hermano, intuía que pronto lo iba a conocer. Es más, al ver la foto de uno de ellos, Felipe Igartua, rubio y de ojos claros, supe que había dado con mi hermano. Escribí un mensaje narrándole el encuentro de mi niñez y contando un poco los detalles de mi padre, decía que, si era él ese niño, rogaba se pusiera en contacto conmigo, porque era su hermana y quería conocerlo. Envié aquel mensaje a todos los Igartua, aunque yo sabía quién era. En el mismo día recibí la respuesta: me dijo que sí, que era él, y mi corazón dio un vuelco. Tenía mucha ilusión y ganas de verlo, de darnos un abrazo, de compartir lo que habíamos vivido, de poder conocernos después de haber estado tantos años separados.

Aquel encuentro fue inolvidable, sentí que era una extensión suya, como si nos conociéramos de toda la vida. Me dio alegría y vitalidad, supuso un antes y un después en mi desastrosa vida. Ahora siento dolor, pena y tristeza porque se haya enfriado una relación tan bonita. Imagino que al principio cada uno entramos de golpe en la vida del otro, pero los caminos nos han vuelto a separar, y es difícil recuperar algo así, aunque él sabe que siempre puede contar conmigo y que, si nos vemos, será como si no hubiera pasado el tiempo.

Su madre me quiso conocer, así que fuimos hasta su casa, para presentarme a Blanca y a su padrastro. Me trataron muy bien, estuvimos hablando de cuando conoció a mi padre. Me dijo que mi madre los insultaba; que mi padre llevaba una doble vida; que los regalos que les hacía a Felipe y a ella no los quería porque los consideraba peligrosos —regalos que nos acababa dando a nosotros—; que una vez casi se muere mi hermano de un accidente y mi padre ni fue a verlo; que el día de su comunión prometió estar allí y contarle el porqué de su abandono, pero jamás apareció ni se puso en contacto con mi hermano, etc. Tuve que escuchar cosas que me hicieron mucho daño. Pero lo que más me llamó la atención fue que fuésemos tres hermanos y yo solo recordase a Fernando; eso hizo que me quedase petrificada. Haciendo esfuerzos por recordar a ese niño, fui incapaz de visualizarlo en las lagunas de mi mente; así que me puse a investigar por internet, tenía que descubrir quién era ese niño, si tenía un hermano más, y quiso el destino que diese con una hermana. Al poner en Google el nombre de mi padre y su apellido, en la página de *Buscapersonas* escribía una chica diciendo que buscaba a su padre, rubio, de ojos claros, de procedencia vasca y que ella se llamada Natalia Saray y había nacido en el año 1989.

Estaba consternada, demasiado impactada con aquel nuevo hallazgo que para nada me esperaba. A la vez me hacía mucha ilusión, porque yo siempre había deseado tener una hermana. Sin pensármelo, fui al Registro Civil, y pedí la partida de nacimiento del año 1989 de alguien que se llamase igual, y para mi alegría y satisfacción me la dieron impresa. No dudé en repetir la misma operación que había realizado con mi hermano mayor. Localicé a Saray, le escribí un mensaje contándole todo lo que había pasado y que tenía tres hermanos más.

En enero de 2010 me reuní con mis dos hermanos, Felipe y Saray. Se lo dije a Fernando por WhatsApp, pero no quiso venir, él aún vivía en casa con mis padres y solo nos escribíamos para felicitarnos los cumpleaños. Que no viniera me dolió, que no quisiera conocer a dos personas que llevan su sangre.

* * *

Después de conocer a mis hermanos quise publicar la novela y que apareciesen mis hermanos en ella como una forma de agradecer que nos hubiéramos encontrado, por eso el 6 de marzo de 2013 fue la presentación de *La pantera que vivía entre las flores del desierto*. Gracias a mi amiga Malizzia Kiss, se celebró en el Centro de Arte Moderno de la calle Galileo. Me hizo mucha ilusión que viniera mi primera psicóloga y ver a todos mis amigos, a muchos hacía años que no los veía. También estuvieron allí el músico Felipe, Antonio, Raúl, Fernando Coronado, Carlota Ojeda, Silvia, Reme, Dani de la Flor, Lidón, Malizzia Kiss, Ángela, Pablo, Luis, Natalia y dos amigas suyas, mis compañeros de trabajo del colegio, entre otros. Aunque me dolió que nadie de mi familia estuviera, no tardé en darme cuenta de que los allí presentes eran mi verdadera familia, los que yo había elegido. Fue un día muy especial, me sentí desbordada al ver a tantas personas que habían acudido a escucharme. No me lo creía, tuve que beber un par de cervezas antes para poder hablar ante tanta gente. Me sentí orgullosa por primera vez de haber creado algo, aunque fuese una novela mal escrita, pero tener a tantas personas escuchándome es y será algo inolvidable, como un subidón de adrenalina que no quieres que pase.

* * *

A raíz de todos estos sucesos vitales extravagantes, mi compañero de piso quiso dar a conocer mi historia para ayudarme. Cuando vivía en La Elipa, Samuel decidió escribir a *Diario de*, un programa de investigación que se emitía en televisión, presentado por Mercedes Milá, donde personas anónimas denunciaban una causa concreta. Él había contado mi historia y quería que investigasen a mi padre. Un reportero se puso en contacto conmigo y hablamos largo y tendido en una terraza de La Elipa. Después, subí al piso acompañada por el periodista y el cámara, y estuvieron grabando cómo había conocido a mis hermanos. Les presté y enseñé documentos de la denuncia, del juicio y de las diferentes declaraciones. Me grabaron distorsionando la voz y también me taparon la cara, por aquel tiempo yo no quería que se supiese mi identidad.

El día que me devolvió los informes y documentos que le había prestado, vivía en Aluche con el mánager. Me comentó que jamás había representado un papel tan duro y asqueroso, porque tuvo que hacerse pasar por un pederasta para poder acceder a mi padre y hablar con él.

CAPÍTULO 14

JULIO, MI TÍO FICTICIO

«Una vez un hombre preguntó a un mendigo: "¿Qué es lo que te queda en este mundo cuando has perdido todo?". El hombre sabiamente contestó: "Es cierto, no tengo nada de valor, excepto mi vida. Todas mis riquezas son invisibles a los ojos de las personas que son pobres de corazón. Mis amigos son mi bien más preciado"».

En la vida hay momentos desesperantes, aquí os relato uno de ellos que me aconteció en el año 2013. El momento en el que ves que has perdido todo, que pierdes la fe, la ilusión, la esperanza y la alegría de vivir, piensas que no tienes nada en el mundo que te sustente y te dejas arrastrar por el viento.

Esa mañana había quedado con mi abuelo Miguel para ir a verlo, pero no pude ir. Gritos y tortas me despertaron. Estaba durmiendo en casa con mi amiga Pamela, y el loco del casero, Samuel, había entrado. No entendí nada al abrir los ojos y ver su cara de histérico. Estaba harta de sus escenitas, de aquel ser deprimido que rompía las paredes a patadas y puñetazos, que tenía la casa hecha un asco, que no se cuidaba y que sobre todo me maltrataba con insultos y desprecios. Estaba tan harta que le dije que iba a llamar a la Policía, y vaya si lo hice. No tardaron mucho en presentarse dos coches patrulla. Traté de explicar a los policías la situación, mientras Samuel me contrariaba, diciendo que no me quería ir de su casa y que estaba allí de «okupa», a lo que los policías preguntaron cómo era que entonces tenía yo las llaves. Entonces dijo que me había hecho yo misma una copia. No tenía sentido nada de lo que decía, excepto que esa era su casa y no quería que estuviera más allí. En tono calmado hablé con los agentes, y me dijeron que, para finales de esa misma semana, no me querían ver por allí. No quería tener antecedentes ni problemas con la Policía, aunque bien sabía que, si quería, podía cambiar la cerradura y quedarme allí hasta que me echasen. Pero no soy así, ser mala persona no me sale. Debe ser que la maldad no corre por mis venas.

Llamé a mi abuelo para decirle que no iba a poder ir a verlo, y nada más colgar hice una llamada a una de mis mejores amigas, Aroa, que vino corriendo a verme, y las dos estuvimos llorando abrazadas, pensando soluciones, aunque la verdad es que no se nos ocurrió ninguna. Por entonces trabajaba de monitora de comedor en un colegio, y con el sueldo que ganaba no me daba para mucho, lo justo para pagar la habitación y comprar comida para el gato.

Mi cabeza no dejaba de trabajar a toda pastilla. Pensando qué podía hacer, llamé al movimiento 15M, por si me podían ayudar, y también a algunos albergues para indigentes, en los cuales podía estar una semana con una maleta, pero este último recurso lo descarté enseguida: no era una opción abandonar todas mis cosas, y mucho menos irme sin mi amado hijo gatuno. Pensé en irme a vivir debajo de un puente, aunque, como podéis imaginar, la idea no me gustaba demasiado. Busqué en internet trabajos de prostituta; total, mi vida ya estaba acabada, y yo, desesperada. Robar jamás lo contemplé, estaba segura de que, con lo lerda que era (y soy), me acabarían pillando, aunque pensaba que vivir en la cárcel tampoco estaría mal, tendría un techo y comida al menos, pero lo deseché también por la misma razón de tener que separarme de Rorschach, mi gato. No tenía apetito, y creo recordar que en la nevera tampoco tenía comida, lo único que había en el armario eran galletas y latitas de comida para gato, no muy apetecible que digamos. Me tumbé en el sofá y puse la televisión de fondo, porque en realidad no podía concentrarme en ver nada de lo que ponían. Abracé a mi gatito, su ronroneo me tranquilizaba, hacía que quisiera luchar por él, no podía dejarlo abandonado igual que mi familia había hecho conmigo. Estaba sola en el mundo, tenía que resolver aquella adversidad, y, aunque no sabía la forma, esa misma tarde, conseguí dar con la solución. A tiempos desesperados, medidas desesperadas. Cuando nada te importa en la vida, cuando te das por vencida, atraes y dejas entrar a los demonios más feroces.

Salí a la calle, porque estar tumbada no iba a cambiar las cosas. Me fui al bar de la esquina, donde iba lo «mejorcito» del barrio de La Elipa, ya os podéis imaginar. Era un bar relativamente nuevo que gestionaban unos chinos. Me senté con mi libreta a escribir mis pensamientos; cuando estaba mal, solía inspirarme y desahogarme escribiendo poemas o relatos tétricos. Liliana, una vecina, me vio y se acercó a hablar conmigo. Notó mi tristeza y quiso saber qué me pasaba, me derrumbé y le conté lo que me sucedía. Era una niña a pesar de tantos problemas, seguía siendo ingenua y me dejaba arrastrar por las corrientes más peligrosas.

Un hombre de mediana edad, con pelo oscuro, barba y que no andaba demasiado bien, entró y saludó a Liliana, y ella me lo presentó, se llamaba Julio. Nos invitó a unas cervezas, pero Liliana terminó yéndose y allí nos quedamos los dos. Éramos el ying y el yang, la maldad y la bondad personificadas, la inocencia frente a la picardía, la inexperiencia frente al conocimiento. Eso sí, compartíamos vidas miserables que nadie desearía tener. Le conté mis planes de futuro, vivir en la calle dentro de tres días. Vio en mí una dama en apuros de 20 años y supo aprovechar la ocasión, diciéndome que me iba ayudar. ¿Qué tenía que perder? No me daba mucha confianza, pero no tenía otras cartas con las que jugar, y mi vida me importaba una mierda. Seguimos bebiendo cerveza y hablando, no sabía si aquel hombre que acababa de conocer me iba a ayudar realmente, pero pensar que podía existir una posible solución hacía que me quedase allí; al menos, no estaba a solas con mis pensamientos, no tenía que escuchar una y otra vez frases que me dijeran que lo mejor era que me matase.

Le di mi número de teléfono, me dijo que iba a pensar en alguna solución y que al día siguiente se pondría en contacto conmigo. Subí a casa, estaba demasiado borracha como para hacer nada; así que me tumbé en el sofá que había sido mi cama durante un par de años y allí dormí hasta que sonó la alarma que anunciaba que era hora de ir al trabajo. Al regresar, repetí la misma operación: me volví a tumbar, encendí la televisión y mi mente comenzó a divagar. Estaba desganada, ni sabía cómo había sido capaz de arrastrarme para dar de comer a los niños del colegio, tan solo quería desaparecer del planeta. Entre el sopor y la realidad, escuché que el teléfono estaba sonando, me semidesvelé y contesté. Era Julio, el hombre misterioso del día anterior. Me dijo de quedar, le dije con voz de ultratumba que no me apetecía ir, se puso serio y me dio la orden de que fuera a tal sitio, que allí me esperaba. Me pasó la ubicación a través de WhatsApp, miré el mensaje y volví a cerrar los ojos, no tenía ganas de nada. Desperté al cabo de unos veinte minutos, si es que se puede decir que había dormido. Me sentí mal por haberlo dejado plantado, tenía mensajes suyos preguntando qué narices hacía. Así, tal y como estaba, con mis grandes ojeras y cara de muerta, decidí acercarme. Total, escuchar su plan era la única opción que tenía.

Cuando llegué me pidió una caña, ese hombre estaba siempre bebiendo, daba igual la hora, por lo visto. Estuvimos hablando y me contó su plan: se haría pasar por mi tío y hablaría con mi casero para lograr que me quedase más tiempo allí; mientras tanto, podría buscar una habitación donde ir. Me pareció buena idea. Seguimos conversando y bebiendo, no recuerdo mucho más, a partir de ciertas cañas mi memoria falla, dejo a mi yo niña al mando de mi cuerpo y mi yo adulta desaparece.

El caso es que Julio se quedó en casa, dormimos abrazados en el sofá cama. Rápidamente se dio cuenta de mis carencias afectivas, por qué si no alguien iba a dejarse ayudar por un extraño que había conocido hacía menos de 24 horas. Debía pensar que estaba muy desesperada o que era una loca, y no se equivocaba; es más, yo era ambas, y se sumaba ser una inconsciente, me daba igual terminar bajo tierra aquella misma noche. Me odiaba, me detestaba; de modo que, si otro lo hacía, yo no iba a impedírselo.

Llegó el día en que Samuel se presentó, y este señor se vistió con traje y corbata para hacerse pasar por mi tío, que vivía en Murcia. Dijo que era un empresario y que se iba a hacer cargo de mí, pero que hasta final de mes no podía llevarme con él, por lo que le rogaba encarecidamente que me dejase un par de semanas más. La verdad es que la actuación se le daba de puta madre, engañaba genial, a mí me tuvo engañada mucho tiempo. Samuel acabó aceptando el trato, aunque no sé si se lo llegó a creer, pienso que sí. Para más inri, aquel tipo estaba enamorado de mí; por eso me armaba tantas broncas por subir a amigos o amigas a casa.

Aquellas dos semanas, seguía siendo un muerto en vida, pero con comida en el estómago. Julio, al ver las condiciones en las que vivía, dijo que aquello no podía seguir así. Me regañó y se enfadó conmigo, me ayudó a recoger, incluso me hacía la compra y la comida. Yo, que estaba en modo sumisión y dependencia máxima, obedecía a lo que me decía que hiciese. Era la primera vez que alguien me ayudaba de aquella forma, sentía que me cuidaba y me daba su cariño. Pero todo tiene un precio, y más tarde lo pagué con creces.

Por entonces encontré un trabajo de teleoperadora por las tardes, y en las mañanas seguía en el colegio; ganar algo más de dinero me animó. Llamé a Mari Luz, mi excompañera de la residencia de mujeres, que vivía en el mismo barrio con Eusebio, su pareja, y le conté mi situación. Me dijo que me alquilaba una habitación por 350 euros más gastos. Ni me lo pensé, porque para ella no era problema que tuviera un gato. Así que, a final de mes, para allí que me fui a vivir. La situación parecía haber mejorado.

Yo seguía viendo a Julio, venía con mucha frecuencia a mi casa, era la única persona con la que tenía contacto por entonces. Siempre estábamos en los bares bebiendo cerveza, aunque él bebía el triple que yo. Muchas veces le decía que no quería más, pero él pedía otra ronda para los dos. Me relató parte de su pasado: tenía tres hijos y estaba divorciado; según él, lo habían despedido de la tienda de muebles donde trabajaba de comercial porque el negocio iba mal, pero, más adelante, me enteré de que lo echaron por ser un alcohólico. Tenía un pasado turbio, pero yo no estaba en condiciones de juzgar a nadie; es más, compadecía aquella vida y me creía todo lo que me contaba. Era bastante ingenua, la verdad.

Me habló muy mal de su expareja, se notaba que tenía rabia hacia ella, y eso no me gustaba ni un pelo. Me contó que tenía cáncer y que le habían dado, como mucho, dos años de vida, y fijaos por dónde aún sigue vivo. Todo esto me lo dijo porque me había propuesto casarnos, no quería que al morir recibiese la pensión la madre de sus hijos, y también, de paso, me ayudaba a mí, dejándome la pensión por ser viuda. La idea no me hizo demasiada gracia.

Insistió muchas veces y a casi todas le dije que no, menos a la última, que acepté y acabamos yendo a los juzgados para entregar los papeles. Me sentí superavergonzada, nuestra diferencia de edad era más que evidente y todo el mundo nos miraba. Hasta tuve que llamar a mi amiga Laura para que hiciera de testigo de los dos. Jamás me hubiera imaginado estar en esa situación. Tuvimos que pasar por un tribunal porque aquello era insólito. La pobre jueza me dijo que no entendía nada, que él no tenía dinero, que era muy mayor y que tenía una enfermedad neurodegenerativa que le hacía ir con muleta; me hablaba desde su rol de madre para que estuviera segura de lo que iba a hacer. Le dije que sí, que estaba segura, y nos llegó la carta a la semana confirmando que podíamos casarnos en cualquier ayuntamiento de Madrid. Menos mal que las discusiones ya se empezaban a ver y jamás llegué a formalizar aquel matrimonio que seguramente me hubiese puesto más trabas de las que ya tenía.

Un relato macabro me llamó la atención porque nunca había escuchado algo así. Me narró que por las noches frecuentaba el *parking* de la Plaza de Toros de Las Ventas en busca de víctimas: se subía a los coches haciéndose pasar por homosexual, dejaba que le pusieran la mano en sus partes íntimas; acto seguido, sacaba la navaja o una pistola que había comprado y los amenazaba para robarles el dinero. Estas historias me enfadaban, pero no sé por qué acababa justificándolo, diciéndome a mí misma que hacía eso porque no le quedaba otra opción, porque era la forma que había aprendido de malvivir. Cuando discutíamos, sacaba este tema para hacerme sentir mal y culpable; me decía que se iba a Ventas, a lo que yo ya sabía. Entonces acababa por darle parte de mi dinero, me dejaba chantajear de aquella forma.

Aunque peor eran los negocios que se traía entre manos con dos o tres mujeres del barrio a las que prostituía. Él era como el intermediario, su chulo. Eso sí que me cabreaba. Además, en más de una ocasión me lo ofreció, ya que sabía mis pésimas circunstancias. A veces dudaba de si aceptar, hasta que un día me acabó llevando engañada a casa de un hombre con el que me obligó a tener relaciones sexuales. Después de lo de mi padre, creo que ha sido la situación en la que más humillada me he sentido, en la que me volví a romper por dentro. Tras aquella experiencia devastadora, tuve claro que jamás en la vida volvería a pasar por algo así, que antes preferiría morir de hambre.

Pasado un mes, el contrato de teleoperadora se terminó. Con el dinero del colegio ahora ya no me daba ni para pagar la habitación, creo recordar que ganaba unos 200 €. Mis ahorros estaban más que agotados, y mi cuenta del banco, en negativo. Otra vez la depresión llamaba a mi puerta. Hacía por buscar trabajo, dejaba mi currículum en persona y por diferentes páginas de internet, pero no encontraba nada. Tenía que darme prisa o no tendría dinero para pagar el siguiente mes. Otra vez tenía la sensación de ahogo, de malestar. Estuve sin comer varios días, no tenía dinero ni para la comida del gato, que me miraba con sus hermosos ojitos, maullando, porque el pobre también tendría hambre. No podía soportar aquella escena, no iba a permitir que pasase hambre aquel animalito que tanto quería.

Otra vez pensé en prostituirme. Busqué en *Milanuncios* y en la web de *Segundamano*. Finalmente, contacté con una persona que se encargaba de gestionar unos pisos en plaza de España donde se prostituían mujeres, para vender mi cuerpo. Llamé y me dieron cita para entrevistarme esa misma tarde. Cogí el autobús que me dejaba en el centro, pero no tuve estómago para hacer aquello y acabé dándome la vuelta. Estaba mareada, con ganas de vomitar, me sentía sucia y asqueada. Me maldije por ser una blandengue, me vinieron a la mente los maullidos y mi estómago rugió de hambre. Tenía que ir, no me quedaba otra opción. Tuve una lucha interna y, finalmente, llegué a casa. Seguí dejando estancias por internet para encontrar trabajo de lo que fuera. Hasta que di con dinero rápido: un hombre ofrecía, a cambio de una sesión de fotos, una cantidad que al menos me solucionaría comer por unos meses. Contacté con él, y vino a mi casa. Quedamos antes en un metro más lejano, y di muchas vueltas por callejones para que no se quedase con la calle, aunque debió ser una soberana gilipollez, porque, viendo el nombre, lo tendría bien fácil, pero así pensaba yo. Total, que, como tenía miedo, le comenté a Mari Luz lo que iba a hacer y le pedí que esa mañana, si podía ser, le dijera a su novio que estuviera en casa, no fuera a ser que aquel tipo quisiera aprovecharse de mí. Me dijo que sin problemas, y me quedé más tranquila sabiendo que en la habitación de al lado estaba Eusebio y que, con un grito mío, saldría en mi ayuda.

Estaba tensa, supernerviosa. Nunca me había quitado la ropa para tales fines, pero allí me encontraba en mi habitación, imaginando que aquellas fotos pudieran caer en manos de un pervertido. Necesitaba serenarme pensando que así podría comer. Al final, después de mucha insistencia por su parte, acabé haciendo las fotos desnuda, pues la cantidad sería algo así como el doble de dinero si lo hacía. Luego lo acompañé hasta el metro, dando miles de vueltas, y regresé sintiéndome miserable, pero al menos con dinero para ir al supermercado.

Le acabé contando mi situación a Julio, que no tardó en mudarse y aportar a cambio parte del alquiler; por una parte, porque no hacía nada en su vida y se encontraba malviviendo con su padre, con el que siempre estaba discutiendo; por otra, porque imagino que alguna parte de él quería ayudarme, y, por supuesto, por otro lado, quería aprovecharse de mí, aunque yo en su momento no lo quería ni podía ver. Entre su sueldo, una paga pequeña que recibía del paro, ya que no podía trabajar por tener una enfermedad degenerativa que le iba inmovilizando todos los músculos de forma progresiva hasta que finalmente dejase de poder moverse, y el mío, nos daba para pagar el alquiler y los gastos de la casa. Aun así, el dinero no nos llegaba para más. Empecé a vender mis pertenencias: mi guitarra eléctrica, unos altavoces, un reloj, la televisión, un microondas, el portátil…, todo lo que tenía. Cuando me quedé sin objetos materiales de valor, volvimos a no tener dinero para comer. Esta vez se me ocurrió la genial idea de acudir a servicios sociales y me concedieron ir a un comedor social. Así que, de lunes a viernes, sin excepción y de manera puntual, iba a por mis dos platos, primero y segundo, que nos los daban en táper, media barra de pan y unos yogures. Por unos meses aquella era nuestra comida, la compartía con Julio. Esos alimentos eran todo lo que comíamos a lo largo del día.

No era una situación idílica la que vivía, para qué voy a engañaros, pero pasaban los días, las semanas, los meses, y no pensaba en nada más. Más o menos tenía cierta seguridad en mi vida, aunque no duró demasiado. Mari Luz se iba del piso, y el contrato estaba a su nombre. Otra vez se me caían las paredes encima. ¿Ahora dónde iba a ir? ¿Qué me deparaba el futuro? Otra tragedia que asumir, porque no podíamos pagar el alquiler del piso ni de lejos. Tocaba volver a maquinar un plan, a pensar qué hacer. Seguí buscando trabajos, pero aquello parecía una tarea imposible, hasta que, entre los dos, dimos con una nueva solución. Buscaban no muy lejos, en García Noblejas, a un matrimonio para vivir de internos y cuidar de un hombre con Parkinson, y allí que nos fuimos a la entrevista, haciéndonos pasar por una pareja. La hija, que es la que nos entrevistó, estaba encantada de que dos personas españolas por aquel sueldo miserable de menos de trescientos euros al mes cuidasen día y noche de su padre, al cual no tenían demasiado aprecio por haber sido una pieza en su juventud. Como no tenía ningún techo ni mejor opción, allí que me fui con mi maleta en una mano y, en la otra, con el gato. Era una pésima oferta, pero en mis condiciones no podía rechazarla, ni siquiera incluía nuestra alimentación, pero al menos no teníamos que pagar gastos. Quedamos en repartirnos la mitad del dinero para cada uno, así podría pagarme la tarifa del teléfono y el bono transporte. Aunque nunca llegué a ver mi parte, ya que él se gastaba la de los dos en ir al supermercado y comprar alcohol para su consumo. Tampoco estaba para discutir, me molestaba y alguna vez le dije algo, pero no quería tener más complicaciones.

Esa misma semana, recibí una oferta de educadora social y, sin dudar, acudí. Era en un proyecto socioeducativo de lunes a jueves en horario de tarde, más algún fin de semana y campamentos que se realizaban en verano. Llamé a la señora, la hija del hombre al que cuidábamos, y le comenté que no podía dejar pasar esa oferta, que era el trabajo de mi vida y que, si no me marchaba de allí, que no se preocupase, que había hablado con Julio y que él se encargaría de estar esas horas en las que me ausentaría en la casa con su padre. Aceptó sin más, aquí se terminó lo «bueno» y comenzaron los roces, las grandes complicaciones.

A Julio no le hacía gracia tener que quedarse solo por las tardes y no poder salir de allí. En mi trabajo no sabían que vivía de interna, así que me dijeron que un fin de semana había que ir a León para dar una formación. Se lo comenté a Julio y se cabreó muchísimo, ya que no quería quedarse allí solo ese fin de semana; de modo que estuvimos discutiendo. Me sentí una mierda y acabé llamando a mi coordinadora para decirle que no podría ir, aunque me dejó claro que era obligatorio. Al colgar hablé con el señor de la casa y le comenté la situación entre lágrimas, Julio no dejaba de insultarme.

Acabé yendo, y el domingo, al regresar, me esperaba Julio enfadado, echándome en cara que él era el que más trabajaba en esa casa. Empezó a meterse conmigo y con mi pasado, a insultarme, a zarandearme y a cogerme de la ropa. Cogió una de las navajas que llevaba siempre encima y me la puso en el estómago, diciendo que, si me la clavaba, iba a morir desangrada. Me explicó detalladamente cómo sería mi muerte; que estuviera tranquila y no corriese, porque moriría antes; que la sangre sería espesa y de color oscuro, proveniente del estómago; que, como mucho, duraría veinte minutos. Solo de escucharlo ya me estaba mareando, sentía la presión de la punta en mi vientre. Lo miré seriamente a los ojos y, sin pensarlo mucho, le dije: «Adelante, clávamela, no tengo miedo a morir». Parece ser que mis palabras no le gustaron, que hubiese preferido que luchase más por mi vida, pero no estaba por la labor de pelear, no me sentía con fuerzas de hacerlo, no era una luchadora. Me miró con desprecio, frunciendo el labio, y me tiró al suelo de un empujón. Al levantarme, me cogió del cuello y empezó a estrangularme con las dos manos. Su presión hacía que sintiese subir el calor y la sangre hasta mi cabeza. Me sentía aturdida, como cuando se tiene fiebre; estaba embotada. Perdí el conocimiento y resbalé, hasta quedar mi cuerpo tendido sobre el suelo. Tosí, me puse en pie y fui corriendo hasta la habitación. Vi cómo se acercaba con unas tijeras en la mano y entonces, sin mirar atrás, salté del segundo piso, agarrándome como pude a los cables de la electricidad, al caer me hice daño en la rodilla, pero eso no hizo que me detuviera y siguiera corriendo, por si acaso, mientras iba pensando en tirarme por el puente de la carretera. Estaba harta de sufrir, no podía con tanto dolor.

De camino a la M-30, un atisbo de supervivencia dentro de mí hizo que llamase a Rocío, una chica que estaba de voluntaria en el proyecto socioeducativo con la que me llevaba muy bien y ya sabía de algunas discusiones que tenía con Julio, pero ninguna tan gorda como aquella. Me comentó que me intentase tranquilizar, que mañana fuera al trabajo y que juntas encontraríamos una solución, que había que hacer algo.

A pesar del maltrato, reconozco que había una necesidad de amor, un afecto hacia aquella persona, porque, al fin y al cabo, habíamos compartido muchos meses. Como bien es sabido, el roce hace el cariño, y el haber compartido situaciones dolorosas nos había unido de alguna manera.

CAPÍTULO 15

DAVID, MARÍA Y LA DENUNCIA

«Si entre todas las personas nos ayudásemos,
haríamos un mundo mejor».

Solía ir a diferentes salas de música en directo; entre ellas, frecuentaba mucho la Sala Clamores y la Galileo. Siempre iba con Malizzia Kiss, corría el año 2012, y esta vez se unió un hombre de Galicia llamado Fernando, obsesionado con Sabina y, por lo visto, también conmigo. Ni siquiera recuerdo a quién fuimos a escuchar, tan solo sé que yo me sentía muy agobiada por las miradas que me desvestían de aquel tipo. Estaba harta de que los hombres solo se acercasen buscando sexo; a mí el sexo siempre me ha dado igual y solo he podido practicarlo estando borracha. Durante el concierto, él se fue al baño y regresó dejándome una servilleta con una declaración de amor. Yo no aguanté más aquella situación, se la enseñé a mi amiga y le hizo una foto, con tal mala suerte que el hombre nos descubrió y se enfadó muchísimo, se quería ir a su casa. Entonces, para intentar arreglarlo, nos dijo que nos quedásemos al siguiente concierto, en el que tocaba el grupo *Castigados Sin Postre*, con Nancho Novo como cantante. Yo no tenía nada que hacer, para variar, pero no es que me apeteciera mucho estar allí; sin embargo, nos acabó convenciendo. Malizzia compró dos entradas, una para Fernando y otra para mí, y dijo que se tenía que ir.

Durante todo ese jaleo, yo había entablado conversación con un señor de media melena y ojos claros que me había invitado a su mesa. Me había quedado conversando con él porque me parecía un tío interesante, y gracias a eso pude huir de aquel otro tipo que me hacía sentir intimidada. Más tarde descubrí que con el que había hablado y nos habíamos intercambiado los teléfonos era David, uno de los músicos que tocaban a continuación. Quedamos en llamarnos, porque, claro, ni yo sabía hasta última hora que terminaría escuchando también a su grupo.

Cuando mi amiga se fue y me quedé a solas con aquel pesado, quise que me tragase la tierra. No podía estar atenta a las canciones o a la música porque estaba muy incómoda a su lado. Recuerdo que fue la primera y última vez que he tomado ese tipo de *gin-tonic*, porque me sentó fatal. Llevaba días sin comer, como era de costumbre, así que las dos copas que me tomé me acabaron sentando como un tiro. Tan solo sé que un estupor se empezó a apoderar de mí. Sentía que no tenía fuerzas y que me iba apagando a grandes pasos, hasta que me desplomé en la mesa. Lo que recuerdo a continuación es una voz dulce de una señora y cómo me subían en una camilla por las escaleras hasta llegar a la ambulancia.

Cuando desperté, me dijeron de avisar a alguien, ellos querían llamar a mi familia. Fue duro y triste decir y pensar que no tenía a nadie que me fuera a recoger. Dijeron de llamar al tipo pesado que había dejado su contacto, pero yo no quería; de hecho, si estaba allí, en parte, era por su culpa, quería emborracharme para no aguantarlo. Pero no me hicieron caso y allí se presentó, riéndose y haciéndome fotos con la bolsa de suero. Por no aguantar aquel panorama, cogí y me fui a casa en autobús. Él me dijo que había comprado dos entradas para ir juntos a ver, en el teatro de Gran Vía, *Más de cien mentiras*, pero rechacé la invitación. Fui capaz de protegerme y poner límites.

Ese día por la tarde quedé con David cerca de su casa, vivía por Banco de España con sus padres. Estuvimos saliendo un mes y pico. Me lo pasé bien, porque me enseñaba lugares de Malasaña, cafeterías y bares donde jugábamos al ajedrez, y así al menos salía del ambiente tóxico de casa. Estaba cegada por este hombre. A pesar de que era una persona que se estaba rehabilitando del alcohol, cada vez que íbamos a algún bar acababa por tomar demasiadas cervezas, e incluso en algunos sitios tenía deudas que tuve que pagar; claro que en su momento no me daba cuenta de lo que estaba haciendo. También consumía porros —vamos, una perfecta combinación—, por no nombrar que además me doblaba la edad. De nuevo, la búsqueda de un padre me seguía haciendo mucho daño, y no de uno cualquiera, sino de uno que fuese un drogadicto y un alcohólico, de uno que fuera mala persona.

Una noche fuimos al pub MUI, junto con Malizzia Kiss, a escuchar un concierto, y allí estaba también Fernando Martín, otro músico que ya conocíamos, pero esta vez iba de espectador. David, mi pareja, esta vez se pasó de la raya con el alcohol y acabó muy borracho, liándola y discutiendo con Fernando. Fue bochornoso tener que pasar por aquella escena. Aquello me hizo abrir un poco los ojos y ver que algo no andaba bien. Es más, mientras estábamos juntos, recibía mensajes de su expareja y la ponía a parir. Nunca he confiado en las personas que van hablando mal de otras, no me gustaba aquella actitud suya y ese día lo confirmé, mis sospechas se convirtieron en realidad.

A raíz de aquel suceso, Fernando me contó que María, la ex de David, estaba viviendo un calvario porque él no la dejaba en paz, le mandaba mensajes amenazadores, la chantajeaba, le debía dinero, se presentaba estando borracho, o con un mono tremendo de drogas más fuertes. Me quedé demasiado impactada al escuchar todo aquello y decidí dejar la relación sin mediar palabra con quien era mi pareja, no quería verlo ni escucharlo. Por la vida que llevaba y había llevado estaba muy concienciada con el maltrato, no quería ni escuchar explicaciones suyas; así que decidí quedar con esta mujer y saber qué era lo que le había hecho en el tiempo que habían estado juntos, cómo la había tratado y por qué. Fernando me dio el teléfono y nos pusimos en contacto.

A raíz de esta relación bonita que surgió entre las dos, ambas nos salvamos: ella, de que siguiera con ese hombre que no me iba a llevar a buen puerto, y yo la ayudé para que lo denunciase a la Policía y así la dejase en paz de una vez, cosa que me agradeció mucho. No fue fácil decirle que denunciase a mi pareja, pero yo lo hice porque creí y confié en sus palabras, porque el maltrato es intolerable venga de quien venga y deberíamos ayudarnos entre nosotras. Así es como pienso y como he actuado siempre, y como me gustaría que lo hiciesen conmigo.

No fue fácil, porque las palabras a veces engañan, este tipo de personas engatusan, te hacen ponerte en su lugar, dan su versión de la historia y, si eres débil, puedes creerles y caer.

Sent: 21 Dec 2012 14:04:31 GMT
Subject: De David

Antes de nada, disculpa que sea por escrito la manera de ponerme en contacto contigo y no llamándote. Porque además de este correo te voy a reenviar otro que acabo de mandar al familiar que te dije. Espero con todo mi corazón que estés tranquila y bien, eso es lo más importante. Y ojalá hayas tenido noticias buenas en cuanto a curro. Y ojalá, Jorge se esté comportando bien contigo. Y que su padre se encuentre mejor.

Yo estoy tranquilo, dentro de un estado de profunda melancolía, buscando trabajo. Pero el peso de tu ausencia es demoledor. De tenerlo todo, a no tener nada. Bueno, sí, la esperanza de esa rendija abierta que me dejas para que salgas de dudas y «versiones», y aunque no quieras volver conmigo, a la vista de la verdad, al menos me aceptes como amigo, y pueda limpiar mi nombre de una acusación tan grande como el maltrato. Acoso reiterado, maltrato, insultos y hasta la amenaza de que me iba a echar de mi profesión (!!) es lo que yo he recibido. Tú has estado desgraciadamente en situaciones límite, y sabes cómo pueden llegar a reaccionar las personas cuando están contra la espada y la pared: defendiéndose. Mi error es no haber hecho hace mucho lo que hoy he iniciado al pedir esa información en papel dirigida a mi móvil personal. Cuando los veas, que espero que lo hagas, te lo suplico, leerás hasta los que me ha enviado desde que tú y yo felizmente nos conocimos y empezamos un gran amor hasta hace unos días, donde me dice que voy a pagar caro y que me odia. ¿Quién ha informado a esta persona desde el principio, y a su vez esta ha movido sus armas hacia ti? Un tío. Así de claro. Yo cometí un abismal error al emborracharme precisamente en ese sitio, y sabiendo que son amigos. Lo he pagado carísimo, pero el culpable y el responsable soy solamente yo por haber bebido.

Estoy cuidándome y cumpliendo lo que tengo que hacer.

Me faltan tus besos, tu mirada, tus manos enlazadas a las mías, nuestro dormir cálido y sereno, la pasión que da la vida y hace posible sentir plenamente la maravilla irrepetible de vivir.

No te canso más. Nancho me llamó ayer para ver cómo estaba. Cómo le quiero al cabrón. Le dije la verdad. Sabe todo. Y en su momento, también va a tener él una copia de los SMS impresos en papel. Me animó a seguir, y no, no voy a tocar el 26. También eso lo ha conseguido la zorra. Y yo estoy de acuerdo, porque, aunque estoy sereno, estoy muy hundido. Y para nada estoy fuera del grupo, pero es verdad que lo más importante es que yo esté bien. Me va a doler mucho no estar allí… Pero tú podrías ir con Laura, si quieres, yo te dejo 2 entradas, o mejor 4.

Disfruta de la vida, amor, y no me arranques de ti. Eres un especialísimo tesoro. Y si no es mucho pedir, si es posible, podemos vernos un rato cuando tú quieras, simplemente para vernos un rato, tomar un café en La Manuela y jugar si quieres al ajedrez. Simplemente eso me ayudaría un mundo. Por favor. Muchos besos, tu David.

Sus correos me hacían sentir culpable y mal por ayudar a esta mujer, pero en el fondo sabía que estaba haciendo lo correcto. Tenía palabras muy bonitas para mí, para que lo escuchase y volviésemos, o al menos fuéramos amigos, pero, en cuanto supo que me relacionaba con su expareja, todos los halagos y palabras preciosas se convirtieron en insultos y amenazas hacia ambas. Ahí dejó ver cómo era realmente y se me cayó del todo la venda que tenía en los ojos. Las mentiras tienen las patas muy cortas, se puede fingir ser la persona que no se es, pero esa máscara dura muy poco, y entre las dos fuimos capaces de hacérsela quitar y ver quién era realmente.

María pudo leer el mensaje de David y me ayudó a no recaer, a no contestarle, porque a veces tenía la tentación de hacerlo. Leía y releía sus palabras, y me dolía, porque hacía que se preocupaba por mí y que le importaba, cuando en el fondo no era así.

Dom 23/12/2012 17:36

Lo que más me sorprende de este correo que me envías es ver que esta persona vive en otra realidad, que no es capaz de mirarse a sí mismo. Es difícil que esto se lo puedan curar en un proceso de rehabilitación o en una terapia porque es algo interno y muy arraigado a su personalidad.

La reflexión que debería de hacer es que es normal que no quieras saber nada de una persona que te ha hecho pagar todo lo que se bebe en los bares, gastar un dinero que no tienes y que tienes que ganarte con gran esfuerzo, aparte de aguantar las cosas que me has contado, que eso no se lo merece ninguna mujer.

En el tema Nancho debería también de preguntarse qué le ha hecho para que tome esa decisión.

Qué fácil es echar la culpa a los demás, eso es lo que hace que difícilmente aprenda algún día a ser mejor persona, y con la edad que tiene, más difícil todavía plantearse un cambio. Que toda su reflexión se centre en que es mi culpa es alucinante. Por otro lado, no sabía que yo era tan «todopoderosa» para tener influencias en una persona que he conocido hace 4 días gracias a un hecho tan desagradable como recibir una amenaza en mi buzón de voz, aparte de echar a alguien de una profesión en la que no está porque no trabaja nada, por suerte tengo más cosas que hacer en mi vida que ocuparme de vengar todo el daño que me ha hecho. La mejor venganza es pensar que no existe y borrarlo de la vida de una.

Como me comentabas que quizás escribirías una novela o algo sobre este tema, te doy un adelanto de títulos:

«Palabras más, palabras menos».

«Más de mil mentiras».

«Bebedor por cuenta ajena».

«El perdedor que vive en otra realidad». ¡Estoy inspirado!

Besos

El tiempo pasaba y no dejaba de recibir correos suyos, me mordía las uñas para no responderle. Todos los que me enviaba yo se los enseñaba a María, hasta que un día decidimos contestarle, y ahí empezaron los problemas de verdad.

Mar 01/01/2013 20:31

Ante la insistencia no hay nada mejor que el silencio, por este año me he decidido a alejar de mi vida a personas que no me aportan nada. No se puede ayudar a alguien que no se deja y arrastra con él a los demás. Gracias a tus despropósitos ha surgido una gran amistad entre dos mujeres que están hartas de aguantar, de gastar su esfuerzo tanto económico como emocional. ¡Feliz año!

Después de este correo, ambas tuvimos que aguantar sus despropósitos, amenazas, insultos y frases despectivas e hirientes. Pasó de quererme a odiarme, y poco a poco, después de la denuncia, acabó por dejarnos en paz. Entre las dos surgió una buena amistad, porque nos había unido una buena causa, nos habíamos ayudado a quitarnos de nuestras vidas a esta persona tóxica que solo nos perjudicaba.

CAPÍTULO 16

ENTRE MUJERES

Al salir de la residencia de Salesianas y no tener normas que cumplir, mi vida dio un vuelco de trescientos grados. Imaginaos pasar de residir en sitios estrictos a tener absoluta libertad, a no tener límites, a poder hacer lo que te dé la gana cuando antes no has podido hacerlo. El resultado, como podéis esperar, fue caótico.

Después de mi intento de suicidio, Sergio, mi ex, estuvo jugando conmigo, nos acostamos un par de veces y un día sin más me dijo que no quería saber nada de mí, que éramos tan solo amigos. Esas palabras me dolieron mucho, pero esta vez no me di por vencida ni pensé que en él se acababa el mundo. Hice caso a mi psiquiatra y empecé a distraerme, a realizar actividades típicas de mi edad, a ir a discotecas, bailar, escuchar música; en definitiva, para no pensar demasiado, me refugié en el alcohol, y aquí vino mi «adolescencia tardía», que llegó a los 21 años.

Empecé a salir con compañeras de la residencia: con Mari Luz, Natalia y Pamela. Con ellas me lo pasaba muy bien, me olvidaba de todo, me encantaba la sensación de estar borracha, de olvidar mi pasado, la persona que era, tan solo vivía el presente y disfrutaba de los millones de estímulos que tenía a mi alcance y a los cuales nunca había prestado atención. La situación, como era de esperar, se me iba de las manos: bebía en exceso y acababa en camas ajenas que al despertar me hacían sentir asqueada con mi cuerpo por haberme acostado con chicos que ni recordaba. Me sentía mal por haber dejado que utilizaran mi cuerpo, pero me decía a mí misma que ellos no tenían la culpa, que era tan solo mía por no ser capaz de decir que no, por maltratarme de esa manera, por atiborrarme a alcohol para dejar que hiciesen conmigo lo que quisieran. Ya no quería tener parejas formales porque sabía que las rupturas eran muy dolorosas, o yo no sabía llevarlas bien. El caso es que pasé un año o más en esta situación, despertándome en casas de extraños y huyendo para no regresar jamás, manchando mi cuerpo y mi alma, teniendo sexo que no disfrutaba.

Como no me lo pasaba bien ni sentía placer con las relaciones sexuales, llegué a pensar que esto era a causa de los abusos sexuales sufridos en mi infancia, pues sin estar borracha no podía tener cerca el cuerpo de un hombre. Como dijeron en el juicio, y razón no les faltaba: «Según los resultados obtenidos, Estefanía tiene tanto rechazo al sexo que jamás podría estar con un hombre».

No me rendí, quise buscar explicaciones a este rechazo y saber si alguna vez lo superaría; así que llegué a pensar que era lesbiana, que quizás las personas que me gustaban eran las mujeres. No fue así de racional este hallazgo.

Estaba apuntada a un curso de defensa personal que impartían para mujeres víctimas de violencia de género. Allí conocí a Natalia, una chica que mostraba mucho interés en quedar y a la que casi siempre le daba largas, hasta que, por pesadez e insistencia, acepté. He de decir que me hacía gracia y me caía bastante bien, incluso me parecía guapa y atractiva. Recuerdo perfectamente cómo fue nuestra quedada: estaba con Malizzia Kiss esperando a que llegase y apareció con dos amigas suyas y la que debía ser su pareja, porque se despidieron dándose un beso. Fuimos a un concierto, estuvimos tomando algo y disfrutando de la música, hasta que en un momento dado me fui al baño y Natalia me siguió. Me preguntó: «No tienes novio, ¿verdad?». «No, no tengo». «Claro, eres lesbiana». En ese momento hasta me ofendí un poco: «Que va, ¿por qué dices eso? A mí no me gustan las mujeres». «Nada, hija, que tampoco es nada malo, lo que pasa es que, por cómo vistes y caminas, yo diría que sí. Cualquier día, si no tienes miedo, salimos por Chueca y me lo demuestras». Le dije que sí. Me iban a retar a mí, que aceptaba todos los desafíos, aunque he de confesar que no sabía ni a qué se refería al decir «Salimos por Chueca». Más tarde me enteré de que es la zona de fiesta por donde salen las personas homosexuales.

Así que ese mismo fin de semana quedamos las cuatro: sus dos amigas de la otra vez, ella y yo. Acabamos durmiendo en casa de sus amigas, porque nos dieron las seis o siete de la mañana, y esa fue la primera noche que acaricié el cuerpo de una mujer. Me gustó, no sentí asco ni rechazo. Entonces pensé que había dado con la clave: me gustaban las mujeres. Ellas me hacían sentir bien, pero seguía teniendo el mismo problema, necesitaba estar borracha, impregnada de alcohol, para poder tener cualquier tipo de contacto.

Al poco tiempo de estar por esa zona, acabé trabajando de camarera y de relaciones públicas en diferentes bares y discotecas para mujeres. Recuerdo esa época como una verdadera locura. Todo era novedoso y me atraía de forma magnética, me atrapaba ese mundo. Solo me juntaba con chicas o amigos gays. Allí conocí a Miguel, mi amigo colombiano, con el que salíamos casi todos los días de fiesta. Pasaba más tiempo en los locales que en casa, a la que solo acudía para dormir algunas horas y comer algo. Era un desfase total: dormía poco y mal, malcomía *pizzas*, hamburguesas, patatas, y desayunaba Red Bull. Mi personalidad iba y venía, una noche vestía con vestido y tacones, me maquillaba, y a la siguiente iba con pajarita o corbata. Me encantaba vestir como si fuera un chico —en estos días, solía llamarme Ernesto—, me sentía más fuerte y segura, me veía guapo y mono, casi más que cuando iba arreglada o de forma femenina.

Aquellas dos imágenes eran una locura para mi mente, que ya no sabía ni quién era. Estaba muy perdida, recuerdo que por entonces escribía mucho, que mi vida era un continuo presente, solo pensaba en salir y pasarlo bien, en conocer gente nueva. Llegué a ser conocida en Chueca, tenía muchas amigas, y siempre que salía me paraban en la calle para saludarme. Estaba en la gloria, al fin había encontrado mi sitio, mi lugar, uno donde me divertía, donde encajaba, donde era yo misma, donde me desmelenaba, bailaba y siempre acababa viendo amanecer. Devoraba las horas, siempre me sabía a poco y quería más, pero, por suerte, llegaba la siguiente noche y de lunes a domingo, sin excepción, allí estaba yo, en las discotecas, en los locales de ambiente, riendo, bailando, bebiendo, conversando, fumando, filosofando; en definitiva, encontré algo que me daba ilusión, felicidad instantánea. Era como una droga, no quería dejar de sentir aquello, era maravilloso no tener que pensar en los problemas, sino solamente en divertirme, en pasarlo bien.

En esta época mi disociación cobró gran importancia. No sabía ni quién era. Me cambiaba de vestuario, de nombre, de género, tenía muchos personajes viviendo dentro de mí: Estefanía, Fany (la niña), el Extraterrestre, Pantera, Ernesto y algunos que, por suerte, ya ni recuerdo. Era una locura mirarse y no saber quién estaba ese día al mando ni lo que podía suceder. Cada mañana era una odisea que no sabía lo que me iba a deparar. Os dejo un texto de aquellos tiempos:

Y es que hay palabras que duelen y esas son las que una sabe que son verdad. Hoy me han dicho que soy un hombre femenino y no me ha extrañado porque, es más, quizás es lo que soy, puede que sea un hombre atrapado en un cuerpo de mujer. Quién sabe, pero sinceramente me da igual. Yo me miro en el espejo y simplemente veo a una persona, a veces ni yo mismo me reconozco y acabo dudando de si soy o no la imagen que tengo enfrente y noto cómo un vaso de agua fría me cae encima haciendo ver que efectivamente soy yo. Me gusta dejar salir a Estefanía: ponerme tacones, vestido, maquillarme, perfumarme y salir a bailar. Hay días que dejo salir a Ernesto: me encanta ponerme sombrero, vestir con camisa y ponerme una bonita corbata o una preciosa pajarita con tirantes y no por eso quiere decir que un día sea una mujer y el otro sea un hombre. Tan solo son disfraces que me hacen feliz mientras los llevo puestos, me gusta jugar con ellos, me divierte sentir esos cambios y desconcertar a quien me ve. Me encanta ser andrógino y me es indiferente que me llamen lo que quieran porque por dentro siempre soy la misma y me acepto así, tal cual, porque no soy solo dos personas, sino muchas más que gritan constantemente. Piden salir, yo les concedo por un tiempo expresarse y dejarse ver porque me parece eso más sano que reprimir mis mil y una personalidades y dejarlas encerradas en mi cuerpo. Son ellas en conjunto quienes dan vida a esta deslumbrante y a la vez imperfecta mente. Soy gay y lesbiana a la vez y, es más, estoy orgullosa de serlo.

En mi época por Chueca, conocí a una de mis mejores amigas, Aroa. Compartíamos traumas y también gustos. Ambas habíamos sufrido abusos sexuales en la infancia y eso nos había dejado tocadas, pero nuestra locura era sana y sabíamos sacar el humor, tan necesario para salir adelante.

Nos conocimos en un curso de escritura al que me habían derivado desde CIMASCAM, lugar donde acudía al psicólogo para hacer terapia individual y grupal, y también tenía allí a mi abogada. Este curso era para sanar nuestras heridas, a la vez que escribíamos. Aroa y yo formábamos un buen dúo, hacíamos «duólogos» improvisados allá donde íbamos, riéndonos de nuestras desgracias, una manera sana de que doliesen menos.

Como no teníamos ni para comer, cuando quedábamos, empezamos a contar nuestras recetas, como las diferentes formas de comer pasta: un plato de pasta con aceite de oliva, otro con mantequilla, otro aderezándolo con orégano, otro con tomate, y, si no, media barra de pan siempre terminaba por acallar al estómago. Esa era nuestra gran dieta variada. También teníamos arroz, con el cual podíamos hacer las mismas combinaciones, incluso, si había suerte, se le podía añadir un huevo frito.

Luego hacíamos lo propio con el tema de la vestimenta. Como no teníamos dinero, los pantalones rotos nunca se tiraban, porque era la moda; así que los aprovechábamos, y, para cambiar de armario o de temporada, nos intercambiamos la ropa. Era divertido. A veces trivializábamos con el hecho de tener que ligar para poder tomar alguna cerveza o para llevarnos algo de cenar esa noche al estómago. Para nosotras era una especie de intercambio: cambiábamos risas, momentos y bailes por bebida y comida. Normalizar aquello nos hacía sentir mejor. Siempre que podíamos, salíamos de fiesta juntas. Éramos como hermanas, pero la gente que nos conocía se pensaba que éramos pareja, pues teníamos un trato muy cercano y nos comprendíamos muy bien.

Esta época la recuerdo como una de las mejores. Tenía mis necesidades básicas sin cubrir, pero el cariño, el afecto y la amistad de Aroa era lo más importante que tenía. Tenerla de amiga hacía que me olvidase de mis desgracias e incluso viese el mundo de manera bella.

CAPÍTULO 17

MUERTE DE MI ABUELO Y REENCUENTRO CON MI MADRE

«No sabes lo que es el dolor de verdad hasta que muere la persona que más quieres».

En 2014, fallece mi abuelo Miguel, uno de los palos más grandes que la vida me pudo dar. Muere la única persona que quiso que yo estuviera en este mundo, la que dijo a mi madre que no abortase.

Había quedado con un amigo de la infancia, Dani, que vivía cerca de la calle Francos Rodríguez. Por aquellos años, mi abuelo estaba muy mal, andaba de hospital en hospital, requería de una mujer interna que lo cuidase y en casa tenía una cama especial adaptada para poder moverlo y que no le saliesen úlceras. Hacía unas semanas me había encontrado por la calle Bravo Murillo con mi madre y me había comentado que mi abuelo había estado a punto de morir, que había venido mi tía de Murcia porque creían que no salía de aquella. No me quiso decir el hospital y me enfadé muchísimo. Yo quería ver a mi abuelo y estaba en mi derecho, me jodía enormemente que hubiese estado a punto de irse al otro barrio y que hubieran sido incapaces de avisarme. No me tenían en cuenta, no querían que me despidiese de él, como ya habían hecho con mi abuela. Pero esta vez no iba a ser así, no me iba a rendir tan fácil.

Me acerqué al edificio donde vivía mi abuelo. Hablé con el portero para intentar averiguar el paradero de mi abuelo, y después me acerqué a ver a la vecina, pero no estaba, pedí su número de teléfono, la llamé y nada. Hasta que decidí llamar a la persona que lo cuidaba, ella me conocía de las veces que iba a visitarlo. Me dio la dirección del hospital, se encontraba allí con él, pero me dijo que no podía ir, que mi madre se enfadaría, pero a mí eso me dio igual. Me rogó que no dijese nada, que ella no me había dado esa información; así que esa misma tarde fui a ver a mi abuelo. Al llegar al hospital, me encontré por el pasillo de la planta en la que se encontraba la habitación de mi abuelo a la persona que lo cuidaba, y me dijo que no lo molestase, que estaba durmiendo. Entré a verlo y en silencio pude ver su cuerpo marchito, cómo luchaba por sus últimas horas de vida. Parecía estar en paz, con los ojos cerrados. Su respiración se tornaba lenta, tranquila y ligera. A mí no me dio buena espina aquella imagen, tenía un mal presentimiento, y algo me decía que tenía que permanecer cerca. Sentí un pálpito, no me quería ir de allí, quería esperar a que despertase y darle un abrazo, hablar con él, pero aquella señora me dijo que me tenía que ir, que no podía estar más tiempo, que volviera mañana por la mañana y ya hablase con él. Le hice caso y aproveché para quedar con mi amigo, al cual hacía años que no veía, y le comenté la situación. Me dejó dormir en su casa, y así estaría cerca para el día siguiente ir a visitar a La Paz a mi abuelo Miguel.

Me puse la alarma, pero una llamada intrusa me despertó, era mi madre, y efectivamente me temí lo peor. Mi abuelo, la persona que más quería, la que acababa de ver apenas unas horas antes estaba muriendo. Sentí como si un elefante se hubiera sentado encima de mi pecho. Él había pedido que me llamasen, tenía que darme prisa o quizás nunca llegaría a despedirme de él. Salí corriendo de la casa de mi amigo y llegué con la boca abierta hasta La Paz, subí las escaleras de dos en dos y llegué a la habitación donde estaba. Una vez allí, saludé a mi madre, abracé a mi abuelo y le di dos besos, estuvimos hablando, le pregunté cómo se encontraba. Intenté recordarle momentos bonitos de mi infancia en los que sentí su cariño, le dije que lo quería muchísimo. Entraron unos médicos a hablar con él, hicieron que mi madre y yo saliésemos de la habitación. Nos llevaron a una sala y nos preguntaron qué queríamos hacer: darle una leve dosis de morfina que lo mataría o dejar que siguiera sufriendo. Yo dije que no podía tomar nadie esa decisión, excepto él, y mi abuelo había dicho que quería morir, su cuerpo no aguantaba más, estaba muy frágil y, como él mismo me había dicho, ya había cumplido su misión en la vida. Mi madre entró en la habitación diciendo que no se fuera, que se quedase, no podía asumir su pérdida. Mi abuelo lloraba, decía que no podía más, que se tenía que ir, que lo dejase marchar. Con sus últimas fuerzas, pronunció unas palabras que casi me sonaron a un mandato: «Que mi muerte al menos sirva de algo, prometedme que vais a volver a hablaros. Que al menos os una a vosotras». Mi madre y yo nos dimos un abrazo muy fuerte. Después, mi abuelo dijo que me quería.

Mi madre se marchó a su casa porque estaban de obras, y yo me quedé al lado de mi abuelo, sujetándole la mano, entrelazando mis dedos con los suyos. Permanecí a su lado, sin parar de decir cuánto lo quería, y él también me decía casi en un susurro que era su ojito derecho y que me quería. Le juré que volvería a hablarle a mi madre por él. Se hizo el silencio, mi abuelo cerró los ojos, y yo le seguí sujetando la mano. Recuerdo que me dijo: «Cariño, no me sueltes la mano». A lo que le respondí: «Abuelo, no te he soltado, estoy aquí contigo. No te voy a soltar». Y de repente noté cómo su leve presión desapareció. Miré su rostro, sus ojos ya no trasmitían vida, no se escuchaba su respiración. Escuché su último aliento, fue como un suspiro profundo. En ese momento, lo abracé y le di un beso en la frente. Se había ido de mi mano.

Nunca había experimentado la muerte de aquella forma, nunca me había dolido tanto. Salí al pasillo y no pude ni hablar, tan solo logré decir a una de las enfermeras que pasaban por allí: «Se ha…». Esta entró en la habitación y confirmó lo que ya sabía: mi abuelo, la persona que más he querido en el mundo, había muerto. Llamé a mi madre para comunicárselo y no tardaron en venir mi tía de Murcia, mi madre con sus amigas y unos amigos míos que sabían lo importante que había sido mi abuelo en mi vida y que sigue siendo a día de hoy.

El día del funeral fue desastroso. Me acompañó mi amigo Fernando, nunca olvidaré ese gran gesto suyo. En la capilla, familiares de mi abuelo me recriminaron el no haber estado presente en el funeral de mi abuela. Aquello me sacó de quicio y lo hice saber, claro que los pobres no tenían nada que ver, porque desconocían la historia. Para colmo, mientras observaba el cuerpo inerte de mi abuelo, recordando cuando estábamos juntos, se acercó mi tío para hablar y decirme que lo mirase, que aquella chica que estaba a mi lado era mi prima, que les importaba y que eran mi familia. Tuve que salir del velatorio con las lágrimas en los ojos. Me pillaron en un momento bajo, pero se ve que son unas personas falsas, sus palabras no tenían ningún valor, pues después no he vuelto a verlos —ni creo que lo haga—, tan solo querían quedar bien ese día. Antes de enterrar a mi abuelo en la lápida, quise que enterrasen con él un folio con unas palabras que le había escrito diciendo lo mucho que lo quería, cuánto me iba a acordar de él, lo mucho que iba a echar de menos a la persona que me había apoyado, que no dudó de mí nunca y vio que podía ser alguien si me esforzaba y creía en mí.

Pero ahí no acabó la cosa. Fuimos a comer mi tía Mari Paz (hermana de mi madre), mi madre, mi hermano y su novia a un Burger King que quedaba cerca de la casa donde viven, pero me tuve que ir porque tuvimos una bronca mientras estábamos sentados. Me dolió demasiado que no se respetase ni la muerte de mi abuelo para sacar el tema de la infancia, de los abusos, y que aprovechase mi hermano Fernando para juzgarme y criticarme, para decirme que no habían pasado. No iba a tolerar eso, y mucho menos ese día; así que, sintiéndolo mucho, me fui dando voces y diciendo que era una pena que fuera como su padre. Había pasado por demasiadas experiencias dolorosas como para tolerar una más. Aunque no sé de qué me extrañaba, ya que, desde que salí de casa, no mantenía ningún tipo de contacto con él, excepto estando en clase, que se burlaba de mí y me llamaba «empollona», «sabeloto» y «comepollas» cuando sacaba buenas notas, pero, eso sí, para pedir los apuntes, bien que acudía a mí. Yo se los daba, y a mi amiga Laura la comían los demonios, porque, después de su trato, no entendía cómo yo encima intentaba ayudarlo.

Siendo mayores, solo me ha escrito cuando se ha enterado de que tenía trabajo, por si lo podía enchufar en alguno. Como una idiota, lo he ayudado y he pasado tanto su contacto como el de su novia, para que luego rechazase la oferta o encontrase otra cosa y se riese en mi cara, diciéndome que ganaba el doble que yo sin tener estudios.

CAPÍTULO 18

ARANDA DE DUERO

«Nadie se baña dos veces en el mismo río».

HERÁCLITO

Por suerte, todo cambia y nada permanece. El agua de la vida fluye, y las personas también se modifican de un momento a otro. Somos dueños de nuestro destino, y en el tiempo que viví en Aranda de Duero me di cuenta de que podía cambiar.

Ahora hablaré de cómo ser feliz, lo que más cuesta a las personas; de cómo llevar una vida lo mejor posible; de encontrar un motivo diario por el que sonreír. Parece complicado, pero no lo es, yo me di cuenta hace varios años, y es muy importante para esto aceptarnos tal y como somos. Será una tarea compleja, ya que vamos cambiando, madurando…, y eso hace que con el tiempo nos miremos al espejo y no nos reconozcamos. Vemos totalmente una persona diferente a la que éramos unos años o incluso unos meses atrás.

¡No nos asustemos!, no es algo malo. Al revés, los cambios casi siempre suelen ser para mejor. Hay que estar orgullosos de quienes somos y agradecidos por todo lo que hemos pasado, porque, si cambiamos nuestro pasado, los acontecimientos vividos, seríamos otra persona completamente diferente.

Era una mala etapa. Me había echado novia, y esta me engañaba con su ex. Pero yo no podía olvidarla, todo el rato la tenía en mi cabeza. Estaba obsesionada y pensaba que sin ella mi vida no tenía sentido… ¡Me volví loca! A todas horas miraba su última conexión en WhatsApp y en Facebook, y, a pesar de que me obligaba a mí misma a no escribirle, acababa haciéndolo siempre… Por ello es que no dudé en aceptar una oportunidad de trabajo que me salió en otra provincia, pues necesitaba olvidarla.

Sin embargo, aquellos fueron unos meses terribles. Me ayudó estar en un bonito pueblo donde rápido hice amigos, salía con ellos de fiesta, pero seguía pensando en ella, me costaba relacionarme, pero me esforcé en ello, pues lo necesitaba. Aun así, dejé de comer, perdí el apetito durante meses y en el trabajo era el único momento en que mi mente descansaba, ya que no me daba tiempo a pensar, pues trabajaba duro durante muchas horas, y eso en parte me salvó. Y todo porque sin ella me sentía vacía, inútil, sin vida. Esas son algunas de las frases que me repetía día tras día, olvidando los momentos bonitos que habíamos pasado juntas, aunque, a decir verdad, no había demasiados, la mayoría eran discusiones sin sentido. En ocasiones, la iba a besar y me empujaba, y me sentía mal, fatal, pero allí seguí insistiendo como una idiota, humillándome a mí misma. Cuando salíamos a una discoteca, se ponía a beber, se iba a bailar con otras personas o, peor aún, acababa pegándose con otras personas siempre que salíamos. Yo tenía que lidiar con ello y aceptarlo, porque, claro, según ella, el alcohol sacaba su lado oscuro, y sabiéndolo no era capaz de no tomar copas o, al menos, reducir el consumo. Pero no todos somos iguales; por ejemplo, yo, cuando he bebido, jamás me ha dado por pegar, menospreciar o insultar a nadie, y mucho menos a mis amigas o a mi pareja. Cuando uno bebe, se desahoga y sale en ese momento todo lo que hasta entonces hemos estado reteniendo. ¡Ojo, no la estoy justificando!, solo trato de dar una respuesta. Pero nadie se merece eso, para mí es un problema que debe ser tratado.

¡Me voy por los cerros de Úbeda! El caso es que, entre aquella relación insana, el cambio de trabajo, de provincia y estar lejos de mis amigos no era algo que me ayudase demasiado a ver un futuro alentador. Entonces un día, al llegar a casa, me tumbé en la cama y me puse a pensar que no podía seguir así, ya era hora de enfrentarme al problema y dejar de huir, de quejarme, de no comer, de estar con gente y estar todo el rato callada, de hacer las cosas desganada; en definitiva, ya era hora de dejar de maltratarme.

Y pensé: «¿Por qué estoy tan decaída?». La siguiente pregunta era: «¿Qué puedo hacer para salir de este callejón?». Parecía algo muy difícil, y más aún cuando te sientes como un trapo tirado en el suelo, porque aquella mujer me había destrozado el corazón. Si estaba así, era realmente porque yo misma me odiaba, no me había perdonado mis errores del pasado. Eso me cabreaba bastante, estuve discutiendo un rato conmigo misma, reprochándome sin venir a cuento todo lo que había hecho hasta ahora. Hasta que me dije: «Mira, Estefanía, tienes razón, te has hecho mucho daño a ti misma. Has ido por caminos muy tenebrosos, y eso pocos lo hubieran soportado, es verdad, pero deja de una maldita vez de echarte más mierda encima, porque actuaste de la mejor forma que podías con las herramientas de las que disponías en ese momento».

Se hizo un silencio sepulcral no solo en mi mente, sino que pareció haberse callado el mundo entero. Esperaba una voz que no llegaba, hasta que, pasados unos minutos, me dije: «Tienes razón; es más, si retrocediese en el tiempo, volvería a hacer lo mismo, porque no podía hacer otra cosa, no tenía escapatoria y, gracias a aquello por lo que pasé, soy la persona que hoy los demás pueden ver; así que debería estar orgullosa de mí, en vez de criticarme». Yo estaba asombrada con cada palabra, no daba crédito a aquel maravilloso acontecimiento que se estaba produciendo en mi interior: «Que hoy al fin me voy a perdonar». Sí, podéis reíros, pero aquel maravilloso y caluroso día de verano de 2015 logré reconciliarme y, desde ese día, jamás me he sentido triste, mal o sola, porque sé que me tengo a mí, que puedo contar conmigo y que nunca más la soledad será un problema.

A fin de cuentas, doy las gracias a mi exnovia, porque quién sabe cuánto tiempo hubiera tardado en perdonarme. Además, hizo posible que pudiera trabajar en otra provincia, cuidó de mi gato, me ofreció su casa y su ayuda. Ahora, con el paso de los años, hemos vuelto a vernos y está muy cambiada. Todos necesitamos nuestros tiempos y a veces dos personas no están destinadas a estar juntas. Ahora es una persona totalmente renovada, y veo hasta con nostalgia el tiempo que compartimos juntas, porque nuestro encuentro nos transformó a las dos.

Os prometo que desde entonces me siento más fuerte, con más energía, y visualizo todo con optimismo, pero nunca dejo de lado la realidad. Siento que ya nada puede conmigo y no quiero malgastar ni un maldito segundo en estar mal, pues todo es pasajero y, tarde o temprano, pasará. Nada ni nadie debería tener el poder de hacernos sentir mal, ni siquiera nosotros mismos. Claro que habrá días duros en los que todo vaya mal: nos quedamos dormidos, llegamos tarde al trabajo, se nos cae lo que estamos comiendo encima de la ropa limpia, llegamos cansados y la llave no funciona, nuestra pareja decide que hoy no puede ir a verte, etc. Podrán pasar mil cosas, pero creedme que os lo tomaréis con humor, o al menos lo veréis de otra forma, quitándole importancia.

Problemas y dificultades tenemos todos, no vamos a negar lo evidente, pero superarlos o no depende de la manera que tiene cada persona de afrontarlos y de las vueltas que le des en tu cabeza. Tú eres quien deja que el problema te afecte en menor o mayor medida. Es como el ejemplo del vaso de agua: tú sostienes un vaso durante unos minutos y apenas pesa, pero, si lo sigues sosteniendo durante varias horas, al final acaba por pesar bastante y llegará un punto en que no podrás seguir sosteniéndolo y estarás harto de sujetarlo. Lo mismo pasa con los pensamientos y los problemas: existe un problema, vale, lo sabemos y somos conscientes; ahora, busquemos soluciones y pongámonos manos a la obra, pero no estemos todo el santo día con el runrún en la cabeza, porque va a terminar siendo más grande de lo que es y va a seguir ahí, empoderándose y sin dar con la solución. En caso de querer estar pensando, hazlo, pero buscando las soluciones posibles; de lo contrario, te sentirás frustrado y no podrás visualizar bien cómo salir de ahí. Podemos con todo, tenemos que creérnoslo, ser personas resolutivas.

Trabajar en la residencia de Asadema, en Aranda de Duero, fue una experiencia dura pero bonita que me acompañará el resto de mis días. Esta carta la escribí al irme:

He descubierto en parte de dónde viene mi depresión. Aparte de no saber qué voy a hacer en febrero con mi vida, me he dado cuenta de que voy a perder a personitas muy importantes, y eso duele.

Salgo en dos horas del trabajo, entre ayer y hoy he trabajado 32 horas, pero no me importa porque ahora mismo estoy agotada, pero me siento estupenda por haber hecho reír a mis chicos de la residencia. No me he ido y ya les echo de menos porque son capaces de transformar sin saberlo mis días tristes en días que merecen la pena. Hay días como hoy, que hago tanto el idiota que me dicen «Qué loca estás» o «Qué bien te lo pasas», y es que la locura no es mala, creo que hasta hay días en que ellos son los cuerdos y yo soy la tarada de remate, pero no me importa y a ellos tampoco, porque lo que nosotros de verdad valoramos es que dentro de nuestras posibilidades, dentro de sus dificultades, podamos ver una puerta diferente, esa que al abrirla dé tanta luz que deslumbre, se olviden de todo y por unos minutos, o por el tiempo que sea, su mente se despeje y solo piensen en el momento que están viviendo, en esos instantes que les hacen divertirse. Es más, os aseguro que cada día suena el despertador a las seis y pico de la mañana, y en vez de estar mosqueada por haber dormido tan solo cinco horas, voy con ganas de verlos y por el camino voy pensando en qué bromas gastarles para que juntos hagamos de la rutina un juego. Pienso qué hacer para conseguir que sientan que la residencia es su hogar, y les doy todo el cariño que me sale, que no es nada comparado con el que ellos me regalan desde que los despierto hasta que los arropo y les doy un beso de buenas noches. Me lo paso genial con ellos, y con conseguir que sonrían tengo más que suficiente para saber que merece la pena este trabajo. Me hacen saber que merece la pena vivir, y es que la gente con discapacidad tiene mucho más corazón que la gente que se considera «normal».

Para mí estar loco es algo bonito, lo triste es ser normal y vivir encerrado, limitado por corduras.

CAPÍTULO 19

MÉXICO

El 21 de febrero del 2016, decidí largarme a México a buscarme la vida. Ilusa e ingenua como era, quería ir allí para ayudar a las mujeres víctimas de violencia de género, por ser el país donde hay más feminicidios. Cuando uno no tiene unos anclajes, unas raíces que lo sustenten, da igual el lugar, la ciudad o el país al que ir, no hay nada que nos ate ni que nos aferre, y ese es un modo de sentirse libre para volar en busca de nuevas aventuras.

Adiós, vida,
me largo a otra parte, a buscar mis raíces, aferrarme a lugares,
a enamorarme de la gente, a saborear culturas,
a conocer otros sabores,
a buscar lo que tú no pudiste darme,
a dar la bienvenida al ser nuevo que soy.
No pido me esperes a mi regreso, tal vez no volvamos a vernos,
quizás nos encontremos por casualidad, siendo dos extraños
conocidos, distanciados por nosotros,
olvidados por el tiempo, recordados por quienes fuimos, en un
futuro alentador,
donde uno más uno
valga mucho más que dos.

Estefanía Igartua

En realidad viajaba para huir. El problema era que huía de mí misma, de toda esa toxicidad que albergaba en mi interior. Me he dado cuenta de que, por muy lejos que vayamos, el demonio lo llevamos dentro. Me ayudé mucho cuando dejé de poner la responsabilidad en el otro y empecé a ayudarme a mí, siendo la persona adulta que necesitaba.

CAPÍTULO 20

CENTRÁNDOME EN LA VIDA

Al volver de Aranda y justo antes de ir a México, me fui a vivir con una amiga.

Estuve recopilando documentos para quedarme a vivir allí, necesitaba el título de la carrera de Educación Social; así que ese día dormí en casa de mi madre para estar más cerca de la universidad y que me acompañase a recogerlo. En una semana, teníamos una noche sabinera, había comprado una entrada para mi madre y otra para una chica que estaba conociendo y que aquella misma mañana me dijo que no iba a poder venir, pues vivía en otra provincia y le había salido un trabajo allí.

Hacía mucho tiempo que no me pasaba por mi antigua universidad. Al llegar, quise saludar a mis antiguos profesores. Ahora trabajaba allí Julia, la directora de la residencia de violencia de género, que parecía algo más agradable que de costumbre, aunque seguía entre sarcástica y crítica, preguntándome por la publicación de la novela, ya que ella tampoco estaba de acuerdo en que gastase mi dinero en publicar, en mis sueños, en mis ilusiones y proyectos. Como soy cortés, hablé con ella como si nada, como he seguido haciendo el resto de los años. No le guardo rencor, porque eso solo me haría daño a mí. Le pregunté si seguían por allí los profesores que me habían dado clase, y me dijo que sí.

Fui al despacho a saludar a uno de ellos, Jorge, que me recibió con un gran e intenso abrazo que se alargó por unos treinta segundos, mientras que mi madre se quedó fuera, le daba vergüenza que la viesen. Estuvimos hablando como si nos hubiésemos visto ayer mismo, le dije contenta que ahora me hablaba con mi madre y quiso invitarnos a tomar algo en la cafetería para charlar un rato. A mi madre no se le ocurrió otra cosa que invitarlo al concierto, a lo que él, para mi asombro, aceptó encantado. En ese desayuno pensé que estaban flirteando, aunque me pareció buena idea, ya que me daba cosa que mi madre acabase con otro tipo maltratador como mi padre y que encima se aprovechase de ella.

Llegó el día del concierto. Me hacía ilusión que viniera mi antiguo profesor, fui contenta a su encuentro y dejé a mis amigos haciendo cola. Mi madre me acompañó y estuvimos tomando algo los tres juntos en un bar cercano, allí hablamos de mi viaje ansiado, de irme a México para ayudar a las mujeres que habían sufrido maltrato. Expliqué que en parte me quería ir por las aventuras que en clase él nos había comentado de cuando trabajó en África con chicos que vivían en la calle y, por otro lado, porque en las prácticas casi todos se fueron a Honduras y yo no pude, me tuve que quedar en España, ya que trabajaba durante esos días y no podía abandonar mis obligaciones, además de que igualmente no hubiera tenido dinero para los billetes de avión. Al regresar, todos mis compañeros hablaban de aquella experiencia en la que haber ayudado a otras personas de otro continente y cultura les había cambiado la vida, y ni siquiera podíamos hablar los que nos habíamos quedado aquí. Pareciese que nuestras prácticas a su lado eran insignificantes y sin importancia; así que me juré que, en cuanto ahorrase dinero, haría lo mismo por mi cuenta. También se juntaron, por un lado, mi sentimiento de no pertenencia a ningún lugar y, por otro, que en la cena de Nochebuena del año anterior me había sentido fatal porque mi madre había estado toda la noche pasando de mí.

Le intenté contar lo importante que había sido para mí vivir en Aranda de Duero y trabajar con discapacitados, y le enseñé un vídeo con ellos el día de mi despedida, algo que para mí era muy emocionante, pero ni siquiera lo quiso ver, me interrumpía y miraba cada dos segundos su teléfono. Entonces se lo quise mostrar a mi tía de Murcia, que también estaba allí, pero ella, mi madre, con su afán de protagonismo, tampoco la dejaba escucharme. Me enfadé tanto que esa misma noche, durante la cena, compré el billete. Tenía la necesidad de marcharme lejos, a un lugar donde me sintiera comprendida, donde fuera alguien, donde me valorasen y apreciasen, porque estaba claro que en esa casa era imposible conseguirlo.

Volviendo al concierto, recuerdo que me apunté a cantar con mi madre, era una forma de despedirme de ella. Estaba eufórica, feliz de presentar a mi madre a los músicos. Ambas subimos a cantar, lo hicimos fatal, para variar, pero mi madre se puso a animar al público y a bailar, incluso hay un vídeo de ese día. Fue emocionante y bonito subir con ella, cantar juntas. Nos ganamos el bombín por ser las más valientes, aunque estaba claro que influyó el que los conociese, porque cantar, lo que se dice cantar, nunca ha sido ni será lo mío.

Durante la actuación lo pasamos en grande, como unas chiquillas que salen de fiesta. Mi madre y yo hemos sido amigas más que madre e hija, salimos juntas por Chueca a las discotecas, a tomar cervezas. Compartíamos todo lo que hacíamos o dejábamos de hacer: me acompañaba en mis noches de trabajo repartiendo *flyers* y captando gente para los locales; conocía a mis novias, con las que ahora se lleva bien y yo ni tan siquiera veo… En fin, era una relación extraña, pero la única que permitía que estuviéramos bien, obviando el elefante rosa que teníamos en medio, ese que nos traía el pasado al presente y nos causaba tanto dolor.

Al terminar, fuimos a Destellos, un bar de la calle Galileo donde siempre íbamos después de los conciertos, y allí estuvimos hasta pasada la madrugada. Se acercaba gente a felicitarnos, imagino que el alcohol no les dejaba valorar de forma crítica nuestra actuación, pero a mi madre y a mí nos gustaba que lo hicieran igualmente. Como quedaba muy poquito para irme, quería salir por Chueca para despedirme de mis amigas, así que dije que yo me iba. Mi madre también se despidió, ya era tarde. Jorge, el profesor, dijo que nos acercaba, primero dejamos a mi madre en su casa y después me acercó a mí. Pidió acompañarme una vez había encontrado sitio.

«Claro, eso se dice antes de aparcar», contesté con una de mis mejores sonrisas. Estuvimos jugando al billar, al futbolín, bebiendo cervezas, paseando por las calles de Madrid, que no duermen ni dejan descansar, a veces abrazados y otras de la mano. Sobre las siete de la mañana, llegamos a la plaza Manuel Becerra, donde vivía con mi gran amiga Ana. Me dejó en la puerta y al irse me dio un pico. Me quedé un poco sorprendida y lo seguí tras sus pasos hasta su coche, donde nos volvimos a dar otro beso fugaz.

Desde aquel día no dejamos de hablar por WhatsApp, de hacernos llamadas y de vernos cada dos o tres días, porque en menos de dos semanas me marchaba de viaje.

Durante mi estancia en México de tres meses, estuvimos hablando todos los días más de una hora por teléfono, más los respectivos mensajes que nos enviábamos a lo largo de todo el día. Se podía decir que fue un amor intelectual, estábamos necesitados de cariño, de amor y afecto, y el uno en el otro encontramos a alguien capaz de escucharnos, una persona que nos hacía caso y se preocupaba por el otro, cosas que ambos necesitábamos y no teníamos en ese momento. Esos tres meses fueron los mejores. Y, aun así, al principio, él me dijo de dejarlo porque pensaba que no podía llevarse a cabo en la realidad, tendría su runrún, sus comederos de cabeza. El caso es que, al regresar a Madrid, me estaba esperando en el aeropuerto, y ese día cenamos, paseamos por las calles de Malasaña y también dormimos por allí.

El día que el Real Madrid jugó la Champions contra el Barcelona, vinieron mis amigos de Aranda de Duero y estuvimos viendo el partido en un bar con más amigos. Sobre las dos, o más tarde, regresé a mi casa de Manuel Becerra. Los dos subimos al piso y mi amiga, al ver a mi pareja en la casa que compartíamos, me dijo que mañana mismo me tenía que ir, que ya me había dicho que no podía subir a nadie. Yo, que soy muy obediente y acepto mis errores, no tuve nada que reprochar ni rechistar; así que, de nuevo, a recoger mis cosas, con la ansiedad de no saber dónde ir, con la incertidumbre, con el malestar de siempre, por culpa de no tener un sitio estable donde vivir. Esa noche preparé mis cosas, las que necesitaba para comenzar de nuevo en otro lugar. Acabé viviendo en casa de un amigo de mi pareja que me dejó dormir en un colchón en el salón de su casa, hasta que encontré una habitación en Fuencarral.

Y de Fuencarral también me tuve que ir al poco. Esta vez, porque el casero era un tarado que entraba en mi cuarto cuando no estaba, un hombre mayor que había hecho un agujero en la pared de su armario para expiarnos a Alba, mi compañera de piso, y a mí. Siempre que nos duchábamos se hacía el tonto para intentar entrar en el baño, o bien esperaba fuera, en el pasillo, por si podía ver algo cuando saliésemos. También veía películas porno en su cuarto y teníamos que escuchar cómo se masturbaba. No aguanté esa situación y me fui. Todo esto lo sabía Jorge, mi pareja, pero parecía darle igual, por entonces yo estaba sumida en una depresión tremenda y él se enfadaba, no comprendía por qué yo estaba así. A todo esto, había que sumarle que él me decía que necesitaba tiempo, estar solo cada dos por tres —cosa que yo no entendía, pero aun así tenía que aceptar—, para luego reaparecer cuando le daba la gana.

Estaba en un proceso de separación, y a veces creo que me utilizó para poder salir de una relación en la que llevaba mal muchos años y de la que era incapaz de salir sin el apoyo de alguien. Estuve un mes o dos sin trabajo, hasta que empecé a trabajar en Primark. Mi madre me pagaba el alquiler, ya que en mi empresa anterior no me habían realizado los papeles dentro del plazo y me había quedado sin poder solicitar el paro. Fue una situación desastrosa, en la que me llegaba incluso a marear por llevar días enteros sin comer, pero yo no decía nada a nadie ni pedía ayuda, porque estaba harta de depender siempre de otros. A veces, te cansas de estar siempre así, pidiendo ayuda, y te sientes un estorbo; de modo que me pasaba tardes enteras en la cama y, cuando tenía fuerzas, dejaba algún currículum en persona o a través de portales de empleo.

De allí me tuve que ir al lugar más barato, como siempre, y donde aceptasen al gato. En alguna ocasión, cuando le dije a Jorge que estaba difícil encontrar habitación, y más teniendo a mi hijo gatuno, me dio a entender que lo tendría que abandonar, porque eso me complicaba la vida. Eso sí que me cabreaba, cómo se notaba que jamás había tenido un animal y que no sabe lo que se les quiere. Una vez que lo adoptas, es tu responsabilidad y se le quiere como a un hijo. Por ese motivo también discutíamos. O si me salía un trabajo, me decía que era una mierda, que se ganaba muy poco. Me sentía estúpida, infravalorada, demasiado tenía con mi situación como para que él encima hurgase en la herida en vez de ayudar. Eso sí, me ayudaba con las mudanzas, aunque también me lo echaba en cara, que jamás había utilizado tanto el coche, cuando las mudanzas en parte eran por su culpa, porque no quería comprometerse conmigo e irnos a vivir juntos. Digo yo que, si quieres a una persona, lo que deseas es que esté bien, vivir juntos y ayudarle, pero, por lo visto, sus problemas eran mucho más importantes que los míos, y yo sí los tenía que comprender.

El caso es que me fui a vivir a Vallecas, lugar donde estaban los alquileres más baratos. No tenía trabajo y tuve que fingir lo contrario, cuando lo único con lo que contaba era con la esperanza de que me hubiera salido bien la entrevista de trabajo que tuve el día anterior (donde tuve que decir que vivía cerca, en Cuatro Caminos, para que me diesen el trabajo, cuando aún no sabía ni dónde iba a vivir). Por suerte, me llamaron para empezar a la semana siguiente en una zapatería que estaba por Goya. Tener trabajo me alivió bastante. Hasta que empecé a trabajar, me iba todas las mañanas a un bar, y mi comida era el desayuno. Con 1,80 € me daban un café y dos barritas, y pensaba que eso podía servirme de sustento para salir todo el día a buscar trabajo. Pero el cuerpo, que es sabio, no estaba de acuerdo, y en más de una ocasión me mareé en la calle, en el cine, leyendo en casa o paseando. Estando con mi pareja también me sucedió un día y él me llevó a urgencias. Pasé muchísima vergüenza, pues él entraba conmigo a consulta y encima decía que era por mi culpa, porque yo comía como me daba la gana. Y si comía tan mal, si es que a eso se le puede llamar «comer», era porque no tenía dinero. No le dije nada a él, me guardaba todo mi dolor y malestar. Porque yo, estando en su situación, lo habría deducido, sabiendo que llevaba tiempo sin trabajar y que no tenía ahorros. Aun así, no le dije nada. Desesperada, acudí a Servicios Sociales de varias zonas, pero me encontré con un portazo en la cara. Así que decidí, como último recurso, ir a Servicios Sociales de las Cortes, los que me pertenecían por estar empadronada en esa zona. A la desesperada me acerqué para que me atendiesen, pero la cita me la daban en un mes o así, tiempo con el que no podía contar. Redacté en una hoja mi desesperación y angustia, y dije que, por favor, se la hiciesen llegar al trabajador social. Por suerte, ese mismo día me llamó y me dio cita para unos pocos días.

Cuánto agradeceré a ese ángel que me ayudase. Gracias a él, me dieron una ayuda económica con la que poder pagar la primera mensualidad de la habitación y comer algo hasta que cobré en la zapatería mi primer mes. En esa casa era todo un caos y una asquerosidad, me acompañó mi amigo Fernando a limpiar el primer día, y la habitación y la cama estaban llenas de pelos púbicos. Casi vomito limpiando aquello, pero es lo que tiene malvivir. Al menos, tomamos unas cervezas por allí, y eso hizo que pudiera dormir aquel día.

El colchón era un asco, apenas era gomaespuma; así que mi amigo me dejó uno suyo, que, por cierto, aún se lo tengo que pagar, porque de allí también me tuve que ir. El casero vivía allí con su novia, y en la otra habitación entró un chico marroquí.

En un piso enano vivíamos cuatro personas, mucha intimidad no había. Además, había que aguantar que siempre estuviera ocupada la cocina y el salón, algo desesperante cuando tienes que comer y salir corriendo para ir al trabajo. Tampoco me hacía gracia escuchar cómo mis compañeros tenían relaciones sexuales, pero el colmo fue cuando subieron a un gato de la calle que destrozó la cara y el rabo al mío. Cuando llegué y vi a mi gato andando mal, sin una ceja y con sangre, casi me da un infarto. Corriendo llamé a mi amiga Ana y lo llevamos al veterinario. A todo esto, mi pareja al fin había salido de su casa y vivía solo en Aravaca, en un piso donde al principio se suponía que íbamos a vivir los dos, pero al poco tiempo decidió que no, que quería estar solo. Yo solo iba allí, dormía el fin de semana y después me dejaba en Vallecas. Así que, después de lo del gato, le dije que ni hablar, que no aguantaba aquello, que nos teníamos que ir los dos. Se negó muchísimas veces, pero, tras muchas discusiones, me fui a vivir con él. Allí estábamos bien, al menos él lo estaba. Todas las mañanas limpiaba la casa, iba a la compra, planchaba su ropa y después hacía la comida, para salir corriendo al autobús que me llevaba hasta Moncloa y después coger el metro para ir hasta Goya y comenzar mi jornada laboral. Todo iba bien, aunque yo me sentía una señora de cincuenta años que no tenía vida, que lo único que hacía eran tareas de hogar y trabajar. Aun así, no me quejaba, porque al menos tenía un techo y con eso me valía, aunque a él parecía que no y siempre estaba de mal humor, enfadado y cabreado. Tenía que hacer de tripas corazón y animarlo, alegrar sus días, cuando la que necesitaba que me alegrasen era yo.

A pesar de todos mis intentos, pocas veces conseguía sacarlo de sí mismo. Me dolía que todo mi esfuerzo sirviera de tan poco, me desvivía por él, por tener una casa en orden, por hacerle la comida, tenerlo todo limpio, por intentar hacerle feliz, y yo me dejé de lado, me tenía abandonada a mí misma. Para colmo, llegó el día de mi cumpleaños y no me regaló nada. Me sentí hundida. Estaba esperando con ilusión que me regalase algo, pensé que sería alguna sorpresa, porque ese día habíamos quedado en que se pasaría a buscarme al trabajo. Mientras estaba trabajando, recibí un ramo de flores, y ahí me juzgué por haber pensado mal de él, ya que me había sorprendido con aquel ramo. Mi cara cambió por completo y le mandé un mensaje dándole las gracias, pero rápidamente la sonrisa se me borró cuando me dijo que él no había sido. Encima, al venir a buscarme, vino sin nada, y estaba cabreado, celoso por la persona que me había regalado el ramo, que ni yo misma lo sabía en aquel momento. Como veréis, fue un cumpleaños de mierda.

Al día siguiente, esperé un regalo, pero nada; entonces ya le dije que me sentía fatal, pero él contestó que siempre había sido así con su ex y que le costaba ser diferente conmigo. Aquello me mató. Yo simplemente necesitaba que me dijera que no me preocupase, que el año siguiente iba a ser la leche y que me haría un regalo o nos iríamos a algún lado, en vez de aquello. Después, me dijo una vez más que necesitaba tiempo, que no podía más. Si no me había dejado veinte veces, no lo había hecho ninguna.

Seguimos como siempre, restando importancia a estos detalles que me destrozaban. No dejé de ser yo misma y, como era una idiota y estúpida, gasté todo mi dinero en su regalo de cumpleaños: tirarse en paracaídas, con fotos y vídeo incluidos, porque, cuando yo quiero a alguien, me entrego en exceso. Pues no podéis creer que el día que nos tiramos en paracaídas, al regresar a casa, me dijo de dejarlo, que me tenía que ir de su casa esa misma semana. Otra vez sin saber dónde ir, mirando deprisa y corriendo sitios. Acabé por ir a casa de una señora por el metro de Las Suertes, aunque su nombre no hizo honor a lo que allí viví.

Era una señora separada que vivía con su hijo. Allí tuve que limpiar prácticamente toda la casa, de lo sucia que estaba. No se podía ni usar el microondas ni el horno, ambos los limpié a fondo en la primera semana para poder hacer la comida, cosa que ni me agradeció. Mi pareja me había dejado, pero, como no se aclaraba, para variar, me decía de ir a su casa los fines de semana, y después me devolvía los domingos por la noche o el lunes. No me gustaba dejar al gato solo, y a la señora tampoco darle de comer los días que yo no estaba; así que en poco tiempo me dijo que me tenía que ir, aunque en realidad era porque necesitaba la habitación para un familiar suyo. Pero a mí me echó de malas maneras en vez de explicarme la situación, cosa que hubiera estado bien y que hubiera entendido, pero las personas en general no cuentan con demasiadas habilidades de comunicación.

Cuando no aguanté más esta situación de ir y venir de un lado para otro, de que me tratase como un objeto y me cogiera un día sí y cuatro no, de soportar vivir en malas situaciones y peores condiciones, le dije tajante que teníamos que volver a vivir juntos, y, tras varias discusiones, acabamos alquilando un piso en Tetuán. Cada uno pagaba lo que podía según su sueldo; el resto de mi sueldo lo dedicaba a pagar mis gastos de teléfono, bono transporte y comida. Él no vivía allí apenas, alegando que no podía estar lejos de su hija, que tenía que cuidarla, cuando esta ya tenía 21 años. Pero bueno, de nuevo, no me quedaba más opción que entenderlo y dejar que hiciera lo que quisiera. Así que dormía cuando le apetecía y podía.

Por mi parte, yo me ocupaba de los cuidados de la casa, compaginándolo con mi trabajo en la zapatería de lunes a viernes por las tardes y los sábados enteros, y mis clases en la universidad por la mañana —al fin, había podido acceder a la carrera de Psicología—. Los domingos, que era mi único día libre, por las mañanas, íbamos a la montaña y, por la tarde, me tocaba limpiar la casa y estudiar. No tenía ni un segundo de descanso, pero logré sacar las mejores notas de todo 1.º de Psicología. Porque por dentro me sentía más o menos bien, y eso era posible gracias a la estabilidad de tener un lugar fijo donde dormir, situación que no duró mucho, porque él dijo que no quería seguir gastando dinero en un alquiler y que me tenía que ir. Esto lo hizo de la noche a la mañana, sin tenerme en cuenta. Me pareció humillante y muy injusto que me echase cuando él sí tenía un lugar donde vivir y yo no; además, con mi sueldo no daba para mucho, y encima yo también estaba aportando dinero, no tenía derecho a echarme como a un perro, pero lo hizo. Así que, para mi desgracia, no me quedó más opción que irme con todo el dolor del mundo a casa de mi madre, donde empecé a decaer mental y físicamente.

CAPÍTULO 21

FERNANDO

«Hay que cortar con el ciclo del dolor para no repetir patrones familiares nocivos».

Si mi abuelo materno es la persona que más he querido, Fernando ha sido la segunda. Es mi hermano, mi mejor amigo, mi cómplice, mi compañero, mi salvador, mi aliado. De pequeños pasábamos casi todo el día juntos, éramos inseparables. Teníamos nuestras discusiones, como todos los niños, pero estábamos muy unidos. Pasamos muchas horas jugando a princesas y a los castillos, a las cartas, al ajedrez, a las damas o a la PlayStation. Yo le ayudaba con los deberes de Lengua y Plástica, y él a mí con los de otras materias. Por la noche nos leíamos el uno al otro cómics de *Astérix y Obélix*, de *Mortadelo y Filemón*, de *Zipi y Zape*, casi todos los compraba mi abuelo Miguel. Aquellos ratitos antes de dormir para mí eran mágicos; si tenía alguna pesadilla, iba corriendo para dormir en la habitación de mi hermano, estar a su lado me tranquilizaba. Hablábamos sobre muchos temas y nos preguntábamos por qué nos trataban así nuestros padres, no lo comprendíamos. Deseábamos salir de aquella situación, nos queríamos ir al Ejército para salir de aquella casa juntos; también nos decíamos que, el día que tuviéramos hijos, jamás los trataríamos de aquella forma.

Y ahora todo está perdido. Me hierve la sangre al ver cómo pierde su vida y me produce mucha rabia, ira e impotencia ver cómo se emborracha cada fin de semana, saber que está destrozando su vida, que se acerca a la oscuridad, yendo de mal en peor. Cada vez que me entero de que ha estado en urgencias por pegarse en una discoteca o en la cárcel por haber liado alguna de las suyas, una parte de mí muere.

Y ya no puedo soportar más ese dolor. En el año 2019, cuando supe que era como nuestro padre, cuando le pillé con tres amigos más abusando de una chica de 19 años en casa, ya mi cabeza explotó. Aún no lo he asimilado, no puedo, no lo soporto, me desgarro por dentro cada vez que pienso en él. Yo sé que es buena persona, de pequeño era un niño tímido, introvertido, sé que aún hay esperanza. Pero el pasado lo ha marcado, ver a nuestro padre siempre menospreciando e infravalorando a las mujeres ha logrado que él tenga la misma visión, que piense que las mujeres son un objeto y que son inferiores. Joder, solo tiene 29 años, me da tanta rabia. Ojalá tuviera una varita mágica para arreglar su vida, para hacerle entender muchas cosas.

Aquel fatídico episodio sucedió en el verano de 2019, el viernes 23 de agosto. Estaba en casa viviendo con mi madre y mi hermano, mi madre se iba desde el viernes con su pareja y no regresaba hasta el lunes. Estaba harta de mi hermano, siempre estaban discutiendo porque él hacía lo que quería, nunca fregaba los platos, dejaba todo sucio y se quejaba de lo mismo. Así que mi madre, para no discutir, se iba. Mi hermano era el rey de la casa, hacía lo que le daba la gana allí. Más de una vez he tenido que limpiar los vómitos de sus amigos por la mañana para poder estudiar en la mesa y no tener que ir pisando los restos del botellón de la noche anterior. Muchas veces no he podido dormir cuando trabajaba al día siguiente porque en el salón estaban con la música a tope, fumando y bebiendo. Me acercaba para decirles que la bajasen, pero les daba igual, decían que sí, que no tardaban en irse, y seguían haciendo lo mismo.

Un viernes había quedado con un amigo, Javi, por la tarde, a las ocho y media. Llegué a casa a descansar un rato hasta que fuese la hora. Mi hermano apareció por casa, no nos hablamos demasiado, pero me preguntó qué iba a hacer aquella noche. Recuerdo que le contesté que llegaría pronto, que me apetecía estar leyendo. Aquella pregunta escondía algo.

—¿Por qué me lo preguntas? ¿Vais a hacer una fiesta? —le pregunté.

—No, vamos a beber unas copas y luego ya sobre la una nos vamos a la discoteca.

—Vale.

—Me voy, que he quedado con una amiga.

—¿Pero no estás con Ellen? Sigues con ella, ¿no?

—Claro, qué cosas tienes. Es solo una amiga, del curso de informática. He quedado donde el supermercado para dar una vuelta —me dijo mientras sonreía de manera nerviosa.

—Pues pásalo bien.

—Hasta la noche.

—Adiós.

Me preparé y salí para ir hasta la casa de mi amigo. Al salir del portal, me encontré con mi hermano y su amigo, nos saludamos con la mano y nos dijimos un «hasta luego».

Estuve en la terraza de Javi tomando unos cafés y poniéndonos al día. Luego jugamos unas partidas a la PlayStation y me fui porque a las diez había quedado con Bernardo. Él me dijo finalmente que lo dejásemos para otro día porque el bus tardaba mucho; así que me dirigí a casa mientras hablaba por WhatsApp con mi amigo, diciéndole que me esperaba como siempre aguantar a aquellos borrachos, que menuda paciencia, que no me apetecía nada ir a casa.

Nada más abrir la puerta de casa, supe que algo iba mal. Mi gato estaba superasustado, cuando nunca lo está. Había unos pantalones vaqueros tirados de cualquier manera en el suelo. Gritos, un portazo. No sabía qué estaba pasando. Supuse que mi hermano estaría teniendo relaciones sexuales con aquella chica, o incluso, pensando bien, imaginé que podía ser su novia. Le iba relatando a Javi por mensajes lo harta que estaba de todo aquello, pero no me dio tiempo a escribir demasiado, porque, nada más entrar en mi cuarto, entró la amiga de mi hermano en mi habitación. No se me borra aquella imagen de la cabeza: entró corriendo e intentó cerrar la puerta; yo la miraba entre atónita y asombrada, queriendo asimilar lo que estaba pasando. Cuando volví en mí misma, pude decir:

—La puerta no cierra. Déjalo, que no vas a poder, está rota.

Pero ella no se daba por vencida y gastaba sus fuerzas en intentar cerrarla.

—¿Eres normal? —me preguntó.

—Sí, claro —contesté desconcertada—. ¿Qué pasa?

—¿Quién eres?

—Soy la hermana de Fernando, siéntate y dime qué te pasa. ¿Estás bien?

—Me están metiendo los cuatro la polla en la boca y me quiero ir. ¿Me puedes sacar de aquí?

—Sí, claro. Tranquila, me cambio de ropa y nos vamos ahora mismo. Te subo en la moto.

Me quedé paralizada. Se me ocurrió poner a grabar el teléfono móvil, por lo que pudiera pasar. En menos de un minuto, apareció en calzoncillos un amigo de mi hermano, Carlos. Se me acercó y me dijo:

—Te va a sorprender lo que te voy a decir.

—No, Carlos, en esta casa nada me sorprende.

—¿Quieres jugar con nosotros? ¿Te unes al juego?

Me dieron ganas de coger el maldito casco y estampárselo en su cabezota de idiota, pero intenté tranquilizarme.

—No, gracias. Sal de la habitación, que me voy a cambiar.

El ambiente era muy tenso, tenía algo de miedo, rabia por otra parte, mi cabeza no quería ni podía comprender. Escuchaba sus cuchicheos, pero no sabía qué estaban diciendo, mi cabeza solo daba para cambiarme de ropa. Lo único importante era lograr escapar, salvar a aquella chica. Salimos juntas de la habitación ante la mirada atónita de mi hermano y Carlos, que estaban en el pasillo, esperándonos. Insistieron para que nos quedásemos y follásemos todos, una situación asquerosa y desagradable. Logré articular:

—No, no —dije con risa nerviosa.

Estaban entre borrachos y drogados, y apenas eran las diez y media de la noche. Era una situación irreal y deprimente, me daban ganas de llorar, de gritar, de matarlos a todos. Miré hacia el comedor y pude ver que, entre los otros amigos de mi hermano, se encontraba mi exnovio Sergio y un chico del instituto, Quiroz, aquello fue un golpe duro. De la vergüenza y culpabilidad que sintieron al verme, dirigieron la mirada al suelo y no dijeron ni una palabra. Me quedé mirándolos fijamente y muy seria.

Salimos de aquella casa del terror. Intenté tranquilizar a la chica y también supongo que tranquilizarme yo. Salió al balcón Carlos, de nuevo en ropa interior, para decirnos algo, pero avanzamos sin mirar atrás, ya habíamos salido del peligro. De camino al garaje le pregunté qué había pasado, quería comprender aquello, pensar que había sido una equivocación. Me explicó que había quedado a solas con mi hermano, que ella tenía novio y sabía que mi hermano llevaba muchos años con su pareja; así que pensaba que entre ellos no iba a pasar nada, que simplemente iban a conversar. Hasta ahí bien; después, en casa, habían estado bebiendo y habían terminado acostándose los dos —cada uno es libre de hacer lo que quiera, no les iba a juzgar—. Y que más tarde, no sabía cómo, se había visto involucrada en aquella escena, rodeada de los cuatro metiéndole la polla en la boca sin el consentimiento de ella. Aquello me removió el estómago y el alma. Le dije que no quedase con gente de este tipo, que tuviera cuidado y que contase conmigo. Me dijo que tenía 19 años, aquello me repateó, que cuatro tipos de casi treinta años vayan por ahí haciendo lo mismo que la Manada. Para colmo, entre ellos estaban mi hermano y mi ex.

Llevé a la chica hasta plaza de Castilla, durante el trayecto temía que se cayese de la moto. No sabía qué drogas había podido consumir, pero me daba la mala espina de que le hubieran dado burundanga o algo por el estilo. Nada más dejarla, aceleré todo lo que pude, necesitaba sentir adrenalina, tenía incluso ganas de estrellarme. Iba llorando y repitiéndome en la cabeza la frase: «4 de septiembre, 4 de septiembre», como si fuera una loca. No podía parar de decirme aquella frase, esa era mi salvación, el 4 de septiembre entraba a vivir al colegio mayor. Al aparcar, no podía más, no sabía qué hacer, me daban ganas de subir a casa y dar una paliza a aquellos cuatro. Estaba destrozada por dentro. Me empecé a decir que mi hermano era como su padre, que era un abusador, que era un maltratador, que estaba todo perdido. Maldije a los cuatro vientos, estaba desconsolada, no podía comprenderlo.

Llamé a Bernardo en busca de consuelo, necesitaba desahogarme. Él me dijo que no fuera a casa, pero yo quería ir. No colgó para que no corriese peligro, pero, al subir, ya no había nadie. Dejé el casco y la cazadora de la moto, me fui a casa de Javi a intentar tranquilizarme. Aquella iba a ser una noche larga, estaba atacada de los nervios y al borde de la desesperación más absoluta.

A la mañana siguiente, llamé a la pareja de mi madre, que considero una persona sensata y madura, y le conté la situación para que la minimizase y se la transmitiera a mi madre. Le dije que después me llamase para ver qué acciones tomaba. Estuve paseando por la calle para hacer tiempo, pues mi hermano estaba en casa durmiendo, después de la fiesta que se había pegado, y no quería que me escuchase hablar sobre aquello. Como no recibía ninguna llamada, decidí llamarla yo.

—Mamá, ¿cómo estás? ¿Te lo ha contado ya Jairo?

—Sí, los dos os vais de casa. Estoy harta.

—No lo entiendo, si yo no he hecho nada. Pero ojalá sea verdad y seas capaz de poner de una vez límites.

—Os vais los dos. Os dejo unos días y os buscáis la vida, que demasiado tengo con mi cáncer como para tener más problemas con vosotros.

Alucinaba, porque descargaba su furia, rabia e ira contra mí cuando yo solo estaba contando lo que había pasado, pero es habitual que me grite a mí, con él no se atreve. Cada vez que tienen una conversación, le habla con un tono apenas audible y se agacha de forma inconsciente, mostrando sumisión; así es imposible que alguien te haga caso o muestre respeto.

La conversación irreal continuó su transcurso. Me dijo que el lunes, cuando llegase a casa, lo hablaríamos los tres. En realidad, tenía miedo de enfrentarse a mi hermano, de saber que era como su marido; así que me ofrecí a estar delante mientras se lo decía, pero que no me metiera a mí, aunque me fuera a ir igualmente el 4 de septiembre al colegio mayor. Estaba dispuesta a apoyarla en la conversación si ella quería, y aceptó. Le dije que, si no se enfrentaba a él, le estaba transmitiendo que no había hecho nada malo. Visto lo visto, no me daba buena espina aquella reunión que se iba a producir, me temía lo peor y no me equivocaba.

Llegó el lunes. Por un lado, estaba impaciente por ver cómo iban a suceder las cosas, y, por otro, tenía muchos nervios y ansiedad. Había quedado con mi amigo Enrique, pero le conté la situación y decidimos quedar otro día, cuando estuvieran las aguas más calmadas. Estuve esperando en mi habitación hasta que se fueran las últimas clientas del día de mi madre, que es tarotista, y, al terminar, se refugió en su cuarto. La conozco, y estaba claro que estaba rehuyendo aquel encuentro. Mi hermano permanecía ajeno a todo aquello, estaba con su novia en la habitación, riendo y conversando como si nada. Me metí en el cuarto de mi madre, me senté en la cama y le pregunté por el fin de semana, por cómo estaba, intentando crear ambiente antes de ir al tema gordo. Después de responderme a aquellas preguntas, le dije que teníamos que hablar los tres, y allí estalló. Entró en cólera, comenzó a chillarme, a faltarme el respeto y a gritarme, diciéndome que era una mentirosa, que no había pasado nada. Aluciné con aquella respuesta furiosa suya, en la que no me dejaba ni hablar y encima me agredía verbalmente. Llamé a Jorge, mi expareja, para evadirme, porque no tenía por qué aguantar tales humillaciones ni desprecios, y más sin haber hecho nada. Pero ella seguía gritándome, y apenas podía oír a la persona al otro lado del teléfono; así que tuve que cortar la conversación.

Respiré varias veces de manera profunda, me dije a mí misma que tenía que hacer de tripas corazón, que actuase como una psicóloga. Me serené y fui al salón, le pedí que, por favor, me dejase hablar, que tenía la grabación, que la escuchase y luego decidiera si era verdad o no. Que dejase de gritarme y de insultarme, que yo tan solo me había encontrado con aquella escena. Al escuchar en la grabación a mi hermano decir «Que ahora te vas a follar a Quiroz», pareció por unos segundos entrar en razón y recuperar su cordura, aunque su lucidez duró poco, hasta que mi hermano salió para decir que eso se lo estaba diciendo en broma su amigo Carlos, y, claro, como mi madre está ciega y protege a su hijo para no ver una realidad que la destrozaría, pues comenzó de nuevo a insultarme y decirme que exageraba todo, que mi hermano era quien decía la verdad. Como no soportaba aquello, me fui a la calle y hablé con mis educadores del centro de menores, Bernardo y María, para intentar tranquilizarme.

Al subir, mi madre seguía igual, o incluso más alterada. Seguí los consejos que me habían dado mis educadores y le dije que, por favor, me dejase en paz, que, si quería saber la verdad, tan solo tenía que pedir el teléfono a mi hermano y hablar con la chica. Pareció gustarle la idea, pero mi hermano obviamente se negó a darle el teléfono. Intenté ponerle el audio completo, estando mi hermano delante, que no hacía más que reírse de la situación, pavonearse, pues sabía que no le iba a pasar nada, aunque más bien intuyó que era una risa nerviosa. Se sentía orgulloso de que su madre defendiera lo indefendible, incluso cuando había un audio que confirmaba que se sobrepasaron con una chica de 19 años entre cuatro tíos de 30.

Aunque, por lo visto, en casa de mi madre eso es lo más normal del mundo y le daba igual que pasasen esas cosas, las consentía y se ponía una venda para decir que no sucedían. Alrededor de la una de la madrugada, su conclusión fue que la chica era una puta y ellos cuatro eran unos santos. Ya le dije que en todo caso ellos también serían unos putos, pero no había nada más que hablar por su parte. Para colmo, salió el tema de mi padre y de los abusos en la infancia, y ya sí que me fui a intentar dormir, acción que, como comprenderéis, no pude hacer.

A la mañana siguiente me despertaron los gritos de mi madre, que hablaba por teléfono inventándose que yo la había insultado y faltado el respeto, sacando cosas del pasado. No aguanté tantas mentiras y le pedí el teléfono para hablar con su amiga, a ver si era más madura que ella y si le parecía bien que cuatro tíos de esa edad estuvieran propasándose con una chica de 19. Encima tuve que aguantar escuchar que yo, después de haber sufrido abusos, exageraba las cosas que pasaban en mi vida, cosa que no hago, pero que, por cierto, mi madre sí, y lo detesto, como cuando se hace la víctima, buscando autocompadecerse y recibir el apoyo de sus amigas. La cosa no mejoró demasiado. Mi madre me pidió el teléfono de los amigos de mi hermano, para conseguir el teléfono de la chica, pero se negaron. Ni eso le resultaba sospechoso; por lo visto, se vive mejor en la ignorancia, sin ver las cosas que nos hacen sufrir. Me dolió mucho, pero empecé a recoger mis cosas y le dije que me iba, que no quería volver a saber de ella en la vida, que en esa casa siempre se defendía a los maltratadores, que la mujer no tenía ni voz ni voto, y que la palabra de la víctima nunca tenía valor, cosa que me dolía muchísimo y que me hizo conectar con mi pasado, cuando tampoco me creyó ni quiso escucharme. Le dije que ya se arrepentiría de aquello, que yo nunca la había tratado mal, que no había hecho fiestas ni mucho menos cosas raras, que solo la había cuidado y querido, que ya se daría cuenta con el tiempo del error que estaba cometiendo.

De nuevo tuve que salir corriendo y pensar dónde ir. Acabé en el piso de mi expareja, huyendo de nuevo de la casa de los horrores, sumando una mudanza más deprisa y corriendo a cualquier parte, lejos del sufrimiento.

CAPÍTULO 22

MAMÁ

«Todos merecemos una segunda oportunidad, el amor supera con creces al odio. Dentro nuestro crece la semilla que reguemos no la que otros han plantado».

Mi madre me pegaba de pequeña. Aún recuerdo cuando mi hermano y yo nos habíamos peleado, ella nos ponía en el sillón y con su cara de histérica nos gritaba. Como era la pequeña, la más débil, terminaba llevándome todos los golpes. Los temía tanto... Por dentro era tal la angustia y la ansiedad que sentía que, mientras me pegaba, me daba la risa y no podía parar. Entonces recuerdo que mi madre decía: «Sí, encima te hace gracia. ¿Quieres más? Pues toma». Y entonces seguía pegándome más fuerte, y yo decía que no, que no me hacía gracia, pero era imposible controlar aquella risa nerviosa que intentaba quitar hierro al dolor. Pero no lo conseguía, más bien hacía el efecto contrario: recibir más golpes.

Vivía con mucho miedo, recuerdo que temía por mi vida. Mi madre, sobre todo por las tardes, después de alguna travesura nuestra, nos miraba fijamente, apenas sin parpadear, con una mirada tan intensa que era capaz de atravesarnos; después, ponía la mano en forma de puño y levantaba el brazo, dirigiéndolo hacia nosotros: «Os voy a matar por la noche, mientras estéis durmiendo». No dejaba de repetirlo una y otra vez. Por suerte, en estas ocasiones no me daba la risa mecánica y nerviosa, sino que me bloqueaba y sentía que sus palabras eran reales, que quizás mañana no amaneciera para mí.

Aunque os parezca raro, para mí lo más doloroso no eran las palabras. Fue un día en el que mi madre me pegó, empecé a reírme con mi maldita y estúpida risa incontrolable, y mi madre se enfureció, como de costumbre. Me largué a la habitación de mi hermano para ver si lograba tranquilizarme y dejar de reír, me tumbé en la cama de Fernando; entonces, ella se acercó y me escupió en la cara: «Asquerosa, para que te sigas riendo». Eso me dolió muchísimo, más que cualquier golpe.

En la conversación del 17 de octubre de 2019 con mamá, reconoce todo lo que llevo escrito, una conversación muy dura pero bonita. La escucho sin juzgarla, me entero por primera vez de que quiso abortar porque quería dejar a mi padre y tenerme solo sería una carga más. El querer haber abortado condicionó mi llegada al mundo, ya que ella siempre me ha considerado su estorbo, quien arruinó su vida e impidió que se separase; por eso los insultos iban siempre dirigidos a mí, la castigada era yo, a quien decía que ojalá no hubiera nacido porque era lo que deseaba; en cambio, mi hermano sí era un niño que había querido tener. Por eso aún no asume que soy su hija, a veces siento que me trata como una amiga, que no es capaz de visualizarme como lo que soy, una descendiente suya.

Ojalá se hubiera dado cuenta antes de este descubrimiento, de que me trataba así por eso, porque no aguantaba su vida, no soportaba el maltrato de su marido y lo pagaba conmigo, que era la más pequeña, la más débil. Pero no podía hacerlo conscientemente porque no soportaba la realidad y dejó que sucedieran aquellos maltratos. Ella misma, en vez de defenderme, descargó su ira y rabia contra mí, cuando lo que tenía que hacer era cuidarme y protegerme. Por eso aprendí yo a descuidarme y desprotegerme; si no me quería nadie, ninguna persona, cómo iba a hacerlo yo, si no lo había aprendido. No pensaba que era merecedora de amor, ni de cariño, ni comprensión, porque en casa nunca lo había recibido, iba en su búsqueda de manera desesperada, pero a la vez pensaba que no merecería recibir afecto. Y si creía que podía encontrarlo, salía corriendo, porque tanto amor me abrumaba, me agobiaba, no me lo permitía.

Me pide perdón varias veces, aunque sigue sin ver que su comportamiento no era adecuado. Dice que es muy nerviosa, que perdía los nervios y por eso nos amenazaba, pegaba y gritaba, que tenía mucha ansiedad y no era feliz, por eso la pagaba conmigo. También le he comentado los ataques de risa nerviosa y me ha respondido que, como se pensaba que me reía de ella, por eso me pegaba y se enfurecía más conmigo. Que, por las noches, después de hacerlo, se sentía mal y lloraba. Le intento hacer ver que ese no es el comportamiento de una madre, se justifica diciendo que éramos traviesos.

Al menos ha dado el paso de no negarlo, como en otras ocasiones. Parecía saber todas y cada una de las escenas macabras que estaban grabadas a fuego en mi mente. Incluso se ha adelantado y ha sido ella quien las ha sacado a relucir. Al menos dice que no sentía aquellas frases hirientes, pero las decía desde la ira y la rabia. Que su madre, cuando no quería comer, le hacía daño, la agarraba de la nariz, e incluso una vez hizo que le sangrase, pero de mayores se reían de aquellos momentos. Por eso lo ve normal, repite el patrón de educación y enseñanza que recibió de su madre. En su relato lo ve corriente, lo justifica y se deja ver su victimismo, que ha sido la que ha sufrido, pero le cuesta reconocer que también ha causado daño.

Me ha gustado que me dijera que me defendió y discutió con mi padre, que lo reprendió por haberme hecho comer del suelo la cena pisada, que no permitió que me lo volviese a hacer, aunque realmente no sé cómo fue esa conversación, ya que mi madre era una mujer muy dependiente y sumisa, rol que he adoptado en muchas situaciones con mis parejas. De alguna manera, en pocas ocasiones hizo algo por defenderme. En otras, lo que hacía era ponerse a chillar, dar saltos y gritos en el pasillo, agitando los miembros superiores de forma frenética.

Ha sacado sus heridas, lo mal que lo pasó cuando salí de casa, los robos de mi padre (robaba las joyas que mi madre tenía suyas y de sus herencias para venderlas), el consumo de cristal y de alcohol, los engaños, las mentiras, cuando él se iba con prostitutas o a las barranquillas a por droga. Como ha habido ocasiones en las que no ha tenido para comer. Que echó a mi padre de casa, que se sintió sola durante dos años, cuando mi hermano se fue al Ejército y su marido vivía en Alcalá de Henares con su madre. Que fue duro cuidar a su madre con alzhéimer y a su padre durante los meses que estuvo en cama hasta que murió. Pero no me ha dejado narrarle los capítulos que aquí describo, tarea que tengo pendiente, si es capaz de escucharme, y, si no, le daré una copia de este libro para que lo lea.

Hemos sido capaces las dos de ver sus cosas positivas, me he atrevido a contarle que me gustaría hablar con mi padre para hablar de los abusos, para decirle que lo había perdonado y contarle el daño que me había causado a raíz de lo que me hizo. Me ha dicho que me olvide, porque es un mentiroso, un manipulador, y va a negar todo, que no es buena persona. Que, cuando las prostitutas le contaron que era su cliente, incluso delante de ellas lo negaba. Lo pillaron con fotos y mensajes, seguía negándolo y diciendo que aquello era un montaje. Cuando robó las joyas a mi abuelo mientras lo cuidaba, también negó haberlo hecho, pero más tarde lo descubrieron, las vendía para consumir cristal y alcohol. A pesar de eso, me ha contado que, de pequeños, cuando éramos bebés, nos quería y cuidaba, que nos compraba cosas y nos enseñó a jugar al ajedrez, una de las pocas cosas buenas que tengo de él.

También hemos hablado de la edad que tenía cuando dos niños abusaron sexualmente de mí en el colegio. Salí al patio, fui en busca de mi hermano, como solía hacer, pero no lo vi. Entonces Miguel y Enrique se acercaron hasta donde estaba, cada uno me agarró fuerte de un brazo y me arrastraron hasta el baño. Una vez allí, entre los dos me metieron en uno de los compartimentos. Uno de ellos se colocó enfrente de mí, y el otro, a mi lado; me bajaron los *leggins* y me metieron mano. Yo me removí de forma violenta, quería escaparme, pataleé y grité, pedí ayuda: «Fernando, Luis, ayudadme. Socorro, necesito ayuda». Nadie acudió a salvarme, pero yo no dejaba de moverme, de dar patadas, hasta que logré zafarme de los dos y regresar al patio. Recuerdo ir corriendo a contárselo a la profesora que estaba vigilando, pero no me hizo ni caso, me dijo que siguiera jugando y que tuviera cuidado. Nada más ir mi madre a recogernos, se lo conté.

Ella me ha dicho que tendría cuatro años cuando ocurrió, y que mi padre dijo que eso eran cosas de niños, que no pasaba nada. Mi madre sí que se preocupó y quiso denunciar, pero las madres de los chicos rogaron que, por favor, no lo hiciera; así que lo dejó correr. Más tarde descubrieron que aquellos niños tenían revistas pornográficas que habían robado a sus padres y los expulsaron del colegio unos días, aunque, para mi desconsuelo, allí quedó todo. Quería saber qué había sido antes, si aquel suceso o los abusos de mi padre; a lo mejor sacó la idea de aquel hecho asqueroso, o quizás ya la tuviera en mente. También quería conocer cuál fue su reacción, no me sorprende que intentase quitarle importancia, porque él era mucho peor que aquellos críos. Al contar aquello, recordé que me llevaron al médico, y este me recomendó una crema vaginal que en ocasiones me daba mi padre, excediéndose demasiado y disfrutando a la hora de ponerme el bálsamo, una escena vomitiva que mi memoria había olvidado.

Mi madre se divorció de él hace 4 o 5 años, por lo que aún está reciente. Fernando fue quien lo echó de casa. Y por eso ahora es su héroe, aunque en realidad es su nuevo verdugo. Que no se va a ir nunca de esa casa porque, para empezar, piensa que es suya, incluso un día quería echar a mi madre de su propia vivienda; tenía tanto miedo que regresó acompañada de una amiga para que la defendiese. Hemos hablado de sus dos personalidades: la adulta, que ve las cosas, y la niña, que niega todo y solo piensa en salir a bailar y pasarlo bien, que descuida a sus hijos y sus obligaciones, que no es capaz de hacer frente a los problemas de la vida y niega el pasado y el presente.

Esto hace un año ni podríamos haberlo comentado, me he alegrado de que no me lo niegue, de que se haya disculpado, aunque no pretendía ni buscaba ese perdón, solo soltar lo que me hacía daño. Pero me ha sanado de alguna forma que lo reconociese, y la he vuelto a perdonar. Me ha dicho que no pensaba que aquello me fuese a causar tanto dolor y sufrimiento, le he tenido que explicar que los niños son vulnerables y susceptibles, que en esa etapa necesitan cariño, que están formándose y, si reciben malos tratos, luego esto conlleva consecuencias en su personalidad y en su forma de ver la vida. Me ha dicho que aceptaba la relación con Jorge, a pesar de la diferencia de edad, porque sabe que haber sufrido abusos sexuales en la infancia acarrea, entre otras consecuencias, que busque un padre y alguien mayor. Le he agradecido haber tenido esta conversación pendiente, rebasar la montaña de mierda que estaba en la habitación y que olía, pero no quería ver ni tampoco hablar de por qué estaba ahí.

Me ha dicho que hemos podido tenerla porque yo soy buena persona, porque estoy estudiando Psicología y soy capaz de ponerme en el lugar de los otros y escuchar. Hace tiempo no nos hubiésemos escuchado, y la conversación hubiese acabado en gritos, pues no es la primera vez que me echa cosas en cara, pierde los nervios y me grita por no soportar la negación de los abusos de mi padre siendo niña.

Ha reconocido que actuó mal en el pasado, dejándome sola cuando era una niña, pero que me quiere y quería, que al ver a otras niñas le dolía que no estuviera a su lado. Creo que se refugia contando su dolor, refugiándose en su malestar. Aunque dice que quien peor lo ha pasado sin duda he sido yo, que me llevé la peor parte. A pesar de todo esto, quiero a mi madre, y me han dado ganas de decírselo y abrazarla. Hemos estado agarradas de la mano mientras hablábamos. Hoy me siento liberada, con menos peso. Me he encontrado con mi madre real, con sus cosas buenas, sus errores y sus defectos, la he reconocido tal y como es. Le he pedido que venga conmigo a las conferencias para ayudar a otros a superar las adversidades. Me ha prometido que lo iba a hacer, que lo íbamos a hacer juntas, a pesar de saber que era algo negativo lo que me había hecho, pero ahora éramos capaces de hablarnos, de abrazarnos y de darnos un beso, porque el amor puede con todo. Le he explicado que para mí era muy importante el perdón, le he contado los encuentros de los etarras con los familiares de las víctimas y se ha sorprendido; le he dicho que, si ellos podían, nosotras también. Ha sido duro, bonito y sanador a la vez. Para poder curarse, antes hay que sufrir, igual que cuando se va al fisio: tienes que sentir el dolor, inflamar la zona, para después poder volver a ponerla en su sitio. Hay que romperse por dentro para poder seguir creciendo.

Al irme estaba lloviendo y me ha dicho: «Hija, ten cuidado con la moto». Le he contestado: «No pasa nada, después de esta conversación ya me puedo morir». He dicho esa frase porque de verdad he sentido alivio de poder destapar aquellos traumas. Después le he dicho «Te quiero», y me ha respondido con «Yo también, hija», aunque, por desgracia, siento que mi madre no asume que soy su hija y me ve como una amiga o una conocida. Pocas veces se preocupa por si me falta algo o necesito dinero, incluso, sabiendo que no tengo dónde caerme muerta. Como nada más morir mi abuelo, que le pedí que me dejase estar en la casa, que ahora estaba vacía, hasta encontrar un trabajo, y me lo negó. Tampoco me ofreció un plato de comida ni demostró ninguna acción para ayudarme, simplemente se enfadó y me dijo que no de manera agresiva y brusca, sin preguntarme nada. Esas cosas dejan heridas que cuesta cicatrizar. Ella siempre ha sido muy egoísta y tacaña con el dinero. De ahí que yo sea lo contrario y, cuando estoy con alguien, le doy incluso lo que no puedo permitirme. El dinero es lo que menos felicidad me da, lo que menos valor tiene para mí.

CAPÍTULO 23

MI PADRE, EL ORIGEN DE TODO

«Jamás el odio ha sido apaciguado con el odio.
El odio se destruye con el amor».

DHAMMAPADA

Mi padre consume en la actualidad cocaína y fuma en pipa *crack*. También es un putero, y lleva a las barranquillas a las prostitutas a cambio de relaciones sexuales. Como se puede adivinar, le gustan chicas jóvenes que proceden de países del este de Europa, mujeres de 20 años.

Siempre lo recuerdo bebiendo seis o siete cervezas al día, de la marca Mahou, las latas de color rojo, o las que eran de color verde, de marca Voll-Damm; de alguna u otra forma, siempre ha estado enganchado a las drogas, aunque esto no justifica para nada sus actos.

Físicamente, soy un calco de mi padre, una putada de la genética, qué le voy a hacer. Cuando veo mi reflejo, a quien veo es a él, por eso no me miro demasiado. El verano pasado, antes de realizar un viaje, quise jugar con una aplicación que te envejece por hacer la gracia, y casi me quedo muerta, se me paralizó el pulso cuando vi la fotografía y supe que esa persona no era yo, sino que estaba viendo a mi padre. A raíz de aquella imagen perturbadora, tuve un sueño, uno bonito en el que aparecía él. Cuando aparece en mis ensoñaciones, son pesadillas. Estoy en cualquier lugar, realizando cualquier actividad, y por *x* o por *h* acabo en mi casa de la infancia, y allí está él. Siento miedo y que mi vida corre peligro, lo veo furioso, intento escaparme y salgo corriendo de casa. Las personas por el camino me agarran, o me quedo sin fuerzas y me alcanza. Cuando tengo este tipo de sueños, son cíclicos, se repiten una y otra vez, me despierto sobresaltada y sin ganas de cerrar los ojos. Debido a estas pesadillas que hacían que no quisiera que llegasen las noches, la psicóloga me recetó lorazepam para poder dormir. En aquella época también tomé diazepam para rebajar los niveles de ansiedad que me producía revivir ciertas situaciones, o tener recuerdos nuevos, o pasear por el barrio de mis padres, o incluso oler su colonia en el cuerpo de otras personas. Todo ello hacía que experimentase un gran malestar.

Carta a un padre que nunca tuve

Papá, qué raro se me hace llamarte así cuando nunca he sentido que tuviera un padre, alguien que se preocupase por mí y atendiera mis necesidades. Me dueles, me entristece ver cómo desperdicias tu vida. Te sorprenderá que te escriba después de tantos años cuando la última vez que nos vimos fue en la calle Orense mientras me gritabas: «Igual que te he dado la vida, te la puedo quitar». No quiero que esas sean las últimas palabras tuyas en mi memoria. Más adelante nos vimos en el juicio, pero ambos no quisimos mirarnos, al menos no de frente; imagino que tú por vergüenza y culpabilidad, y yo puede que en ese momento te tuviera odio, rabia, ira, impotencia y miedo. Pero ahora esas emociones no están dentro de mí, les he dado el permiso de salir e irse muy lejos, quizás me haya ayudado estudiar la carrera de Psicología.

Me has hecho mucho daño desde que era una niña indefensa, a la cual debías cuidar, pero me trataste como un objeto, anteponiendo tus necesidades a las mías, utilizándome como un juguete que herías cada vez que abusabas de mí física, sexual o verbalmente.

Ahora comprendo y tengo la respuesta al por qué lo hiciste, pregunta que me ha atormentado durante muchísimos años. No necesito que me la des: sé que nunca tuviste una mirada de amor, que nadie te quiso cuando eras pequeño ni pensó en ti, pero como adulto debías de haberlo analizado y no querer lo mismo que hicieron contigo. Eras responsable de ti y de mí, de tus actos, y te aprovechaste de mi frágil cuerpo; de tu hija, a la que alguna vez defendiste o al menos de tus labios nunca escuché que no quisieras tenerme, o que ojalá no hubiera nacido, aunque muchas veces es lo que deseaba para no tener que soportar tanto sufrimiento, para dejar de sentir dolor.

Al principio te tenía mucho miedo, iba mirando siempre por la calle con temor a que me matases o me hicieras daño. Después te tuve ira y mucha rabia por haberme destrozado la vida, por dejarme sin el amor incondicional que todos los niños deberían tener, y por dejarme sin la oportunidad de tener unos padres. Cuando me decían que a todo el mundo le llega su castigo, eso me aliviaba, que fueras condenado por tanto dolor que habías causado. Deseé que te pudrieras en la cárcel o incluso fantaseé con tu muerte, pero la cárcel te la has creado tú solito, y es en la que vives cada día.

Pero ahora no quiero eso, no quiero que sufras más ni que hagas sufrir a otras personas. ¡Ya vale! Cortemos este ciclo de destrucción y dolor que no lleva a ninguna parte. Deja de hacer daño a otros y sobre todo de hacértelo a ti. Yo solo te escribo para decir que te perdono; decir que te quiero no puedo decírtelo, porque no lo siento. Acojo tu dolor y el mío mientras escribo, no puedo retener las lágrimas y en la soledad de mi habitación las dejo correr por los dos porque deseo que el futuro que nos quede esté lleno de luz, de bondad, paz y compasión.

Hace años tomaba lorazepam, unas pastillas para dormir, porque siempre tenía pesadillas donde me matabas; más adelante soñaba que volvía a casa y estabas allí, entonces tenía que huir y me perseguías, me despertaba angustiada justo en el momento en el que me alcanzabas. Lo pasaba muy mal, no quería que llegasen las noches. Hasta que el año pasado tuve un sueño bonito, uno donde venías a mi universidad a verme. Yo te gritaba y reprochaba todo lo que me habías causado, pero tú lo aceptabas y nos dábamos un abrazo. El primer y único abrazo que nos hemos dado en la vida y ha sido en mis sueños, porque nunca me enseñaste a querer ni a amar. Por culpa de eso ahora soy una persona fría que no sabe querer, pero que está aprendiendo a quererse a sí misma y a los demás, porque hay personas que me han enseñado, que han creído en mí, cosa que tú jamás hiciste, porque no querías o no sabías hacerlo, porque nadie te mostró qué era el amor.

No me sorprende, ahora que lo pienso, cómo es mi padre, porque, pensando en mis abuelos paternos, hay que decir que los domingos que íbamos a Alcalá de Henares dejaban mucho que desear. Adoraba la comida de mi abuela, es la más rica que he probado en la vida, pero aquellas reuniones familiares sucedían siempre con alguna discusión de por medio, donde mi abuelo se iba a por la escopeta que tenía en su habitación y amenazaba con disparar a mi abuela, mientras de fondo en la televisión había películas pornográficas, y, si no, ya se encargaba mi abuelo José de hablar y decirnos que no entendía qué hacíamos allí en vez de estar follando con alguien, o nos enseñaba sus muñecas hinchables. Aluciné la primera vez que vi su armario lleno de películas XXX en VHS y todos aquellos artilugios relacionados con el sexo. Muchas veces le pedía a mi padre películas de hombres haciéndolo con animales o de «chicas jóvenes»; cada vez que oía eso se me revolvía el estómago. Una vez incluso, a mi hermano le regaló preservativos y a mí una especie de consolador rojo; entonces éramos unos críos que no sabíamos ni para qué servía aquello.

* * *

MI CONSTELACIÓN FAMILIAR

Es una herramienta terapéutica que explica cómo la vida de nuestros antepasados, con sus talentos, miedos, traumas, creencias y esperanzas, ejerce una influencia en nuestras diferentes áreas vitales. Fue creada por Bert Hellinger, un filósofo y terapeuta alemán nacido en 1925. Las constelaciones permiten que una persona, pareja o familia planteen en sesión sus problemas: emocionales, de pareja, con los hijos, los padres, los hermanos, de salud psicológica y física, de trabajo, de comunicación o de personalidad para que el terapeuta los convierta en una representación teatral. Esto permite visualizar las dinámicas desfavorables que operan en su sistema personal o familiar para tratar de abordarlas y cambiarlas.

Es una forma gráfica de plasmar las conexiones y el lugar que ocupa cada uno en el sistema. Se representa mediante participantes que reflejan, dejándose llevar por su percepción, las emociones de las situaciones que ha narrado la persona protagonista de la constelación. De esta forma surgen dinámicas que hacen perdurar los problemas, a menudo sutiles, a veces invisibles, y se generan situaciones alternativas de solución, se completan comportamientos y movimientos emocionales pendientes que ayudan a ordenar, estructurar y aliviar a la persona.

El paciente experimenta una sensación de liberación de cargas, de malestar, de sufrimiento y sensaciones corporales, de soltar culpa, vergüenza o responsabilidades. Se integran de esta forma los traumas y asuntos que quedaron pendientes en la infancia y la persona comprende el lugar que le corresponde en el sistema familiar. Se inicia un proceso de transformación emocional y personal en sus relaciones y cambia su percepción de la vida.

Nuestra forma de relacionarnos con la pareja está condicionada por estos patrones adquiridos durante la niñez, que nos impulsan a responder de una forma reactiva ante determinadas situaciones, experimentando las mismas sensaciones que nos atraparon. Son estrategias que aprendimos en la infancia para salvar determinadas situaciones y que sirvieron para sentirnos seguros y buenos, aunque no nos hicieran felices o estar bien. Esta sensación de sentirnos buenos en la infancia significa estar en sintonía con nuestros padres, las figuras más importantes para un niño.

Un día tras leer un libro acerca de las constelaciones familiares, me dio por realizar esta técnica terapéutica en la que tomé el rol de ser mi propia psicóloga para analizar mis relaciones. Cerré los ojos y creé mi propio teatro del pasado, de esta forma pude visualizar los patrones que repito, gracias a este ejercicio visualicé y aprendí muchas cosas.

Os narro cómo fue, y espero que si lo realizáis en terapia os sirva de igual modo que me sirvió a mí:

Me imagino a Estefanía en su casa, sus padres están discutiendo en el pasillo, ella y su hermano están en el salón, él está quieto y mirando en silencio piensa: las mujeres son despreciables, hay que tratarlas mal para que te hagan caso, ellas tienen la culpa de todo, son unas débiles así que prefiero ser como mi padre, ser yo el que hace daño antes de que me lo hagan a mí, algo habrá hecho para que mi padre esté gritándole. Los padres de Estefanía entran en la misma habitación, se le han acercado por detrás y ella se ha puesto a temblar. El pasado familiar empieza a surgir. Estefanía cuenta que su padre era alcohólico y que ella sufrió el maltrato secundario que recibía su hermano y su madre además del suyo propio y de los abusos físicos, psicológicos y sexuales que le infligió su padre siendo niña. Sus padres no se separaron y sufrió el maltrato y la negligencia de ambos durante años. Llora. A la edad de quince años su familia la dejó de lado cuando denunció a su padre. Desde ese suceso dejaron de tener relación con ella porque la culpabilizaban de los problemas familiares.

Este universo de carencia y abuso que sufrió Estefanía la lleva desesperadamente a buscar a su pareja y demandar demasiado, a sentirse abandonada y rechazada por otros hombres que sustituyen a esta figura paterna en un intento de encontrar el amor del padre que nunca tuvo.

Se añade a un representante del alcohol, refugio en el que muchas veces ha estado sumergida cuando sentía que su vida estaba destinada al fracaso, algo que le hacía entrar en un bucle perverso: «Cuanto más me desprecian y peor siento que me va en la vida, más me alcoholizo. Cuanto más me alcoholizo, más me desprecian y peor va mi vida»; es necesario romper esa cadena para salir de ahí. Se representa al alcohol junto al padre de Estefanía y le pido a ella que les diga a sus padres: «Yo soy una niña y soy inocente. Soy pequeña y lo que pasa entre vosotros es demasiado para mí. Os quiero a los dos. Lo demás no me concierne. De lo que fui víctima, de los abusos, del maltrato, de vuestras discusiones, os dejo la culpa y la responsabilidad».

Se dirige después al padre: «Yo era pequeña e inocente, y te dejo íntegras la culpa y la responsabilidad. Buscabas en mí lo que te faltaba de mamá. Pero yo solo soy una hija, y es demasiado. La culpa y la responsabilidad de lo que sucedió son tuyas». Y a la madre: «Me debiste proteger y ayudar, estaba en tu lugar por amor a ti. Para mí fue demasiado, muy doloroso. Os quiero a los dos. No me corresponde odiar a nadie, aquí yo soy la niña, y tu desprecio hacia papá no me corresponde. Lo dejo contigo y también lo quiero a él».

La madre en ese momento llora, el padre baja el cabeza avergonzado. La mujer dice que se siente fatal, que no quiere ver a su hija en esa situación. Le pido a Estefanía que le diga a su madre: «Es demasiado cargar con tu culpa, la tienes que llevar tú para que podamos tener una relación de madre e hija».

En segundo lugar, propongo a la representante de Estefanía las siguientes frases dirigidas a sus padres para confrontar la culpa de estar viva, emocionada al escuchar en su historia reiteradamente el relato de que la madre no quería tenerla, que todos los problemas eran por su culpa y que fue un embarazo no deseado: «Yo no decidí estar aquí, soy inocente y soy el fruto vuestro, y lo que pasa entre vosotros no es culpa mía». Es importante cuestionar la culpa que alberga en su interior: ella cree que es culpable por su nacimiento, y que su venida a la vida es la causa de que sus padres discutan y se peleen a todas horas.

Le digo a la Estefanía adulta que verbalice: «Yo soy inocente y estoy aquí, soy el fruto de vuestra sexualidad». Todos somos inocentes, somos fruto del amor y de la sexualidad que produjo el encuentro de nuestros padres. Debemos contrarrestar la tendencia a culparnos por las decisiones de otros, especialmente cuando nuestros padres no han sabido ocuparse de la crianza de sus hijos.

La constelación muestra que el representante de su «Yo adulto» se comporta con la representante de su niña como lo hacía su madre y su padre con ella en la infancia. Ha incorporado la antigua dureza de los padres y se la sigue aplicando a sí misma en lugar de generar más comprensión hacia esa niña ausente, deprimida, dañada, triste, lejana y rechazada.

El representante de la Estefanía adulta se coloca frente a sus padres y les dice: «Ahora me trato a mí misma como vosotros lo hacíais, sin quererme, sin sentirme valiosa, abandonándome y tratándome con desprecio y siendo injusta, muy crítica»; luego dirá una frase reparadora: «Yo siempre he sido inocente, vosotros me teníais que cuidar, pero no lo hicisteis. Aun así, mi amor y lealtad eran espontáneas hacia vosotros, y dentro de mí aún me duelen vuestros rechazos y maltrato. Mi anhelo más profundo era acercarme y sentirme querida, pero sé que vuestra energía iba en otra dirección porque no supisteis hacerlo de otra manera. Siempre me habéis hecho falta, y he pagado las consecuencias de no saber ser padres». La tarea para el adulto es llegar a la conclusión de decir: «Así lo asimilo» aunque su representante siga diciendo: «Me duele mucho, siento mucho sufrimiento, debería haber sido de otra manera».

La madre que se dirige al padre: «Cuanto más consumes alcohol y te vas con otras mujeres, más te desprecio», y él responde: «Cuanto más me desprecias, más alcohol consumo, más me enfurezco y descargo mi dolor y mi rabia sobre ti y nuestros hijos». Lo dicen un par de veces. Y luego la madre continúa: «Cuanto más consumes alcohol y lo descargas hacia nuestra hija abusando de ella, siento celos y más os desprecio a los dos». En esta familia hubo una danza del sufrimiento, una rueda incesante de alcohol, maltrato y desprecio que acabó con el amor que una vez se habían tenido y que había engendrado a Estefanía y su hermano, convertidos en los sufridores de su relación tormentosa. Estefanía se dirige a su madre: «Yo soy pequeña e inocente. Y tu victimismo no justifica tu comportamiento. Para mí eres quien debió cuidarme».

Estefanía se abraza a su madre, y ambas son abrazadas por el resto de representantes. El padre se acerca y tiende la mano hacia ellas. Estefanía llora, pero se siente mejor. Dice que necesitaba verse unidos y sentir que la quieren.

La tarea ahora consiste en que la representante de la Estefanía adulta mire a la Estefanía niña y le diga: «Veo cuánto te faltó mamá cuando tu padre abusaba de ti, y cuánto te dolía su maltrato, sus castigos y su dureza. Y cómo aprendiste a no molestar y quedarte sin llamar la atención, alejada y pasando desapercibida. Vengo del futuro para acogerte, abrazarte y decirte que tú también eres Yo». Se trata de aceptar, abrazar y calmar a la niña que fuimos para que se dé una integración con la persona adulta que somos».

Luego nos ocupamos de la sensación corporal (los cólicos de riñón que ha padecido sin haber ninguna causa fisiológica que los justificase), que se ha ido retirando a medida que la representante de la adulta ha ido abriendo su corazón y su comprensión hacia la representante de la niña. Y le reconoce a la sensación, o síntoma físico, la ayuda que de un modo u otro le ha estado prestando: «Gracias, contigo encontré una salida, un sostén». Así se evidencia que lo que vivimos como problemático, o como una sensación dolorosa y desagradable, es un intento de solución del cuerpo para advertir que algo funciona mal.

La representante de la niña dice frases dirigidas al amor que unió a los padres: «Yo vengo de ti a través de ellos. Soy fruto de tu voluntad y del cariño a través de ellos». Estas declaraciones tienen la fuerza de una humilde rendición ante una voluntad mayor donde sé reconocer que existe una energía que es más grande que uno mismo, este reconocimiento es en sí sanador.

Todas estas situaciones han repercutido a la hora de establecer lazos afectivos. Estefanía se posiciona como víctima frente a su pareja, espera que el otro la salve, y el salvador juega a cuidar de ella para confirmar su posición de salvador. Unas parejas con estas dinámicas de relación tendrán su lado positivo al principio porque ambos retroalimentarán sus propias neurosis, aunque con el tiempo les crearán grandes problemas. Para deshacerse del juego de víctima y salvador tendrán que revisar lo que pasó con sus padres. Por ello se dice a la representante de la Estefanía adulta que se dirija a sus padres: «Me disteis lo que pudisteis, lo tomo tal y como fue; agradezco y sigo mi camino». Abrir nuestro corazón a lo que recibimos de nuestros padres tal como nos llegó es un ejercicio difícil y doloroso, pero nos ayuda a soltar el dolor y tener relaciones sanas. Aceptar a nuestros padres hace que la relación de pareja se vuelva más sencilla, sin tantas turbulencias emocionales, ni exigencias, ni prejuicios, ni expectativas, etc.

A continuación, la representante de la Estefanía adulta se pone al lado de la Estefanía niña, la mira y la abraza: «Tú formas parte de mí, y te quiero», y «Ahora te voy a cuidar y dar lo que te mereces. Ya no permito que sigas al frente de mi vida y viéndote débil, eso es parte del pasado». Juntas, abrazadas, ambas se dirigen hacia los padres y la adulta les dice: «Así lo acepto y asimilo, de la manera que sucedió, incluyendo el dolor y sufrimiento que me costó».

Se piden a cuatro figurantes que representen a los abuelos paternos y maternos, se puede ver cómo la abuela materna está tumbada en el suelo. Estefanía refiere que su abuela materna sufrió una depresión tras la muerte de sus padres. Se pide a la madre de Estefanía que le diga a su madre frases que ponen de manifiesto el amor sacrificial infantil que se convirtió en su pauta de vida: «Veo tu vacío y tu dolor, por amor a ti yo también entro en el vacío y en la desconexión de mis sentimientos. Y por amor a ti no quiero darte ningún problema. Yo seré obediente y sumisa para que no tengas que sufrir por mí». Se le pide después que verbalice expresiones dirigidas a buscar soluciones: «Veo tu gran dolor detrás de tu vacío, y lo respeto. Pero yo solo soy una niña. Y juego, hago ruido, canto, grito, bailo y tengo mucha vida. Aunque tú no la tengas y pases el día en la cama.

Y mi energía es la buena expresión de mi amor hacia ti. Gracias».
La madre se sumergió durante la infancia en el mismo vacío de la
abuela, el amor ciego de la hija que quiere que la madre no tenga que
sufrir más la lleva a ser una niña sumisa que no da problemas y da
en un futuro con un marido maltratador. Así fue su infancia y así
repitió el guion de vida con Estefanía, repitiendo ese sentimiento de
soledad y abandono maternal, manteniendo una relación distante y
fría con su propia hija.

Por otra parte, la figura del abuelo materno se aleja del escenario, era un buen hombre, pero dedicaba todo su tiempo y energía
al trabajo. Se pide a la madre que se dirija a sus padres, los abuelos maternos de Estefanía: «Tuve unos padres ausentes, mi madre
estaba deprimida y mi padre muy centrado en sí mismo, de modo
que siempre sentí que mis necesidades no importaban. Pero me las
arreglé para encontrar un marido muy ausente y que me maltrataba,
nunca me satisfacía y entonces le reclamaba sus ausencias. Y cuanto
más reclamaba yo, más se ausentaba él yendo de prostitutas, consumiendo drogas y maltratándonos. Parece que seguí alimentando esa
insatisfacción de mi infancia. Mi marido no me trataba bien, pero
yo lo quise profundamente porque se parece al vínculo de ausencia
que tuve con mi padre».

En la familia del padre se reveló de manera evidente cómo el
abuelo paterno miraba con desprecio a las mujeres; maltrataba, gritaba, pegaba y humillaba a su esposa delante de sus hijos. El padre
aprendió esta forma de trato y era leal a esta mala mirada de los
hombres hacia las mujeres, como una profecía familiar que viene a
decir que poco se puede esperar de una mujer y merecen ser maltratadas. Colocando al hombre en una posición de autoridad y poder
frente a las mujeres, que no les queda más remedio que obedecer
y ser sumisas, como hizo su madre. Aquí importaba que el padre
hubiese podido mirar a su mujer y a Estefanía con sus propios ojos y
no con los ojos de su padre, que pudiera amar y respetar a las mujeres
y asumir que lo que pasaba entre sus padres era asunto exclusivo de
ellos. Hubiera sido diferente si, en vez de seguir el patrón del abuelo
paterno, el padre se hubiera retirado de la malsana complicidad con
el padre, para poder mirar y honrar a todas las mujeres de su árbol
genealógico y pedirles su bendición para mantener una relación de
igualdad con una mujer. Forma de aprendizaje que repite el her-

mano de Estefanía con su pareja y trato hacia las mujeres, por no romper con esta dinámica familiar que se repitió en su infancia y ha cristalizado generación tras generación.

Tras visualizar la vida de sus padres y comprender que los patrones se repiten de varias generaciones atrás, se pide a Estefanía que diga a sus padres: «Gracias por darme la vida y por mucho más, por los buenos momentos que, aunque fueron pocos, compartimos juntos, por enseñarme a montar en bicicleta y a jugar al ajedrez, por adentrarme en el mundo de los libros. Lo tomo todo de vosotros. De las heridas y maltrato os dejo la culpa y la responsabilidad. Aunque ahora estéis separados, en mi teatro os visualizo juntos, porque así estuvisteis para hacerme. Y gracias, papá, veo tu destino de despreciado y alcohólico, pero yo soy inocente. Gracias, mamá, entiendo tu posición de víctima y de negación frente al patrón de tu hijo que te trata mal como lo hacía tu marido y te niegas a verlo. Yo solo soy vuestra hija y no quiero seguir vuestros pasos».

Es muy complicado comprender y entender las relaciones familiares, hay que tener en cuenta que no es todo blanco o negro. Conviene salir del paradigma infantil y simple de buenos y malos. Nunca se trata de culpables e inocentes, aunque nos gusta creer e imaginarnos que somos inocentes y no somos responsables. Para poder perdonar a alguien primero hay que entender su situación, que no es lo mismo que justificar. Y en el caso de ser perjudicial, por mucho que duela en el alma hay que saber cuándo retirarse porque las personas solo cambian cuando admiten sus errores.

CAPÍTULO 24

ABUELOS MATERNOS

Carta a mi abuelo Miguel

La vida quiso enseñarme una gran lección hace nueve años, y vamos que si me la dio. Me cansé de ser una puta muñeca que recibe, sin poder hacer nada, tirones de pelo, o ve cómo arrancan sus extremidades sin poder hacer nada, excepto ser un espectador más de una macabra novela. Me vi como un perro callejero que se encuentra en la acera de la mano de cualquier desgraciado maltratador, de esos que, si quieren, te sacan los ojos o te queman vivo solo por el maldito morbo o por el placer que les da verte sufrir.

Tengo cuatrocientas cicatrices que juro que ya no duelen, aunque hay una que puede verse y a veces intenta joder mi presente, intentando recordarme que sigue ahí y que lo que viví fue real, tan real como estas letras. Hace esfuerzos para no irse, y eso me destroza, porque hay personas capaces de verla y no entienden qué hace ahí, pero sé que esta batalla la ganaré. No sé aún cuándo, pero acabará borrada, al igual que el resto. Mis otras doscientas noventa y nueve cicatrices están maquilladas con el cariño y la comprensión de todas aquellas personas tan fuertes que se cruzaron en mi vida y que fueron capaces de hacerlas desaparecer.

Eso ya es pasado, y quien en su momento salió victorioso, demostrando su trofeo al mundo, ahora se pudre dentro de su propio cuerpo, y no me alegro, la verdad, pero tampoco me entristece. Solo sé que desde ese día he sido muchas personas, todas ellas somos fruto de aquel ser mágico que sobrevivió a los abusos de mi padre. Con cada paso que daba mi nuevo ser, este luchaba por mí, sé que le ha costado llegar hasta aquí y que ha librado muchas batallas y muertes para conseguirlo. Es un gran luchador que siempre ha estado protegido por un ángel que, aunque ahora no esté en la tierra, yo sé que me acompaña, porque lo siento a mi lado; siento cómo me abraza cada noche para que deje de tiritar; sé que, cada vez que quiero mandar todo a la mierda, él me da la mano, caminamos juntos sobre el fuego y volamos en las tormentas. Todos mis triunfos son míos y suyos.

Así que va por ti, abuelo. Gracias por creer en mí cuando todos me dieron la espalda, cuando las calles querían tragarme y los edificios se me caían encima. Tú siempre me diste cariño con una llamada, un abrazo o un beso, de esos que ahora me das desde el cielo, que es donde estás. Te quiero, y ya nunca me siento sola, porque a ti siempre te tengo presente.

Adoraba a mis abuelos Miguel y Pepa. Vivían al lado de mi casa, en Francos Rodríguez, a unos cinco minutos andando. Pasaba muchas tardes con mi abuela, venía a nuestra casa, nos contaba chistes y cuentos. Qué recuerdos, cuánta ternura y cuánto amor… Me encantaban los días de diario porque siempre nos dormíamos los tres (mi hermano Fernando, mi abuela y yo) en la cama de matrimonio de mis padres; a veces, la que caía primero era ella. El día que, a la salida del colegio, los venía venir a buscarnos, me entraba un subidón de adrenalina y salía lanzada a recibirlos. Aún recuerdo lo coqueta que era, siempre iba tan elegante, tan guapa, con sus rizos de peluquería, y mi abuelo, tan formal, con su pantalón y su camisa de vestir. Eran los mejores abuelos del mundo, los quería muchísimo. Solíamos comer algún fin de semana en un bar que aún existe y estaba justo debajo de donde vivían. Mi abuela siempre me echaba su comida en mi plato, recuerdo que ella comía muy poquito y sin sal.

Tuvo una vida muy complicada. En la guerra sus padres habían muerto siendo ella una niña y la había cuidado su hermana mayor. Nunca lo había hablado con nadie, y la pobre arrastraba una fuerte depresión. Así que muchas veces, cuando iba a verla, estaba en la cama postrada o tumbada en el sofá; se me partía el alma ver esa cara tan triste, así que me ponía a llorar y ella me decía: «Hija, ¿por qué lloras? No llores». Yo le contestaba: «Lloro porque te veo mal y quiero que estés bien». De hecho, al escribir estas líneas no puedo evitar revivir aquel intenso recuerdo y me resbalan meandros que van a terminar a la mesa de mi escritorio. Mi abuela era un ser mágico, maravilloso, que había sufrido demasiado. Se había visto muy sola hasta que conoció a mi abuelo, que la salvó de su soledad y le dio cariño.

Miguel, mi abuelo, era la persona más buena que conozco, la que más he querido y querré en la vida. Él decía que era su ojito derecho, teníamos mucha complicidad. Me encantaba ir de su mano, a su lado me sentía protegida y querida. Recuerdo cuando íbamos a comer a Cercedilla y luego dábamos un paseo, puede que esos hayan sido los mejores momentos de mi vida y duele no haberlos sabido valorar como se merecían. Era un luchador, había trabajado desde que era muy joven en diferentes periódicos, había hecho la mili en Alcalá de Henares, y por eso yo quería meterme en el Ejército. Después, junto con su hermano Rafa, habían montado una empresa, en la cual trabajaba mi padre.

El día que le conté a mi hermano que mi padre había abusado de mí, llamé a mi abuelo para contarle que me quería ir de casa. A raíz de ese día, las cosas se complicaron mucho: mi hermano ya no se callaba tanto y las discusiones eran más fuertes. A partir de los 12 años, cada vez que mi padre me tocaba el culo o me daba un azote, le gritaba: «No me toques, déjame en paz». Pero él se reía y lo intentaba con más esmero; eso me enfadaba muchísimo.

Después de denunciar, a mi abuela Pepa le dijeron que me había ido a un colegio de interna a estudiar, me dijo mi abuelo que, como tenía depresión, era mejor decirle aquello. A mí me dolía y enfadaba que le mintieran, porque encima la que quedaba mal era yo, cuando el cabrón aquí era mi padre. Yo sé que, si mi abuela se llega a enterar, se lo carga, estoy segura de eso. Por mi abuela, para que no estuviese peor, me tuve que callar, pero no veáis la impotencia y la rabia que sentía cuando iba a verla y se ponía a llorar, a gritar que estaba causándoles mucho dolor a toda la familia con mi decisión de haberme ido. Me dolía porque no era cierto, y tenía que tragarme mi angustia y malestar. Muchas veces pensé en decirle lo que había pasado, pero no lo hice porque se lo había prometido a mi abuelo.

Unas Navidades, tenía 16 o 17 años, mis abuelos me pidieron que pasara unos días con ellos, y la residencia de menores dio el visto bueno. Iba muy contenta de poder estar con ellos, de sentir su calor, su cariño. Estando con ellos, sentía que estaba en el lugar correcto, con mi familia. Comíamos en la salita de estar mientras hablábamos y nos preocupábamos por el otro, contando cómo nos había ido durante el tiempo que habíamos estado sin vernos. Después recogíamos la mesa entre los tres y nos quedábamos de sobremesa un rato: yo me tumbaba en el sofá y mis abuelos me arropaban, aquel gesto de cuidado y cariño me reconfortaba, cubría las carencias de afecto tan grandes que tenía. Ese gesto era lo mejor que me pasaba en el día. Siempre que me despertaba y no los veía, me sobresaltaba; así que iba al dormitorio a ver dormir a mi abuela y, después, despertaba a mi abuelo para ver los dos un rato la televisión. A él le encantaba ver las películas del oeste. Pepa se solía quedar más tiempo en la cama y se despertaba más tarde para ver el programa de *Pasapalabra*.

Aun así, mi abuela seguía con su enfermedad, no comía ni salía a la calle. El 31 de diciembre no quería cenar con nosotros, y le rogué que viniera a la mesa para cenar los tres juntos. Recuerdo que cenamos, se tomó las uvas antes de las campanadas y se fue a dormir. Mi abuelo Miguel aguantó un poco más, pero después se fue, así que me quedé sola, esperando a que fueran las 12, en la salita de estar, con la televisión puesta y las uvas en la mano. Recuerdo comérmelas mientras me sentía desdichada y que la soledad me invadía.

Los días siguientes fueron duros, no podía soportar que a escondidas hablasen por teléfono con mi madre. Yo no quería saber nada de ella, vivía con mi maltratador y a mí me había dejado abandonada en aquella residencia; a él lo había creído y a mí me había excluido de su vida. Me dolía muchísimo que hicieran eso, que no respetaran que, estando yo delante, hablasen sobre mí. Pepa me gritaba: «Es tu madre, tienes que hablar con ella y volver a casa». Se lo dije, que aquello era doloroso para mí, pero siguieron haciéndolo. En aquel momento no lo comprendí, ahora sí, y más sabiendo que mi abuela no sabía la verdad. La cosa empeoraba con los días, yo me sentía fatal y no dejaba de llorar. Discutía con mi abuela, las dos sufríamos por algo que ninguna había hecho, lo pasábamos muy mal por culpa de las mentiras que le habían contado. Así que, con todo el dolor de mi alma, hablé con la residencia de menores y les dije que no soportaba aquella situación, que quería irme. Les comenté a mis abuelos que me iba antes de tiempo. Recuerdo que, el día que me fui, Laura me esperaba abajo, y arriba estaban mis dos abuelos llorando, muy tristes de que me fuera. Me rogaron que me quedase, y llorando les tuve que decir que lo sentía, pero que no podía aguantar más.

CAPÍTULO 25

PAREJAS: BUSCANDO UN PADRE Y UNA MADRE

«Nuestras parejas reflejan nuestro nivel de autoestima, permitimos que nos traten mal porque no nos valoramos».

Ahora voy a hablar del amor, que muchos lo suelen confundir con posesión y control de la otra persona. Amar a alguien es querer lo mejor para la persona amada, y eso conlleva querer ayudarla a conseguir sus sueños, hacer unos planes de futuro donde estéis los dos. Los problemas que pueden surgir en la actualidad es que los valores se han perdido, y en pocas personas se puede confiar. Las relaciones cada vez son más efímeras porque la gente solo se basa en un físico y, tarde o temprano, se acaba dando cuenta de que no encaja, de que no son compatibles, y hay muchos pensamientos que no comparte con su pareja. Por no hablar de los engaños y de los celos, que llevan a la ruptura en muchos casos. Basta ya de decir que los celos son necesarios, ¡siempre son negativos!

Hay que quitarse la idea de que, si nuestra pareja no está celosa, es porque no nos quiere o pasa de nosotros; al revés, si nuestra pareja nos deja libertad, es porque confía en nosotros, y eso es algo bonito que hay que valorar y tener en cuenta. Es más, somos personas libres y estamos con nuestra pareja porque nosotros así lo hemos decidido, y en el momento que queramos dejarlo somos libres de hacerlo; por tanto, no tiene ningún sentido estar celoso o preocupado. Antes de engañar a mi pareja, la dejo y decido estar con otras personas, y yo quiero que se comporten igual conmigo. Esto no sería necesario hablarlo, pero, si os sentís más seguros haciéndolo, yo lo dejaría bien claro antes de empezar una relación, para evitar futuras discusiones o problemas.

Una vez leí que buscamos una pareja según nuestro nivel de autoestima, y es totalmente cierto. Si nos encontramos en baja forma, nos vamos a descuidar y dar con una persona que no nos trate bien, y lo peor es que se lo vamos a permitir, pues nosotros en ese momento es lo que estamos buscando. Atraemos lo que buscamos.

Hace años salía con una mujer que me trataba fatal, me quería a su forma, sí, pero de una manera muy perjudicial, era algo insano. Me engañaba con su ex, lo peor es que yo lo sabía y se lo permitía. Estaba en una etapa complicada de mi vida y por eso permití ese maltrato, incluso dejé que me humillara; por suerte, me di cuenta gracias a mis amigos, que durante meses me decían que la tenía que dejar, que, si no, iba a terminar mal. Tenían razón, aunque yo al principio no quisiera verlo o prefiriera esas migajas de amor que recibía.

Nadie se merece los restos de amor de otra persona, merecemos que nos amen y quieran bien, no a medias y al contado. Ahora mismo, tal y como me siento, no permitiría que nadie me tratase mal, porque a la mínima dejaría la relación.

Nosotros somos lo más importante y no podemos permitir que nadie nos pise o nos trate como seres inferiores; en parte, es nuestra culpa, porque dejamos que nos traten mal, y hay que cortar desde el primer momento con las relaciones insanas, tanto con parejas como con amigos y familiares. Sé que estando en una relación cuesta verlo, y más cuando queremos a esa persona, pero, creedme, no es nadie especial, tan solo la hemos subido en un pedestal, atribuyéndole cualidades positivas que no tenía, aumentando las que ya poseía y justificando u obviando sus cosas negativas, ya que a toda costa queremos estar con esa persona. Y perdonadme, pero eso no es amor, se llama obsesión, y es mejor cortar por lo sano en cuanto nos demos cuenta. En mi viaje a México, uno de mis amigos, que estaba enamorado de mí y al que rechacé, me dijo que me lo tenía muy creído. Le contesté que no era cierto en absoluto, que seguía siendo la misma persona, pero no vamos a salir con todo aquel que quiera estar con nosotros, y puede que sea egoísta, pero serlo no es malo. Tenemos que querernos y hacernos respetar para no dejar que nadie sea capaz de infravalorarnos, ni cuando tengamos la guardia bajada.

Un día, al salir del metro, me crispó escuchar a una mujer de unos 40 años que hablaba por teléfono con su novio y decía que para qué iba a ir a verlo, para que la golpeara como el otro día. Pero ahí no quedó todo, después suavizó su tono de voz y, como si jamás la hubiera agredido, continuaron hablando, y tuve el mal presentimiento de que se iban a volver a ver. Estuve esperando a que colgase, quería acercarme y hablar con ella, decirle que no podía permitir que nadie le pegase, pero no me atreví y me arrepiento. No debemos meternos en la vida de nadie, y menos en la de desconocidos.

¿O sí? Porque quizás no me hubiese hecho ni caso, pero en el fondo sabría que mis palabras tienen razón y al menos la hubiese dejado pensando. Si esto lo hiciéramos todos, seguro que aquella mujer acabaría dándose cuenta.

¿Por qué existe el maltrato? ¿Por qué se dan este tipo de relaciones? Al principio todo puede parecer que es una relación preciosa, sacada de un cuento de hadas, pero, perdonad que os diga, ese amor solo existe en películas y cuentos de ciencia ficción. Los maltratadores son personas inteligentes, que saben manejar y controlar a otras para conseguir lo que quieren. Y para ello se encargan de adularte, de hacerte sentir querida y sola, hasta que poco a poco te van quitando las amistades y poniéndote en contra de tus familiares, para así tener el control absoluto y que creas que estás sola. Pero nunca estás sola, siempre te tienes a ti y va a haber alguien que te ayude.

Esto es muy importante antes de buscar una pareja, tienes que quererte, quiérete tú misma para que alguien más pueda hacerlo; si tú no te valoras, nadie más lo hará. Te mereces lo mejor y no solo lo tienes que pensar, te lo tienes que creer. Si no, dejarás entrar en tu vida a personas contaminadas que acabarán por destruirte, y no quieres eso, ¿verdad? Es preferible estar sola que mal acompañada, date tu espacio, tu tiempo. En serio, no hay prisa, cuando te encuentres al cien por cien bien contigo misma, podrás estar con alguien, y aun así no es fiable que vaya a salir bien la relación, porque esa otra persona también debe estar en tu misma sintonía, porque de nada sirve estar tú bien si aparece alguien que está a otro nivel inferior y lo que demanda es cariño, atención, etc.

Si das con alguien que está mal, te acabará llevando a su estado de ánimo, y, si se siente inseguro, te transmitirá esas inseguridades. Sé una persona observadora y no permitas que absorban tu energía positiva. Es difícil al principio darse cuenta de estas cosas; es más, a veces ni la otra persona es consciente del nivel en que se encuentra, o es una persona inteligente y sabe pasar desapercibida. Pero sé más lista y, a la mínima, aléjate, porque es lo mejor que puedes hacerte.

Tu pareja te debe tener en cuenta, tienes que estar en sus prioridades, pero además no debe dejar de lado a sus amistades ni sus actividades, ni tú tampoco, y para que esto ocurra de una manera sana tiene que existir la conversación.

Antes de salir con alguien, plantéate qué es lo que realmente buscas en una pareja y deja claro qué es lo que esperas, lo que estás buscando, porque posiblemente no des a la primera con alguien que busque lo mismo. No tengas miedo de preguntarle o de escuchar respuestas que no quieres oír, es mejor saberlo para no encariñarte y que luego cueste más romper y empezar de nuevo. Es mejor ser sinceros desde un primer momento y no hacer perder el tiempo a nadie con falsas esperanzas que no van a ningún puerto.

No estés con alguien por pasar el rato, porque te sientes sola y aburrida; sal con alguien que te haga sentir de verdad, que te apasione su forma de ver la vida, que te dé ilusión y haga que veas el amanecer aún más hermoso y la noche aún más estrellada.

No hay mayor pérdida de tiempo que tener una pareja a la que no quieres; para eso, dedícate tiempo a ti, que ya aparecerá sin buscarlo tu compañero de viaje, ese que quiera estar siempre a tu lado y tú al suyo. Si mientras tanto quieres disfrutar, pues hazlo, pero teniendo claro ambos que sois personas pasajeras en la vida del otro y que solo estáis saliendo, porque estáis bien juntos, pero sabéis que lo vuestro tiene una fecha de caducidad.

No siempre buscamos a alguien según nuestro grado de autoestima, también lo hacemos por cubrir carencias, y estas pueden ser de todo tipo. Las que más suelen darse son las carencias afectivas, ya que todos y cada uno de nosotros necesitamos cariño, sentirnos queridos, escuchados, tener a alguien que nos abrace y saber que, pase lo que pase, va a estar a nuestro lado. Pero no son las únicas, hay algunas que pueden llegar a destruirnos.

En mi caso, he buscado relaciones siempre de forma inconsciente, que suplieran las carencias de afecto de unos padres que nunca tuve. Buscaba el mismo estereotipo: un hombre mucho mayor que yo que fuera un alcohólico, se aprovechara de mí y me tratase mal, tanto física como psicológicamente. Andaba siempre repitiendo, relación tras relación, los maltratos que había sufrido durante mi infancia y parte de mi adolescencia. Aquellas situaciones no hacían más que traerme el pasado al presente y sentirme la persona más desdichada del planeta, hasta que dejé de ser una persona y me convertí en un objeto, literalmente. Era incapaz de anteponer mis prioridades y mis necesidades, no era asertiva y dejaba que me utilizaran de mala manera. Hasta que comprendí que estaba buscando un padre, y no uno cualquiera, sino el mismo que había tenido, aquel que me había tratado a patadas.

Pasé años buscando esa odiosa situación, hasta que me quité la venda de los ojos y me di cuenta de que tenía que dejar de una vez por todas de buscar a un padre que nunca iba a llegar; de hacerlo, al menos debería buscar uno que me quisiese, claro que uno siempre acaba buscando aquello que ha vivido, que conoce. Pero me dije: «Hasta aquí». No iba a permitir que nadie me tratase de aquella manera. Asumí entonces que no tenía familia, que nunca la iba a tener, pero no por eso me tenía que sentir desdichada ni triste, porque sé que algún día formaré mi propia familia, esa que yo elegiré, no una que nos viene impuesta, y podrá estar compuesta esta vez de los miembros que yo decida; ya sean mis amigos, mi pareja, mis hijos o incluso mi mascota.

Lo bueno de todo esto es que pude visualizar el problema que tenía y lo cambié, porque lo peor es saber la razón de por qué actuamos de determinada manera y seguir encerrados, anclados a parejas repulsivas que absorben nuestra vitalidad. Si lo sabemos, pero no hacemos nada para evitarlo o cambiar, entonces estamos perdidos de verdad.

Ahora bien, hay que saber que la etapa del enamoramiento tiene su fin, un tiempo de duración. ¿Cuál es? Ni la menor idea, eso dependerá de cada persona, pero sí tengo claro que terminará. Y para que eso no perjudique a la relación y acabéis dejándolo, debemos tener muy claro que el amor hay que cuidarlo no solo al principio para conquistar, haciendo regalos, estando pendientes de la otra persona, diciendo constantemente lo mucho que la queremos, lo que nos gusta de nuestra pareja, ayudándola siempre que podemos, etc. Estas cosas por desgracia con el tiempo disminuyen o terminan por desaparecer, imagino que por la rutina y falta de ilusión. Así que, para que esto no suceda, debemos cuidar la relación cada día y no solo al principio.

Ahora no es como antes, no está mal visto que nuestra pareja no sea para toda la vida, y, aunque lo fuera, nos debería dar igual lo que piensen los demás. Muchas veces seguimos manteniendo una situación por seguridad, esto nos pasa en el trabajo, en las parejas y en muchos otros ámbitos.

Si de verdad queremos cambiar una situación, tenemos que dejar de quejarnos, ser valientes y empezar a dar pasos que nos lleven a lo que de verdad queremos. Imaginemos una pareja que lleva 15 años juntos, tienen tres hijos en común y viven en una casa que es de los dos. En esos años han compartido muchos momentos y se han sentido apoyados el uno por el otro; han compartido experiencias, rutinas, momentos agradables y otros no tanto; han superado problemas y situaciones, pero ahora mismo el amor se ha terminado y ninguno de los dos se atreve a dar el paso de dejarlo cuando aún no es tarde, nunca es demasiado tarde, y, en vez de estar mal, podrían rehacer su vida. Pero tienen miedo y sobre todo les cuesta salir de su zona de confort, de su seguridad, porque siempre cuesta enfrentarse a lo desconocido y preferimos estar mal a enfrentarnos y cambiar. De ti solo depende si seguir quejándote y vivir esa situación, o, por el contrario, darte una oportunidad para ser feliz de nuevo. ¿Qué tienes pensado hacer?

CAPÍTULO 26

CÓMO AFRONTAR
EL SUFRIMIENTO Y LA SOLEDAD

Ir a terapia me ayudó mucho. Lo que más necesitaba era trabajar acerca de los abusos sexuales sufridos en la infancia. Durante mis siete años de psicólogos nos centramos en eso, en trabajar las emociones negativas asociadas a los recuerdos, pero sin duda esta terapia, aunque me ayudó mucho, se queda muy corta. Disminuyeron mis sentimientos de culpabilidad y vergüenza, dejé de sentirme responsable por lo que había pasado y pude pasar un poco del odio que tenía hacia mí misma y hacia la figura de mi padre, que era la persona que me tenía que haber cuidado.

¿Quién me enseña cómo son las relaciones de pareja? ¿Por qué no me enseñaron a quererme? ¿Por qué no evitaron que repitiera el papel de mi madre en mis relaciones? ¿Por qué no se trabajó el maltrato psicológico recibido por parte de mis padres? Mi depresión venía del pasado, de haber tenido que soportar tantas humillaciones, tantos insultos, amenazas de muerte, tantas frases hirientes, tantos desprecios, pero en terapia no fueron tratados porque había un tiempo limitado y parece que todo giraba en torno al abuso sexual, por lo que en aquellos años creía que mi vida era solo eso, abusos sexuales recibidos en mi frágil cuerpo.

¿Qué es necesario trabajar con alguien que ha sufrido maltrato? La empatía hacia uno mismo, el egoísmo sano, las relaciones interpersonales, dejar de buscar que cubran tus necesidades otros, aumentar la autoestima, la hipersensibilidad, buscar maneras sanas de sacar la rabia, el odio y la ira, conectar el corazón con el cerebro, la asertividad, permitir expresarnos, ser escuchados y comprendidos...

Solo con que nos den la oportunidad de sacar lo que hemos tenido que sufrir es un proceso necesario y muy importante para dejar de pensar que eso no nos ha pasado a nosotros y saber que lo que hemos vivido es real. Hay que escribirlo, contarlo, que alguien lo escuche, para dejar de disociar y pensar que le ha pasado a otra persona, porque no es verdad, nosotros somos los que hemos sufrido ese maltrato y tenemos que sentirlo (por muy doloroso que sea), pues será la única forma de que deje de gobernar nuestras vidas.

CAPÍTULO 27

SECUELAS DEL
MALTRATO EN LA INFANCIA

La verdad es que nunca había visto la similitud de los abusos sexuales con un duelo, pero el otro día leí un artículo y vi que tienen mucho que ver. Al menos los dos cuentan con varias fases que hay que pasar y que se asemejan. Es una pérdida muy grande de una etapa de tu vida, la infancia. Para mí, equivale a la muerte de tu esencia, de tu virginidad, tienes que asumir que dejas de ser una niña para pasar a ser una persona adulta de manera impuesta, sin darte tiempo a recomponerte ni a reaccionar. Por eso, en muchos aspectos creces demasiado rápido, pero vives en el cuerpo de una persona de tu edad cronológica, esto acarrea sentirse y ser muy diferente al resto, pues para algunas tareas pareces una chiquilla y para otras eres demasiado adulta, porque después de esto los términos medios se desdibujan y se suele llegar a extremos que no convienen.

Vivir un trauma es como perder a un ser querido: se responde de acuerdo a las etapas del duelo. Lo primero es la negación: no se quiere ver, por eso lo cuentas desde la distancia, pensando que le ha ocurrido a otra persona y no a ti. De pronto, la evidencia y tus recuerdos hacen que la negación sea casi imposible. Cuando uno lo acepta, aparecen fenómenos asociados a la culpa, la vergüenza, la complicidad, el malestar, la angustia, la desesperación, la humillación: qué podría haber hecho o dicho, por qué no hice nada, por qué me quedé paralizada, tenía que haberle pegado o haber salido corriendo; es decir, reproches a una niña que no pudo hacer nada y que solo sirven para dañarnos. Yo creo que nuestra sociedad y en general las personas restan importancia a la culpa y al perdón, no les gusta, pero son necesarios para la sanación. Después viene la rabia, la ira, la frustración, el odio (por qué me hizo esto), lo cual se debe acabar desplazando hacia el agresor —en este caso, mi padre—, porque al principio yo descargaba todo ese rencor hacia mí. Por último, aparecen la pena, la desidia, la indiferencia hacia el mundo que te rodea y los sentimientos que pueden oscilar hasta la depresión o las ganas de quitarse de en medio.

El ser humano necesita construir relatos con sentido, buscar motivos a las situaciones que ocurren y entender por qué le sucedió esto a él o ella. Yo necesitaba comprender las razones por las que mi padre abusaba de mí y me maltrataba. Todos nos hemos planteado tres preguntas racionales en algún momento: ¿por qué suceden las cosas?, ¿para qué?, ¿para quiénes? Cuando se logra dar respuesta, cuando se logra construir ese relato, podemos afirmar: «Ah, ahora entiendo». ¿Es necesario llegar a conocer las respuestas para poder descansar? He llegado a la conclusión de que tendré que seguir avanzando sin saber por qué sucedieron tales vejaciones, y dejar de buscar las respuestas tal vez me ayude a encontrarlas algún día.

No sabría decir si es más doloroso y perjudicial para la mente, para la persona que lo sufrimos, los abusos en sí o las secuelas que te acompañan. Pienso sinceramente que lo segundo es lo que más nos marca y estigmatiza. Durante la época de terapia, parece que aquello es eterno, que nunca vas a dejar de revivir y pensar en ellos. Te dicen que sí, que ya pasará, y tú crees que solo lo hacen para darte ánimos, piensas que jamás se irán esas pesadillas ni esos recuerdos vividos que te asaltan por la calle, estando en el trabajo o en clase. No era mentira, es cierto que se acaban superando; eso sí, con voluntad, la ayuda de terapeutas y sobre todo con mucho cariño.

A mí además se me añadió el hecho de tener una pubertad temprana, adelantada seguramente debido al estrés. Recuerdo que di el estirón antes que mi hermano, y eso que él me sacaba un año, pero durante bastantes meses yo fui más alta, eso le molestaba un montón y a mí me hacía sentirme bien. En clase era la más alta de las niñas, me llamaban «jirafa» para meterse conmigo, y ojalá lo hubiera sido, pero no fue así, me quedé casi con la misma estatura que tengo ahora.

Estos cambios físicos generaron el tener un mayor riesgo de experiencias negativas. Me hacían sentir aún más diferente al resto, pero yo no lo llevaba demasiado bien, no conectaba con mi grupo de clase y en el videoclub donde trabajaban mis padres siempre me iba con personas mayores. Ello hizo que pasase una adolescencia dura. Como sabéis, que se adelante la pubertad puede influir en trastornos de alimentación, consumo temprano de drogas, sintomatología depresiva, parejas mayores, círculo de amistades de edades superiores…, vamos, todos los requisitos los cumplía con creces.

Todo lo que hacemos está motivado por algo que nos ha marcado. Mis trabajos de universidad también lo han estado; de ahí que, en primero de carrera, en la asignatura de Anatomía y Fisiología, eligiera hacer un trabajo sobre la evolución de la corteza cerebral. Investigué y estudié para escribir sobre el desarrollo normal que se da a lo largo del tiempo, pero sobre todo indagué y leí artículos que hablaban sobre las consecuencias que producía el maltrato en la infancia sobre la formación de la corteza, las modificaciones cerebrales que, a raíz de estos maltratos, sucedían. Algo que tengo presente y me duele de amigos, familiares y parejas es saber que, pudiendo haber investigado sobre mi caso, no lo han hecho. Me duele porque lo pienso desde lo que yo hubiera hecho si me hubiese enterado de que fue mi hermano el que sufrió abusos sexuales. Habría indagado sobre el tema pare ver cómo afecta y poder ayudarlo, en vez de recriminarle ciertos comportamientos o conductas, como hizo él. Cada uno, por suerte o desgracia, habla desde su nivel, desde lo que conoce y desde donde puede.

Tras la revisión y el análisis de los diversos trabajos y estudios acerca del maltrato infantil y de la vivencia de experiencias fuertemente estresantes, puede concluirse que estos hechos traumáticos provocan desregulaciones en el desarrollo neurofisiológico cerebral y un fracaso en la capacidad de retorno del individuo a la normalidad fisiológica o alostasis, lo que hace que existan problemas de relación, desregulación del estado de ánimo, baja autoestima, alteraciones en la conducta, problemas sociales y emocionales. También surgen disfunciones y lesiones duraderas en el eje hipotalámico-hipofisario-adrenal, lo que puede implicar dificultades para autorregular los estados afectivos y la propia conducta.

Los niños maltratados pueden perder la capacidad de autocontrol, así como de reflexión personal, tendiendo a tener una visión negativa de la vida. Incluso muchos acaban por padecer depresión, distimia, esquizofrenia, trastorno por estrés postraumático, entre otras enfermedades. En su etapa adulta tendrán mayor vulnerabilidad para desarrollar síntomas depresivos, autolesiones, pensamientos suicidas, ansiedad y otras anormalidades fisiológicas, tales como irregularidades en la cantidad de cortisol secretado y un menor volumen del hipocampo. Suelen recordar más los recuerdos negativos que les dejaron marcados, les cuesta traer a su memoria imágenes positivas de la vida, pudiendo ser esto un mecanismo de defensa involuntario para no volver a pasar por situaciones similares. La disociación es otro de los problemas a los que se enfrentan, viéndose alterada la capacidad de concentración y de atención. De igual modo, se ven afectadas estructuras como el núcleo cingulado anterior o el núcleo caudado, mostrando mayor vulnerabilidad ante el estrés, ya que son capaces de asociar, revivir emociones y sentimientos que padecieron en su infancia.

Las víctimas se pueden adaptar al medio violento mediante mecanismos de evasión que inicialmente pueden ayudarles a autoprotegerse, pero en el futuro estas conductas son problemáticas para su correcto desarrollo e integración, afectando a la metilación de algunos genes relacionados con la respuesta al estrés (McGowan, Sasaki y D'Alessio, 2009). Este fenómeno, conocido como regulación epigenética, explica los mecanismos psicobiológicos de resiliencia frente a episodios traumáticos. La capacidad de resiliencia puede producir variaciones genéticas del gen del transportador de la serotonina frente al maltrato infantil o a los acontecimientos vitales estresantes. Una de las claves de esta resiliencia psicobiológica parece que sería la plasticidad cerebral, y de ahí la importancia de los efectos del maltrato durante el desarrollo.

Para poder dar un tratamiento ajustado y eficaz a cada víctima, es necesario seguir investigando acerca del maltrato en la infancia y sus consecuencias. Las secuelas son graves y, como he podido comprobar, provocan muchos problemas de salud que afectan en los diferentes ámbitos de la persona, llegando a impedir una vida normal, porque se ve afectada su forma de ver el mundo en todos los niveles: psicológico, social, físico, neurobiológico y neurofisiológico.

Las personas encargadas del cuidado y la superación del trauma de estos niños (familiares, educadores sociales, etc.) deberían estar bien informadas de todas las secuelas para poder darles un tratamiento ajustado a sus necesidades. Los profesionales que trabajan con este colectivo —psicólogos, profesores, abogados, peritos, médicos, jueces, etc.— tendrían que tener en cuenta todos estos factores para poder hacer bien su trabajo y no cometer errores graves que puedan perjudicar más aún a estos niños. Solo mediante una buena terapia y mediante la comprensión, los cuidados y el cariño, harán que sean capaces de adaptarse a la sociedad y llevar una vida normal, aunque para ellos sea más complicado que para el resto. Todos podemos y tenemos que correr la misma carrera que es la vida, pero algunos nacen con suerte, con cien o doscientos metros de ventaja frente al resto, y no son capaces de valorarlo.

Ojalá siendo más joven hubiese encontrado algún documento que me explicase el porqué de mi comportamiento, saber el porqué de las cosas nos alivia y ayuda a comprender cómo actuamos. Por desgracia, no tuve ningún trabajo que explicara mis trastornos psicológicos, pero di con libros que me ayudaron mucho, por si alguno os puede servir: *El principito*, que no necesita ni presentación, de Saint-Exupéry; *El caballero de la armadura oxidada*, de Robert Fisher; *Los cuentos que me enseñaron a vivir*, de Jorge Bucay; *La asertividad: expresión de una sana autoestima*, de Olga Castanyer; *El hombre en busca de sentido*, de Viktor Frankl; *Un saco de canicas*, de Joseph Joffo; *Cometas en el cielo*, de Klahed Hosseini; *El alquimista*, de Paulo Coelho; *La elegancia del erizo*, de Muriel Barbery; *1Q84*, de Murakami; *La conjura de los necios*, de John Kennedy Toole; *Un mundo feliz*, de Aldous Huxley; *Instrumental*, de James Rhodes; *El coraje de Sanar*, de Ellen Bass (trata los abusos a través de relatos de personas que los han sufrido, incluye algún capítulo para parejas y familiares); *Metamorfosis*, de Kafka; *El lobo estepario*, de Hermann Hesse, y *Más fuerte que el odio*, de Tim Guénard.

Nuestra mente crea ilusiones porque es muy duro asimilar la realidad sufrida en la infancia. El cuerpo guarda esas heridas que el adulto debe reconocer para poder sanarlas. No sirve reconocerlo a nivel intelectual, debemos sentir las emociones, el dolor sufrido, para poder curar las enfermedades del cuerpo.

Las situaciones de la infancia reprimidas y no resueltas causan estragos en el adulto que no comprende su rabia y odio, desplazándolo hacia otras personas o hacia sí mismo. Los sentimientos y necesidades reprimidas no nos dejan avanzar, estas personas tratan de evitar problemas que no existen en la actualidad por no reconocer los del pasado, a los cuales ya no deben temer.

Tomar conciencia de los sentimientos infantiles nos libera, lo que nos mata poco a poco es la negación y el rechazo. El cerebro se queda solo con los recuerdos buenos para cuidarnos de la dolorosa verdad, haciéndonos creer que tuvimos una infancia feliz, porque el niño no hubiera soportado la realidad. Tener que ser empáticos con el niño que fuimos, ponernos de su lado, quererlo, apoyarlo y defenderlo. No dejar que le sigan haciendo daño.

La gente que piensa siempre en las necesidades del otro y obvia las suyas actúa así por lo que aprendió de pequeño. Le enseñaron a cuidar de sus padres, a ser su consuelo, su refugio, el lugar de descarga del adulto, y el niño pensó que era ese su rol, su papel. Dejó de preocuparse por sus necesidades y pensó que debía satisfacer a los demás, dejando de lado sus cuidados. De ahí que ahora al adulto que es le cueste pensar en sí mismo y vea más rápido las necesidades del otro sin tener en cuenta las suyas propias. El problema es que somos empáticos con los demás, pero no nos permitimos serlo con nosotros mismos.

Despreciamos a nuestro niño interior, no tenemos consideración ni amor por quien fuimos. En cambio, si escuchamos hablar en tercera persona de alguien que sufre lo mismo, seguramente lo veamos como una aberración.

Debemos preocuparnos por los adultos que han sufrido maltrato en la vida. Según las cifras, se calcula que un 90 % lo han padecido. Hay que concienciar a la población de estos datos para frenar de una vez este círculo y que deje de repetirse. Está muy bien reparar el daño causado, pero prevenirlo es la solución para que deje de existir. No hay ningún gen de maldad que lleve al ser humano a tratar mal a otros; si existe el maltrato es por aprendizaje y por haberlo sufrido, por retener ese odio que, tarde o temprano, saldrá a la luz con la pareja, los propios hijos o hacia un colectivo. Por no reconocer que nuestros padres no nos trataron bien, no nos quisieron, nos abandonaron, maltrataron y causaron mucho daño. Reconocerlo conlleva sufrir mucho dolor, por eso la mayoría prefiere negar la evidencia, la realidad, porque para soportar tanto daño necesitan de un testigo cómplice, de una persona que haya pasado por lo mismo y sea capaz de ponerse del lado del niño y desplazar la responsabilidad a quien por entonces la tenía, los padres, dos personas que no supieron cuidar y cubrir las necesidades de un niño que tanto les necesitaba.

Los adultos dañados buscarán en sus parejas y en sus relaciones el amor anhelado de sus padres que no tuvieron, sin darse cuenta de que este amor no lo tuvieron ni lo van a poder encontrar ni suplir. Necesitan ser aceptados, escuchados y comprendidos, pero no por otros, como ellos piensan, sino que necesitan esto de uno mismo. Al no escucharse, buscarán suplir ese afecto. Se tiende a satisfacer con personas sustitutorias las necesidades no satisfechas.

Son adultos que no pueden sentir sus emociones por haberlas reprimido. Les cuesta conectar con su cuerpo, con sus sentimientos, y tienden a racionalizar los sucesos.

No soy capaz de expresar ira y rabia, ya que temía que eso quitase el «amor», «atención» o «afecto» que podía recibir. Siempre he desconocido mis propias necesidades porque ni me paraba a preguntar qué necesitaba. Ahora debo saber que tengo que cumplirlas y proporcionármelas yo misma, no dejarlas recaer en otras personas, porque eso me hacía no tener el control de la situación y sentir ansiedad, miedo y sensación de abandono. Pero no soy de nuevo abandonada, ahora me tengo a mí misma, y nadie es responsable de mí. También buscaba la aprobación constante de otros, pensando que así recuperaba la que nunca había recibido por parte de mis progenitores.

Ahora entiendo por qué siempre me he sentido mayor que la gente de mi edad, porque de niña me forzaron a ser adulta, a asumir responsabilidades que no me correspondían. Quizás por eso en mis pesadillas de la infancia soñaba cada día que moría de diferentes maneras; mi subconsciente ya me avisaba que esa persona no era yo, mis padres estaban matando mi esencia y yo misma al ser alguien que no era y al dejar que me utilizaran como un objeto y no ser tratada como una persona. Ahora, como persona adulta, sé que debo pedir lo que necesito y no esperar a que otras personas lean mis pensamientos.

Debo permitirme estar enfadada, triste o contenta. Sentir que tenemos derecho a decir lo que pensamos, a defender nuestras opiniones y decisiones.

En la infancia me educaron para satisfacer las necesidades de mis padres y obviar las mías, cosa que he seguido haciendo el resto de mi vida. He tenido que ser consciente de esto para poder frenarlo. Quitarme de la cabeza que no merecía ser querida y que nadie me iba a querer porque son pensamientos irracionales. Tener presente que un adulto no necesita ni debe dar un amor incondicional. Hacer el duelo de este amor que no tuvimos y que es propio solo entre padres e hijos. Durante los abusos y el maltrato me tragaba los sentimientos de rabia, impotencia, dolor, ira..., cosa que he seguido haciendo ante las injusticias. El amor no se debe ganar, es algo que se da sin esperar nada a cambio. No tenemos que ir mendigándolo.

Hasta que no seamos conscientes de esta realidad, buscaremos una pareja que cumpla el papel del padre o madre que no tuvimos y que nos trate de la misma manera. Tenemos que modificar este esquema para dejar de buscar algo que solo nos causa daño.

La psicoterapia puede ayudarnos reconociendo la verdad, sintiendo el dolor y sufrimiento del niño que fuimos, un dolor que como adultos podremos afrontar. Hay que tomar conciencia del dolor emocional para despertar al niño interior y que deje de gobernar nuestras vidas, hacernos cargo de él. Debemos ser empáticos con el niño que fuimos; permitirnos sentir emociones; mejorar nuestra asertividad y ser capaces de negarnos para anteponer lo que necesitamos; permitirnos tener emociones de enfado, ira o rabia, y saber que por tenerlas no vamos a ser rechazados o perder el amor y el cariño de la persona, sin temer ser rechazado, castigado o recibir alguna reprimenda. Hay que poner en práctica acciones, porque de nada sirve saberlo. Hasta que no se experimenta que, efectivamente, no pasa nada por enfadarnos, no podremos cambiar la forma de comportamiento. El proceso es la confrontación, dejar de sentirnos culpables y responsables de lo que nos pasó. Somos los responsables de frenar esa cadena de dolor, crueldad y sufrimiento, ya sea hacia otros o hacia nosotros mismos. En terapia hay que experimentar esos sentimientos tempranos que fueron reprimidos.

Una persona adulta solo puede vivir sus sentimientos si en la infancia tuvo padres o alguien que le prestaban atención. Esto es algo que les falta a las personas maltratadas en la infancia, y por eso no pueden reconocer sus sentimientos, pues los tienen censurados. Necesitamos ser amados para poder amar. Surgen sentimientos de vacío y de depresión que la persona no entiende, pero vienen del pasado, de la necesidad del yo de comunicarse. La aceptación de la verdad y sufrir el dolor nos liberará de la esperanza de encontrar a unos padres comprensivos que no tuvimos ni tendremos.

El sentimiento de desesperanza viene de la infancia, pensamos nuestra visión de futuro con los conocimientos que tenemos del pasado. De ahí que tengamos miedos e incertidumbres y pensemos que todo lo que está por llegar será igual, negativo y repleto de oscuridad. Pero es una imagen errónea que debemos borrar y crear, de nuevo, una realista, una cargada de luz.

CAPÍTULO 28

APRENDIZAJES

«Se aprenden aquellas cosas que nos suscitan emociones, de las situaciones que nos hacen sufrir y nos llevan a cambiar».

No tuve infancia, al menos no una en la que pueda recordar sucesos agradables, por eso me denomino a mí misma como «viejoven», pues pasé de ser una niña a ser adulta de la noche a la mañana. Me robaron la niñez siendo muy pequeña, eso ha dejado una huella imborrable en mi piel y en los surcos de mi cerebro.

Recuerdo mi primer aprendizaje: no fiarme de mi propia familia. Era una niña muy tímida, introvertida, con mirada apagada. Pensaba ingenuamente que sola podía con todo, pero estaba equivocada, sin la ayuda de mis educadores y amigos posiblemente no seguiría en este mundo.

Salir de casa con 15 años hizo que me sintiese un bicho raro, que no encontrase mi lugar, ningún grupo en el que encajar. En clase no tenía sentido de pertenencia y mi familia me había repudiado por haber denunciado a mi padre. Buscaba de forma desesperada un poco de cariño, de amor, y lo encontré sin quererlo en los profesores, figuras de referencia a las que adoraba porque me prestaban atención, regalaban su afecto y palabras de bondad capaces de resucitar mi corazón apagado. Así que para agradarles me esforzaba en estar atenta en clase, aprender y sacar buenas notas, aunque no siempre pude conseguirlo, sobre todo en bachillerato. Mi salida de casa y la muerte de mi abuelo paterno por un cáncer feroz hicieron que aquellos dos años se hicieran eternos.

En el único lugar que podía encajar era en la residencia de menores donde me fui a vivir tras la denuncia contra mi padre, pero tampoco demasiado, porque los fines de semana la mayoría se iba con sus familias adoptivas o de origen. Ver cómo se marchaban me hacía sentir una soledad inmensa, deseaba que algún día me llevaran a mí también; así que tuve que aprender a estar sola, a escucharme, a saber qué eran las cosas que me gustaban, y descubrí que podía encerrarme en mundos de ficción, incluso que podía escribir los que yo desease para evadirme y escapar de la dura realidad.

Tenía nula capacidad para defender mis derechos, para expresar mi enfado, mi frustración o mi ira; así que todas esas emociones negativas, toda esa rabia contenida, las terminaba dirigiendo hacia mi persona, teniendo pensamientos autodestructivos que no me permitían conciliar el sueño, recreaban pesadillas donde moría una y otra vez de millones de formas diferentes. Vivía en una perpetua indefensión aprendida, y con una asertividad inexistente. Por suerte, a lo largo de mucho trabajo personal, de reflexión, de autocrítica, de trabajos con diferentes psicólogos y psiquiatras, he podido ir cambiando y mejorando poco a poco. Una tarea larga, dolorosa, que requiere de constancia, voluntad y esfuerzo. De aceptación y superación, de ser valiente y no tener miedo, porque el pánico paraliza e impide que sucedan las transformaciones.

He pensado en la muerte demasiadas veces, coqueteaba con ella de forma constante, y esto me llevó a querer suicidarme dos veces. La última fue hace 8 años, aprendí que eran gritos de auxilio, lo que necesitaba era dejar de sufrir, conocer los mecanismos que me ayudaran a salir de la situación en la que me encontraba. Quería vivir, pero necesitaba evadirme del dolor. Es más, las palabras que sonaban en mi cabeza ni siquiera eran mías, eran frases escupidas con el odio y la maldad que provenían de mis padres, y yo había terminado por adueñarme de ellas. Eran pensamientos intrusivos.

He aprendido a perdonar a mi padre, a que el odio te hace estar pendiente de la otra persona, te hace prisionera y no te deja avanzar. Todos merecemos una segunda oportunidad. Aunque lo que más desearía escuchar en el mundo es un «Lo siento» por su parte, tengo que aceptar que eso no va a suceder. Antes le tenía miedo, odio, rabia, le deseaba lo peor; en cambio, ahora deseo que algún día pueda llegar a perdonarse, igual que he hecho yo, y que pueda cambiar, para que deje de hacer daño a otros y a sí mismo.

He perdonado a mi madre, cuando todos mis amigos no lo entendían. Le he dado muchas oportunidades, y duele cada vez que me ha fallado. Al hacerlo nos hemos beneficiado las dos, aunque quizás la que más tranquila está ahora soy yo, ya que detestaba albergar malestar en el pecho cuando lo que precisaba era su amor, que se preocupase por mí. He aprendido que no tengo que cargar con responsabilidades que no son mías, que no puedo llevar el peso de cuidarla y protegerla, que debería ser al revés. He tenido que cambiar nuestra forma de relacionarnos, el rol que ejercía, y aún estoy buscando cuál es la mejor manera de tratarnos.

Me ha dolido saber que la genética sí que influye, que mi hermano Fernando es como su padre, un maltratador y una mala persona que abusa de chicas menores. Este descubrimiento me ha causado mucho daño, he sentido dolor y rabia por saber que repetía el patrón, que ha decidido ir por ese camino, pudiendo haber elegido detestar todo lo que había visto en su infancia. Me duele saber que está perdiendo su vida y no poder hacer nada por ayudarlo, pero no se puede obligar a nadie a cambiar, es la propia persona quien tiene que entender que lo que hace no está bien y desear cambiarlo. Cada uno tiene sus tiempos y no se pueden forzar.

Ahora sé que son necesarios los límites para poder crecer, que las normas y leyes están por algo. Viviendo en la residencia de menores y en la de mujeres víctimas de violencia de género, me di cuenta de que los horarios están por algo, los límites hicieron que fuera una persona cohibida, madura y formal antes de tiempo.

Me he dado cuenta de que todos los niños necesitan de unos padres que los quieran y den cariño, que sepan ejercer su rol. Que estas relaciones son muy importantes e influyen a la hora de crear nuestra personalidad y nuestra autoestima, de relacionarnos en la vida adulta o cuando buscamos pareja. Que tanto la sobreprotección como la libertad absoluta no son buenas amigas.

También sé que el pensamiento se puede cambiar, que ser positiva es muy importante. Que se puede ayudar a otros cuando una está mal y que hay que saber pedir ayuda cuando se necesita. Que las penas compartidas pesan menos y las alegrías aumentan en compañía.

He aprendido a valorar la naturaleza, caminar por la montaña me da paz y tranquilidad. En mi vida ya no quiero problemas ni relaciones tóxicas, solo gente que aporte. Ahora me gusta meditar, escucharme y reflexionar. Voy al psicólogo para intentar ser mejor persona. Quiero centrarme en mi trabajo, en mis estudios y en investigar para poder ayudar a quienes lo necesiten.

He llegado a comprender que no me tiene que importar tanto lo que piense el resto, que la vida es corta, que hay que saber estar en el presente y disfrutar de los pequeños momentos. Que no merece la pena estar enfadado con nadie. Que los eventos pueden ser negativos, pero lo que realmente importa es cómo nos afectan, cómo los interpretamos. Que no debemos dejarnos llevar por las emociones. Que en el amor la edad no importa, que lo que busco es un compañero de viaje y no un padre ni una madre, soy yo quien tiene que protegerme, amarme y cuidarme. Que hasta que no lo he logrado no he dejado de tener relaciones de dependencia.

La vida te pone en el camino los mismos dilemas una y otra vez. He tropezado muchas veces con la misma piedra, hasta le he cogido cariño, y hasta que no aprendes la lección, esta no deja de repetirse. Hay que aprender a soltar y dejar ir. Para todo aquel que conocemos y nos aporta algo, el aprendizaje es recíproco. Es bueno hacerse preguntas, quizás las respuestas sean lo que menos importa. En la búsqueda de la resolución a los interrogantes hay que tener los ojos abiertos y saborear con calma el trayecto. A las personas y situaciones se las valora de verdad cuando ha pasado el tiempo. Todo tiene su lado bueno y hay que intentar visualizarlo.

Todas las mañanas me despierto agradeciendo a la vida —o a quien corresponda— todas las cosas buenas que tengo, y me acuesto recordando el mejor acontecimiento del día, puede ser una sonrisa o una palabra bonita. No merece la pena discutir con alguien que está cegado con las emociones y no es capaz de escuchar. Hay que dejar que se exprese, que se libere, para que después sea capaz de escuchar. El amor es capaz de romper muchas barreras.

Aprendí a volver a creer en las personas, a volver a tener confianza, y pude reconciliarme con los hombres, después de muchos años. Adopté a mi abuelo como si fuera mi padre, su pérdida me dolió mucho, me hizo reflexionar y sentirme mal por no haberle dedicado más tiempo y haberle dado más cariño. Aprendí a escuchar con el corazón las veces que iba a verlo, a preguntarle por su pasado para conocer la persona que había sido, para mí sin duda la mejor que he conocido.

Detecté que las personas no son malas por naturaleza, que las malas experiencias y aprendizajes hacen que sean de una u otra forma. Por eso, trabajando con menores como educadora social, dedicaba más tiempo, dedicación y esfuerzo a aquellos que se rebelaban o trataban mal, porque en realidad estaban pidiendo ser escuchados de la única forma que sabían.

La ilusión y la esperanza no hay que perderlas, hay que tener un sentido o un propósito que guíe nuestra vida para no caer en la ansiedad, para que la depresión no nos atrape. He logrado ahorrar dinero y valorar las cosas que gano con mi propio esfuerzo y los regalos que me hacen mis amigos, y no me refiero a los materiales, sino a compartir experiencias. Cada vez he ido dejando más objetos por el camino, llevo acumuladas más de treinta mudanzas desde los 15 años, y aprendí a llevar solo lo necesario, pues se acumulan cosas que no necesitamos y es mejor desecharlas, solo ocupan espacio. Así que ahora porto lo que me entre en una maleta y en la otra mano llevo a mi gato. Los animales pueden dar mucho cariño; para mí, adoptar a Rorschach fue lo mejor que pude hacer, pues durante mis años de depresión fue mi fiel compañero, nunca me abandonó ni dejó de darme amor.

He tenido que llorar por no tener dinero ni para comer, fue muy duro ir a un comedor social con 22 años, pero, gracias a esa experiencia, ahora valoro cualquier plato de comida. Tuve que hacer cosas horrendas por dinero, pero me he acabado perdonando. He aceptado mi pasado y asumido que tengo errores, como todos los mortales, y lo que tengo que lograr es saber reconocerlos para no repetirlos. Como dijo el famoso teólogo estadounidense Reinhold Niebuhr (1892-1971), en la *Oración de la serenidad*: «Señor, concédenos serenidad para aceptar las cosas que no podemos cambiar; valor para cambiar las que sí podemos, y sabiduría para discernir la diferencia».

Me dolió mucho no estar al lado de mi madre cuando tenía cáncer, fue a finales del año 2012. En cuanto me enteré, removí cielo y tierra para dar con el hospital, pues, a pesar de los años sin verla y del daño causado, necesitaba abrazar a quien me había traído al mundo y cerciorarme de que estaba bien, darle mi apoyo y mi ánimo. Me acerqué para ver cómo estaba, desearle lo mejor y decirle que la quería.

Aprendí a poner límites y a ser asertiva, a tener un egoísmo sano. Dejé de lado las fiestas y el alcohol para evadirme de la realidad, empecé a cuidar mi alimentación y, con ella, mi cuerpo y mi mente. Viví trabajando de interna, cuidando de un enfermo de Parkinson durante casi un año, aprendí que hay personas mayores que acaban solas por los actos y decisiones que han tomado a lo largo de sus vidas. Es muy duro tener que depender de alguien que te vista, duche y haga la comida; tener que hacer todas esas tareas también es duro de aceptar.

Asimilé que hay que ser responsable, tener fuerza, constancia y voluntad para conseguir nuestros objetivos y sueños, pues pocas cosas se regalan y las que son así se acaban por no valorar. En el juicio contra mi padre aprendí que no importa demostrar al resto que tienes la verdad, que lo realmente importante es saberlo tú misma. Que el hecho de ganar o perder no hubiese cambiado el rumbo de las cosas. Que no hay que tratar de ir convenciendo a la gente con pruebas, sobran tantas explicaciones que quien quiere escucharte lo hace a la primera, no hace falta que estés constantemente haciendo demostraciones.

La vida me ha enseñado que a veces hay que hacer sacrificios en beneficio de los otros, que las cosas no salen como uno quiere la mayoría de las veces, pero por eso no hay que rendirse ni dejar de insistir. Muchas profecías del pasado las llevamos como mandamientos y nos hacemos esclavos de frases que llevamos grabadas en el subconsciente y rigen sin saberlo nuestras vidas.

He sido capaz de abrazar a mi niña interior, me he reconciliado con ella porque antes le echaba en cara y la culpaba de cosas que no eran ciertas, hay que poner en su lugar ciertas emociones.

Viajar y conocer otras culturas hace que veas las cosas con diferentes perspectivas, ampliar los horizontes y conocer otras formas de afrontar los problemas. Saber que existen otros valores, otras gafas con las que mirar. Cuando me sentí sola y perdida, decidí buscarme, y en ese camino sufrí en silencio. Requería estar sola, me alejé de todas las personas que quería y quizás las hubiera necesitado, pero no quería incomodar a nadie, siempre queriendo leer los pensamientos de otros. Es mejor preguntar, porque muchas veces se dan por sentado situaciones que no son así o ni siquiera se asemejan. El miedo es el causante de estas situaciones. A veces damos vueltas a un problema o lo hacemos más grande de lo que es y nos damos cuenta cuando los otros no le dan la importancia que creíamos que tenía. Los pensamientos rumiantes hay que cortarlos de raíz, hay que sembrar semillas, cuidarlas siempre y no solo al principio.

El trato con las personas me ha demostrado que la conversación es muy importante en cualquier relación, ya sea familiar, de amistad o de pareja. Hablando la gente se entiende, por eso es muy importante escuchar y ser escuchado. A las personas en general nos cuesta dejarnos ayudar y ponernos en el lugar del otro, pero hay que entender que no todos somos iguales. Mi empatía a veces me hace sufrir por los otros en exceso, y debo aprender a distanciarme y ser compasiva, para poder ayudar hay que pasar a la acción, hacer algo por la persona que está sufriendo para aliviar un poco su herida. Aprendí que la amistad no es decir solo las cosas buenas, sino querer lo mejor para el otro y decirle sus errores, para que pueda cambiarlos.

Logré escuchar sin ofenderme cuando alguien señalaba algún defecto mío, es la única forma de poder conocerlos y cambiarlos. Supe que no debía dejar mis valores de lado, aunque ello comprometiera mi vida. Tengo que pelear por lo que considero justo y honrado, y defender a quienes peor lo han pasado, a los más débiles, a quienes más lo necesitan.

Después de estas experiencias, entre muchas otras que no me da tiempo a contar, pasaron los años. Malviví como pude de un lugar a otro, buscando mi sitio, si es que existía tal lugar. Y un día cualquiera del mes de enero, me miré al espejo y me pregunté: «¿Quién soy?». No pude responderme, pues no me reconocía, no sabía quién era la persona que me miraba asombrada desde el espejo.

Era el año 2014, vivía en Aranda de Duero, trabajaba en lo que siempre había soñado de educadora social en una residencia para personas con discapacidad física y psíquica. Era un trabajo que siempre había soñado, un trabajo donde poder ayudar a otros. Había estado en diferentes empleos, casi todos trabajos de paso que me permitían pagar mis gastos, pero también había tenido la suerte de trabajar en proyectos socioeducativos y otros similares donde había ayudado en lo que buenamente había podido a otros en la búsqueda de su camino. Aun así, no podía seguir ayudando a los demás, pues quien más precisaba mi ayuda era yo, y no podía ni sabía aceptarlo. No quería brindarme tal apoyo porque no era capaz de reconciliarme con mi pasado, de amar y querer a aquella niña asustada que era dueña del cuerpo de mi yo adulto.

Al trabajar con estas personas descubrí que recibía mucho más de ellos que lo que yo les daba. Su cariño era transformador y logró que pudiera tolerarme, que tuviese ganas de vivir. Me decía a mí misma que no tenía el derecho de quejarme cuando las suyas sí que eran unas vidas complejas. Me identificaba con ellos en el periodo en el que había estado en la residencia de menores tutelados de la Comunidad de Madrid, teníamos algo que nos unía, habíamos sido desechados, abandonados en un «hogar» porque no podían o ya no querían hacerse cargo de nosotros. Darles y recibir ese cariño, ese amor puro y cristalino, me reconfortaba. Recuerdo que mi último día de trabajo todos terminamos llorando, porque me llevé una gran lección de vida.

Los que peor lo hemos pasado somos capaces de dar un amor sincero a cambio de nada. Así que ese día, frente a aquel cristal lleno de tristeza y a la vez de esperanza, fui capaz de abrazarme por primera vez, de darme un poco de calor y prometer que iba a cuidarme, aceptar quién era y asimilar todos mis errores. Dejé de recriminar mi pasado y me dije que no pude actuar de otra manera, que había hecho lo que podía porque no contaba con otros recursos, y que por muy malas que fueran mis experiencias, acepté que, gracias a haberlas vivido, era hoy la mujer que me miraba asustada y con algo de orgullo, pues ni ella ni yo creíamos que entre las dos éramos la misma persona.

Ahora sé que también existen personas buenas que se preocupan por mí, que sin ellas no hubiese logrado avanzar tanto, y que estoy muy agradecida de respirar, de poder sentir, de amar, de gozar, de llorar, de tener un trabajo, de tener un techo, de poder estudiar; en definitiva, de vivir y poder seguir aprendiendo.

Actualmente, entiendo muchas cosas. He estado toda mi vida dejando al mando a «mi niña interior», pero al fin maneja el timón la persona adulta que soy, haciendo del padre y de la madre que nunca tuve, atendiendo de manera sana mis necesidades, preocupándome por mí, queriéndome, protegiéndome y ayudándome. Ya era hora, aquí residía el problema. Esa niña se veía débil, inferior a los demás, sin derecho a ser amada, sola, indefensa, abandonada, triste y desprotegida. Tan solo en algunos momentos dejaba salir a la persona que se estaba forjando; era como un secuestro, y una lucha interna se producía en mi cabeza entre ambas y siempre acababa ganando ella. Esa niña utilizaba mi cuerpo a su antojo, viviendo la vida con un sentimiento de indefensión, de abandono, de soledad, de tristeza, de vulnerabilidad y de rechazo. Al fin he recuperado el mando, ahora todo se ve desde otra perspectiva, la de la reconciliación. Ahora tengo una mirada que valora la justicia, el aprecio, el reconocimiento, la bondad, el respeto, el cariño, la igualdad, el amor, la alegría, la felicidad y la superación.

Hasta que no te haces responsable de ti, de lo que te sucede y de lo que te ha sucedido, no puedes avanzar. Tras escribir mi interpretación del pasado, he logrado dejar de verme como un personaje de ficción. Al fin siento que soy yo misma, puedo ver con claridad el mundo. Ahora siento que soy un ser consciente, que se quiere y respeta. Antes me trataba al nivel de un objeto y al fin me considero una persona que tiene valor en sí misma, que disfruta de la vida y de despertar cada día.

Es el primer año que no paso las Navidades en una cama deprimida, al fin he logrado acallar el ruido interior de mi cabeza. Porque soy yo misma la que decido qué hacer y cómo estar, no voy a dejar esa responsabilidad en otros. Siempre buscaba a alguien externo que cuidase de mí, sin darme cuenta de que la persona responsable de esa tarea era yo misma. Me comparaba con los demás y en esas comparaciones siempre salía perdiendo, tenía que ser perfecta y competir conmigo, cuando lo que necesitaba era conocerme y quererme. Ya no me siento abandonada ni sola, decido qué hacer en cada momento. Pongo el foco en las cosas buenas, que son muchas. Ahora quiero ayudar a otros a que se sientan así, a que se puedan aceptar y querer. Antes no podía hacerlo, pues, hasta que alguien no te muestra cariño, hasta que alguien no te ayuda, no eres capaz de poder hacerlo tú. Parece tan fácil todo visto desde hoy…, pero en realidad es un proceso que lleva mucha reflexión y tiempo, mucho dolor, porque, igual que en la búsqueda del agua cristalina, primero hay que cavar y quitar tierra, lodo y basura, para después dar con agua turbia, seguir profundizando y al final dar con un agua limpia y transparente, para dar con nuestra esencia, nuestro ser. Ya no vivo en el pasado ni en el futuro, ahora simplemente soy y estoy en cada momento, disfrutando del instante. Soy siendo.

CAPÍTULO 29

TRABAJOS

Empecé a trabajar con once años en el videoclub de mis padres, apenas ejecutaba tareas fáciles de realizar: hacer socios, ir a las casas a ponerles el cable de la antena y cosas del estilo. Pasamos muchas horas allí metidos, de lunes a domingo. Había algo turbio en aquella situación, me sentía un objeto en un escaparate de personas que iban a verme, a interactuar conmigo; a veces, yo quería y consentía esas relaciones, y otras, no. Eran cosas extrañas, pero, cuando vives diariamente en estos ambientes, acabas por acostumbrarte y verlo como lo más normal del mundo, porque además no tienes con qué compararlo, piensas que lo que hacen tus padres lo hacen por tu bien y que hay que obedecerles. Siempre estábamos relacionándonos con personas que nos doblaban o triplicaban la edad, eso no me importaba en exceso, pero eran relaciones impuestas. Ahora comprendo que así me tenía controlada y sabía que no iba a contar a nadie lo que me sucedía en aquel infierno de casa porque rápidamente se lo dirían a él, o al menos a mí me daba miedo hacerlo por esta razón.

Jugaba con el factor del miedo y de la intimidación. He visto situaciones y escuchado escenas violentas, conocido a ladrones, sicarios y personas del estilo que se acercaban por aquel local y se hacían amigos de mis padres. Recuerdo una de las veces más impactantes, cuando un socio del videoclub debía bastante dinero por no haber entregado varias películas a tiempo, y decidieron contratar a alguien que le dio una paliza y lo llevó al videoclub con un cinturón agarrado al cuello, como si fuera un perro. Ese hombre había estado en la cárcel y fue el mismo que, años más tarde, utilizó mi madre para amenazarme de muerte y decirme que tuviera cuidado por la calle, que podía pasarme algo. Así que puedo afirmar que, al menos, cuatro veces he sido amenazada de muerte. Lo bueno es que sigo viva, pero es duro recibir palabras que comprometen tu vida, y más cuando las recibes de personas que quieres: entre ellas mi abuela paterna, mi padre y mi madre.

En el videoclub, yo era una mera observadora que no quería formar parte de aquel circo, pero estaba dentro de él, muy dentro. Recuerdo en unas Navidades que uno de los socios estaba borracho y no dejaba de tocarme, cogerme en brazos y llevarme de un lado para otro, era una situación muy incómoda y molesta en la que me sentía utilizada, en la que no se me trataba como una persona.

Viviendo en la residencia de menores, trabajaba los veranos para ahorrar dinero. Mi primer trabajo con contrato fue en una frutería de la calle Atocha, llamada El Anón Cubano. No tenía demasiadas habilidades sociales ni sabía defenderme; así que tenía que pasar por situaciones que me estresaban cuando llevaba las cajas de fruta a los camiones que repartían a los hoteles y en el trayecto alguno me manoseaba el trasero o me intentaba besuquear. Era algo desquiciante, y yo, por miedo a perder el trabajo y por no saber defenderme, me quedaba callada, comiéndome el dolor y el enfado que aquellas situaciones me producían, porque los niños que han sido ignorados en la infancia se vuelven adultos incapaces de poner nombre a las emociones que sentimos y mucho menos de verbalizarlas.

Era una empresa familiar, trabajaba el padre y también su hijo. Ambos no entendían y quisieron curiosear por qué en la firma del contrato estaba puesto un sello de la Comunidad de Madrid. No recuerdo qué dije, aunque sabían que vivía en una residencia de menores. Esto me hacía pasar por situaciones extrañas, como que algún viernes por la tarde me propusiese ir al pueblo el fin de semana. Yo dudaba y decía que lo tenía que consultar, porque podría haber ido y haber estado perfectamente, o puede ser que hubiera pasado todo lo contrario.

También trabajé de cajera en DIA durante otro verano, y, nada más terminar selectividad, me contrataron para realizar encuestas, un trabajo que me ayudó a la hora de quitarme la vergüenza y ser capaz de entablar conversaciones con desconocidos. Después vinieron trabajos de todo tipo: dependienta en tiendas de ropa, educadora social en un proyecto socioeducativo, auxiliar de enfermería, de relaciones públicas en discotecas, monitora ambiental, teleoperadora, etc.

Lo peor era la presión que sentía por el pago de facturas, mi comida. Si un mes no tenía dinero, entonces los nervios y la ansiedad me invadían, porque equivaldría a no poder pagar ese mes de alquiler y tener que irme a la calle. Debido a esta situación, aguantaba todo tipo de presiones, desprecios, e incluso acosos sexuales, como el que os voy a relatar a continuación.

Los dos primeros años de carrera eran en horario de mañana, por lo que podía compaginar la asistencia a clase con mi trabajo. Estaba trabajando de dependienta en una zapatería en la zona de Goya. Fue una época muy dura y sacrificada en la que iba corriendo de clase al supermercado, llegaba corriendo, me hacía la comida, me ponía a hacer los deberes y salía corriendo al trabajo. Al llegar a casa, cenaba, estudiaba un poco, y eso es lo que me esperaría cinco días seguidos. El sábado trabajaba hasta las ocho y media de la tarde, y el domingo, que era mi día libre, lo dedicaba a estar con mi pareja, limpiar la casa y hacer deberes. Era un ritmo frenético, pero lo aguantaba bien porque estaba muy orgullosa, contenta y feliz de poder estudiar la carrera de Psicología gracias a la beca y la oportunidad que me dio la fundación Integra.

Todo parecía ir bien, incluso, para mi sorpresa, saqué las mejores notas de todo primero, porque, cuanto menos tiempo tenía, más lo aprovechaba. Hace falta sobre todo atención y concentración, disfrutar de lo que se hace. Tener en ese momento estabilidad, vivir con mi pareja en un «hogar seguro», sin compañeros de piso que me molestasen hacía que me sintiera una persona normal. Era la primera vez en mi vida que veía un poco de luz al final del túnel.

El caso es que mi jefa me trataba genial, ya que sin que me lo pidiera le ayudaba a realizar carteles para la tienda, le solucionaba los problemas técnicos del ordenador y del teléfono móvil, ayudaba a sus sobrinos con los deberes, etc. Y ella, a cambio, me dejaba salir antes cuando tenía que ir corriendo a trabajar de noche como educadora social en pisos protegidos de mujeres a los que acudía los domingos, festivos y algunas noches. A veces me hacía la comida y la cena, porque sabía mi situación. Cuando ayudas a otros, sin pedirlo, encuentras también comprensión y buenas acciones.

Parecía que todo iba muy bien, estaba encantada de trabajar en esa tienda. Mis compañeras eran encantadoras, tanto Virginia, mi primera compañera, como Silvia, que entró después; nos ayudábamos en todo y siempre teníamos la tienda colocada y con el material en su sitio.

En el verano del 2019 todo cambió, había acordado con Marga, mi jefa, que en septiembre me cambiaría el turno y entraría de mañana para que pudiese seguir allí y estudiar la carrera por la tarde, me encantó que contase conmigo y poder seguir los dos años de carrera compaginando aquel trabajo con mis estudios. Al llegar de mi viaje a Galicia, donde estuve con mi amigo Paco y tuve la suerte de ver a mi hermana Saray, mi jefa me llamó para decirme que no se iba a incorporar hasta septiembre, pero que, si necesitaba algo, la llamase.

En la primera semana trabajando, vino Pedro a la tienda, otro de los jefes, de esos que solo se pasan para saber cómo van las cosas, un hombre de casi sesenta años que, cada vez que iba, me hacía sentir muy incómoda, pues no dejaba de acercarse en exceso, al hablar casi que pegaba su boca a las chicas que trabajábamos allí y siempre tenía que tener contacto físico y decirte halagos incómodos. Pero, como siempre, había que aguantar por no perder el trabajo; además que, con el resto de las jefas y compañeras, como he comentado, me llevaba fenomenal, y aquel horario me venía a la perfección. Aguanté su visita, estuvo hablando por teléfono con Marga y hablaron delante de mí sobre si me iba a quedar o no, al colgar, me miró y me preguntó qué iba a pasar conmigo, le contesté que me quería quedar y que eso ya lo tenía hablado con Marga, él me explicó que mi jefa no lo tenía muy claro, que si no me había dado cuenta de la conversación. Me propuso quedar al día siguiente para hablar de aquella situación que había que solucionar cuanto antes.

No me apetecía nada ir, pero no me quedaba otra opción. Llamé a Silvia y a Bernardo porque aquello no me daba muy buena espina. Mi compañera de trabajo me dijo que me llamaría a las 11:30, una hora más tarde de la que habíamos quedado, para asegurarse de que estuviera bien. Yo tenía emociones encontradas, pensaba que no había motivos para desconfiar y que, seguramente, no pasaría nada, pero algo dentro de mí me decía que fuese con precaución. Quedamos en la plaza de Ópera, me saludó y fuimos a un bar a desayunar. Me dijo que le encantaba cómo trabajaba, que querían seguir contando conmigo, que era una excelente persona…, poco más y se escuchaban campanadas celestiales, demasiados halagos. Pero hubo algo extraño, un comentario que no me gustó nada: dio a entender que estaba muy complicado cambiarme de turno. Dije que lo entendía, que me gustaría seguir, pero que, si no se podía, pues ya me buscaría otra cosa. Después, pareció que se interesaba por mi situación personal. Ya nos íbamos del bar, y pensé que, al fin y al cabo, no quería nada. Me sentí aliviada y, a la vez, mal, por haber pensado que podía tener intenciones ocultas.

De camino al metro, se puso rápidamente delante de una puerta, la abrió y me dijo que pasara, que me iba a enseñar un piso que alquilaba y que me lo iba a dejar muy barato para ayudarme y, al terminar la carrera, tener un lugar al que ir. Acepté entrar a verlo porque me pilló por sorpresa y no quería parecer borde. Bajamos unas escaleras y allí estaba, no era gran cosa, pero para una persona sola estaría genial. Me decía que ahora estaba vacío, que lo estaba intentando alquilar, entre otros temas sin importancia. Pidió que nos sentásemos en un sofá y que le mostrara mis fotos del viaje con mi amigo. Al sentarse tan cerca, me empecé a sentir muy incómoda, estaba deseando que sonase mi teléfono para irme. Gracias a Dios, Silvia me llamó y me inventé que era una llamada urgente y que me tenía que ir. Entonces, como si pareciera que iba a perder su oportunidad, hizo lo que en realidad había pensado: empezó a decir que se había enamorado de mí, que le volvía loco, que antes no había intentado nada porque sabía que tenía pareja. Siguió diciendo un montón de estupideces mientras me toqueteaba, y yo me levanté de aquel sitio como pude, pues al principio me sentía paralizada, como si mi cuerpo no pudiera responder. Como vio que la técnica no le había funcionado, entonces se lanzó a besarme. Me puse muy tensa y no podía moverme. Solo un rictus de risa nerviosa era lo que podía expresar y empecé a decir: «No, no, no, no…». No sé de dónde saqué las fuerzas, pero le dije que me dejase en paz, que se había equivocado y que me iba. Subí las escaleras y me siguió, iba a girar el pomo, pero puso su pie como contrapeso, cerró la pequeña apertura y siguió besando mis labios cerrados y toqueteándome, hasta que mi cuerpo pudo reaccionar y salir de allí corriendo. Llamé al salir a Silvia, le conté todo y me puse a llorar. Estaba fuera de mí, muy nerviosa y sin entender nada. Me sentía enfadada conmigo por no haberme sabido defender, por haber dejado que me besara y toque-teara un hombre como él, pero más tarde comprendí que no podía haber hecho nada debido a mi bloqueo. Esto es lo que pasa cuando se siente miedo: tu cerebro se bloquea y te quedas paralizado, o incluso tu cuerpo se queda en estado de letargo y sumisión, algo que aprendí a hacer cuando mi padre abusaba de mí, desconectaba de mi cuerpo.

Al día siguiente, llamé a mi jefa para contárselo, pareció com-prenderlo, estaba sorprendida y dolida, no por lo que me había pasado, sino porque ellos dos eran amantes, ¡una vez que había lle-gado antes de la hora, los sorprendí en el almacén de la tienda lián-dose! A raíz de esta situación, ella vino antes de la playa para hablar conmigo, me dijo que no los podía dejar tirados, haciéndome sentir mal, pero yo no podía seguir trabajando en aquel sitio ni volver a verle la cara a aquel ser. Ella me dijo que él se sentía muy avergon-zado, que lo había reconocido, que no le pareció que fuera para tanto y que quería pasarse por la tienda para hablar conmigo. Dije que no, que, como se acercase por la puerta, llamaría a la Policía, que no quería tener más problemas, que estuviera tranquila, que no lo iba a denunciar, pero que me quería ir de allí. Se puso a la defen-siva, incluso le protegió diciendo cosas como que era normal que lo hubiera intentado, pues ante un caramelo era propio que un hombre intentase comérselo, pero que, si yo no quería, que dijese que no y no habría problema. Palabras machistas propias de una sociedad que, por desgracia, sigue permitiendo que pasen estas cosas. Ella lo permitiría, pero yo no tenía por qué aguantar ese tipo de conductas, antes preferiría quedarme sin trabajo.

Finalmente, después de varias conversaciones acaloradas, con-seguí irme de allí, me pagaron lo que me correspondía y regresé a trabajar de monitora ambiental en un sitio donde sí me respetaban.

CAPÍTULO 30

MI VIDA SIN MÍ

«El hombre más poderoso es el que es dueño de sí mismo».

SÉNECA

Sobrevivir después de un trauma no es nada fácil, depende mucho de la persona, pero te deja tocado hasta el fin de los días. Te condiciona la manera de ver las relaciones, tu sexualidad, tus amistades, tus parejas, tus valores, tus preocupaciones, la forma de valorar la vida, de verte a ti mismo, tu forma de ser, de actuar, de tomar decisiones, de sentir, de pensar, incluso de memorizar.

A raíz del trato negligente recibido por mis padres, terminé desarrollando diferentes personalidades, creo que eran siete, espero no dejarme ninguna: Extraterrestre (el incomprendido, siente que no encaja, que no pertenece a ningún sitio, no soporta la maldad de este planeta), Fany (niña pequeña, indefensa), Faigest (la niña de doce años, sumisa, dependiente, que se siente abandonada, tímida, vergonzosa), Pantera (la que se defiende, la que saca las garras ante las adversidades, la que es capaz de enfadarse), Estefanía (la personalidad real), Estefi (la chica dulce y cariñosa de la adolescencia) y Ernesto (niño fuerte y valiente). Y es que, para poder soportar ciertas cosas, tu cuerpo y tu mente necesitan fragmentarse para poder odiar y querer a tus padres en la misma persona, para soportar lo que estás viviendo. Llega un punto en el que ya no sabes quién eres: si la niña a la que le pasan esas desgracias, un personaje que estás leyendo o quien te gustaría ser, pero no eres. No puedes asumir tanta realidad y acabas por inventarte personajes, personalidades que te salvan de tus pesadillas. Deseas tanto ser otra persona que acabas por ser un reflejo de ti misma, un espejismo que necesita ser encajado. Es necesario recomponer todos los pedazos para volver a ser una sola.

Recuerdo varios momentos impactantes que me atormentaban. De niña quería ser un niño, supongo que de manera inconsciente pensaba que, si fuera un chico, no abusarían de mí, ya que mi hermano tenía la suerte de no padecerlos. Muchas veces deseaba no tener vagina, sino un miembro masculino, esta idea se la comentaba a mi hermano Fernando, fantaseaba con aquello cuando estaba sola o cuando jugábamos. Recuerdo que un día en casa de mis abuelos maternos, en el piso de Francos Rodríguez, le dije a mi hermano que quería ser Simba, el hijo del rey león, y mi hermano me propuso una manera de hacerlo, en la cual necesitamos ciertos materiales que fuimos recopilando. Mis abuelos se sorprendieron y enfadaron al ver que habíamos gastado todo el rollo de papel higiénico del baño, que yo había usado para ponérmelo en la zona genital y simular que tenía pene. Era muy pequeña, tendría 5 o 6 años, así que no expliqué el motivo por el que había realizado tal cosa.

En otra ocasión, le pregunté a mi hermano cómo podría lograr ser un niño, qué debería hacer, y me dijo que lo conseguiría comiéndome unas pilas. De modo que, siendo una cría, no se me ocurrió nada mejor que partirlas con la boca y beberme el líquido negro que salía de ellas; después de aquel suceso, mi madre me decía que era hiperactiva, y, claro, aún debo de conservar la energía de aquellas pilas. Por suerte, llamaron a urgencias, pero no me pasó nada, no tuvo que venir la ambulancia. Otro episodio incluso peor —al menos de sabor, porque las pilas al principio dejaban un gusto agradable, aunque de forma rápida pasaban a saber ácidas y muy fuertes, dejando un aroma bastante amargo— sucedió un día en el que se habían quedado Francesco y Sandra, mis primos por parte de la familia de mi padre, en casa. Como era la pequeña, jugábamos a juegos donde me hacían creer que viajaba a otras realidades, y, queriendo hacer lo mismo, es decir, transformar mi persona, me dijeron que debía beber un ambientador de color rosa; recuerdo que lo probé y estaba asqueroso, sabía a colonia, era horroroso; sin embargo, me dijeron que tenía que tomarlo entero, y, obediente, me lo bebí de un sorbo, para no dejar que pasara demasiado tiempo en mi paladar. No se lo esperaban, lo habían dicho pensando que no iba a ser tan inconsciente de hacerlo, pero yo no dudé en acatar lo que me ordenaban. Salieron corriendo al comedor, diciéndoselo a mis padres, y esta vez de nuevo no me pasó nada, debo tener un buen estómago. Después de tres intentos fallidos en la infancia, tuve que esperar a tener 21 años para volver a sacar mi personalidad masculina, que ya se dejaba ver desde el colegio, donde me insultaban y llamaban «marimacho» por jugar al fútbol.

Hablando con mi madre, he descubierto que esto me pasaba muchas veces y con diferentes personalidades fragmentadas. Me relató que de pequeña me ponía a gritar en medio de la calle, me quitaba los zapatos y los tiraba a la carretera, rabiosa porque me llamaban Estefanía, y yo, llorando y con un ataque de rabia, ansiedad y nervios, exclamaba: «¡Que no me llamo Estefanía, que me llamo Fany!». Por lo que deduzco que Fany era la niña de 5 años, la más pequeña de todas. Cuando viajábamos a Tenerife, hacía lo mismo, me ponía histérica cuando me llamaban Estefanía, y la gente por la calle miraban a mis padres con desconfianza, como si no fuera su hija, como si me estuvieran haciendo daño o me hubieran secuestrado.

Mi amigo Fernando me ha relatado hace poco que, en la época en la que llevaba el pelo corto, me trataba en masculino y le hablaba como si yo también fuera un hombre. Había aspectos muy diferentes en mí, tenía cambios muy rápidos de personalidad, pero no le sorprendía, puesto que siempre me ha visto diferente al resto de sus amigos, siendo una persona creativa y con muchas permutaciones de unos meses a otros en la forma de ser.

Son situaciones que aparecen difusas en mi memoria, e incluso algunas las he olvidado. Mis amigos son los encargados de recordármelas. Hay que tener en cuenta que una de mis identidades no hacía otra cosa que no fuera estar borracha todo el día para no pensar, creo que esa era Faigest, la adolescente, que apareció cuando tenía 20 años y estaba todo el día de fiesta. Solo aparecía por la habitación que alquilaba para echar una cabezada y volver de nuevo a las andadas, lo cual influía mucho en que, con los años, no recordara algunos de los episodios que sucedieron en estos años.

Cuando me fui a vivir a Aranda, apareció el Extraterrestre.

Ese era gracioso, decía que venía de otro planeta, incluso tenía su nombre, aunque ahora lo he olvidado. Decía que yo no era un ser humano, porque todos eran malvados y no me quería parecer a ellos, no quería tener nada que ver con seres que hacían daño a otros. Prefería pensar que no era de este mundo, no podía entender la crueldad humana.

Esta mezcla de personalidades no me hacía sentir miedo, pero hace tres años me vino a la cabeza la discusión entre dos de ellas: Ernesto y otra de ellas, puede que Faigest, no estoy segura. Tan solo me quedé en silencio, escuchando aquella conversación interior que me pareció muy interesante. Por entonces salía con el profesor de mi universidad, uno que me doblaba casi la edad. Ernesto se quejaba de que estuviera buscando un padre, de que saliese con personas tan mayores, estaba recriminándole que tuviera parejas de esa edad. Pero ella, ni corta ni perezosa, le echaba en cara que él saliese con mujeres que le doblaban la edad, que lo que hacía en el fondo era lo mismo: buscar una madre. Aquella conversación me dejó pensando, porque ambas partes tenían razón, aunque en ese momento no les hice ni caso y seguí adelante con mi relación; es más, le conté aquel diálogo a mi pareja, ya que me parecía algo curioso que solo había experimentado una vez, pero bajo los efectos de la marihuana.

Vivir disociada es todo un reto. Había veces en las que divagaba por las calles de Madrid y, cuando recobraba la conciencia, no tenía ni la menor idea de dónde me encontraba o cómo había llegado hasta ese sitio. Pero aquello no me pasaba solo caminando, había algunas veces en las que, sin quererlo, mientras estaba manteniendo alguna conversación, mi mente se iba y dejaba mi cuerpo solo. También era frecuente que pasara lo mismo estando en clase o teniendo relaciones sexuales, se trata de un mecanismo de defensa que había aprendido desde la infancia. Cuando mi padre abusaba de mí sexualmente siendo una niña, recuerdo mantener la mirada fija en el techo o en unos peluches que había en la estantería, o simplemente me abandonaba a mi suerte, como si fuera una muñeca a la que unos bárbaros fueran a destrozar. No quería verlo ni podía hacer nada para impedirlo, y mi cabeza, para no soportar tanto sufrimiento y dolor en mi cuerpo, lo que hacía era viajar a otros mundos, a un lugar donde no estuviera ocurriéndome nada malo.

Cuando alguien maltrata de esta forma brutal tu cuerpo y tu mente, acabas por hacer tú lo mismo, por asimilar que eres un objeto y que los demás tienen derecho a hacer sobre ti lo que les da la gana.

Sientes vergüenza, culpabilidad, asco y odio hacia ti misma. Te sientes diferente, extraña, como si estuvieras marcada o llevaras escrito en la frente que eres un bicho raro, una excluida social. Te sientes alejada del resto de los mortales porque te ves como una persona sucia, sin valor, porque se lo han robado. Sientes que has perdido la dignidad, el valor que tienes como persona. Te pasas la vida dejando que otros abusen de ti en todos los sentidos porque no te quieres ni valoras, no te cuidas, y te da igual lo que te pase o deje de pasar. Hasta que otras personas te devuelven una mirada de cariño y te explican que mereces ser querida, pero, para hacer eso, la primera persona que te tiene que querer eres tú misma. Piensas también que no tienes derecho a ser feliz y te autoexcluyes, te pones la zancadilla, porque crees que, si disfrutas lo más mínimo de la vida, entonces estás restando importancia a lo que pasó, y no es cierto. Me he pasado muchos años pensando y creyendo que yo era mi problema del pasado, y eso me ha causado mucho dolor. Somos personas a las que les suceden desgracias, pero no somos el problema en sí. Lo que pasa es que los años de terapia son intensos y muy duros, en los que revives los recuerdos del pasado y no dejas de tener presente el trauma. Entonces, llegas a creer que las cosas no van a cambiar, que no vas a poder superarlo, que es demasiado duro como para querer seguir viva.

Me costaba horrores poner límites, solo pensaba en cómo se iba a sentir el otro y me desprotegía. No sabía ni podía decir que no, porque, al hacerlo, me sentía muy mal. Era incapaz de defender mis derechos, de expresar lo que quería. Detestaba mi cuerpo porque para mí estaba sucio, roto, utilizado, y yo deseaba tener uno puro, limpio y nuevo.

El maltrato también afecta a nuestra salud, a nivel fisiológico, de pequeña siempre estaba estreñida, este síntoma hace referencia a tragarme todo lo que me sucedía y no contaba; a no expulsar toda la mierda que albergaba dentro de mi cuerpo. En la actualidad, y desde hace más de diez años, padezco cólicos de riñón, que pueden representar las cargas que soporto en la mochila, las piedras que cargo de otros, asumiendo roles que no me corresponden y cargando con sus problemas. Todo el cuerpo está relacionado, los problemas mentales influyen en el cuerpo y viceversa. El malestar de la mente acaba apareciendo y dejando huellas en nuestro organismo. También tengo fobia a la sangre; me marea escuchar hablar sobre venas y arterias, o ir a una carnecería y ver comida, o hacerme analíticas, o ver sangre en películas… Y esto viene desde que era muy pequeña, cuando un día, después de los abusos sexuales, me dolió, fui al baño y vi que tenía sangre. Me sentí muy mal por ver aquella sangre brotar de mis genitales, pero no comprendí su significado real hasta que tuve sexo consentido por primera vez y descubrí que no había sangrado, como es habitual en las primeras relaciones sexuales, debido a que el himen me lo había roto mi padre sin mi permiso, violando mi ser.

He vivido muchos años siendo un zombi, un cuerpo sin vida que se arrastraba por los sumideros de las estaciones. Naufragaba sin rumbo fijo, de habitación en habitación, sintiéndome de ninguna parte y de todas a la vez. Cuando hablo de mi pasado, no soy capaz de creerme que soy yo la persona que ha vivido todas esas sensaciones. Es como si estuviera contando las aventuras de un personaje de ficción o haciendo un resumen de una película. Me cuesta conectar con mi persona, con mi pasado y mis emociones. A veces, pienso que, si lo hago, no podré soportarlo, o eso creía hasta hace poco. Pienso que ser consciente de haber vivido y sufrido tanta amargura en mis propios huesos hace que hoy pueda valorar la situación en la que me encuentro. Nunca había estado tan bien, hasta me parece una vida a veces anodina, superficial, demasiado tranquila para mi gusto, aunque, en el fondo, me encanta.

Epílogo

Tras leer estos capítulos, algunos pensarán que me los he inventado, que los he exagerado o, directamente, que estoy trastornada o loca. Sinceramente, me importa bien poco lo que se diga o se deje de decir de mí, porque yo sé la persona que soy y que todo lo que cuento es cierto, que cada palabra la he palpado; es más, la mayoría de los capítulos incluso están suavizados para poder digerirlos mientras eran redactados.

Sé que tengo que estar preparada por haberme expuesto tanto, por abrir mi pecho de par en par. Hay personas de todo tipo, unas que me comprenderán, algunas que se sentirán identificadas y otras que sentirán tristeza, rabia, compasión o pena. Estas últimas espero que sean las que menos, porque estas líneas no están para eso, sino para saber que las personas guardamos dentro muchas barbaridades, muchas experiencias, y que no podemos juzgar a otros sin haber llevado antes sus zapatos. Se puede comprender algo sin haber pasado antes por la misma situación, pero jamás llegar a sentir lo mismo. Las decisiones son muy importantes, es decir, la actitud que tomemos frente a lo que nos ocurre.

Otros, por el contrario, me odiarán, criticarán o sentirán asco, rechazo, aunque no me preocupa. Lo que decimos o pensamos habla de nosotros y no de la otra persona. Tengo la conciencia muy tranquila, he sufrido y llorado por muchas situaciones que ni comento porque considero que con las plasmadas es más que suficiente y que reflejan de algún modo lo que pretendía haceros ver; mientras escribía, lo comentaba con mis allegados y amigos. Los que menos me conocen se asombraban al decirles que iba a escribir una biografía; otros se reían, opinando que no tenía nada que contar con tan poca edad; algunos querían aparecer en ella; otros decían que no los nombrase, y otros me apoyaron y advirtieron que iba a ser muy duro, y no se equivocaron. El caso es que aquí estoy, dando fin a una biografía que espero dure muchos años más.

Anexo

ENTREVISTA CUALITATIVA PARA SUPERVIVIENTES DE ABUSOS EN LA INFANCIA

1. **¿Cuántos años tienes?** 28 años.

2. **¿A qué edad (o en qué periodo de tiempo) sucedieron los abusos sexuales?** De los 6 a los 13 años.

3. **¿Quién abusaba de ti?** Mi padre.

4. **¿Qué sentimientos te genera pensar en los abusos sexuales sufridos en la infancia?** Rabia, odio, ira, frustración, tristeza, culpabilidad, rechazo hacia mi cuerpo, vergüenza, impotencia, soledad, abatimiento…

5. **¿Cómo te sentías al pensar en la relación que tenías con tu abusador?** Era una sensación de ambivalencia. Le quería y a la vez no entendía por qué me hacía aquello, por qué me causaba tanto dolor y sufrimiento. Al principio, pensé que era una forma de castigarme, porque siempre estábamos en casa discutiendo, y después de abusar de mí había un periodo breve en el que no me humillaba ni gritaba.

6. **¿A qué edad fuiste capaz de contarlo y a quién?** Primero se lo conté a mi hermano y después a mi amiga Laura, cuando tenía 13 años o así.

7. **¿Cómo te sentiste al contarlo? ¿Cómo respondió la persona a quien se lo contaste?** Escuchada y comprendida, pero con mucho miedo. Al contarlo a Laura, me sentí muy mal, pues yo pensaba que aquello era lo «normal», y ella me dijo que no, que los abusos no sucedían en todas las casas. Más adelante me insistía en denunciar, aunque yo no estaba preparada para hacerlo. Pero muchas veces al contarlo me he sentido juzgada, y quienes reciben la información no saben cómo actuar ni qué hacer para poder ayudarte.

8. **¿Cuándo se lo contaste a tu familia?** No pude hacerlo de forma directa. Con 15 años no aguanté más y me acerqué con mi amiga Laura a contarlo a una comisaría. En ese momento es cuando se enteran mi madre y el resto de la familia.

9. **¿Cómo actuaron tus padres o tu familia?** Mi familia actuó de la peor forma que podrían haberlo hecho. Es una historia muy larga, pero me dejaron sola y se posicionaron del lado del adulto. Por entonces estaba muy mal visto el tema del abuso (peor que ahora, que ya es decir). La Policía puso una orden de alejamiento a mi padre, que se tuvo que ir a vivir a casa de mi abuela paterna. Pero la situación en casa era muy perjudicial para mi salud, por lo que quitaron la tutela a mis padres y acabé viviendo en una residencia de menores de la Comunidad de Madrid.

10. **¿Cómo viviste todo aquello?** Fue descorazonador, me sentía un «bicho raro» y que mi familia no me quería, culpable además por todo lo que estaba pasando. La soledad me invadió y sentí el abandono de una manera muy fuerte en mi vida, aquello fue una traición por parte de mi familia, me dejaron sola, indefensa.

11. **¿En qué áreas piensas que han afectado y afectan los abusos sexuales?** Sobre todo en la autoestima, en mi autoconcepto negativo, en mi incapacidad de decir no (ser poco asertiva), en no saber poner límites, en dejar que otras personas utilizasen mi cuerpo, en tener disociaciones, pensar que era otra persona, en contar mi vida como si no me hubiese pasado a mí, tener anestesia emocional, no poder descargar mis emociones negativas por contenerlas, en estar en relaciones desiguales donde se producían abusos y maltrato, en buscar incesantemente un padre y una madre, en beber alcohol y salir de fiesta de forma descontrolada para no pen-

sar en los abusos, en tener ideas suicidas para dejar de una vez de sufrir, etc.

12. **¿Eran muy frecuentes los pensamientos autolíticos?** Sí, empezaron a los 5 años aproximadamente, y de forma constante he dejado de tenerlos hace más o menos un año.

13. **¿Cuándo pensabas en la muerte? ¿En qué situaciones?** Al pasar por algún hecho traumático o una situación que me recordase al abuso o al abandono que había sufrido, reexperimentaba ese sentimiento, aquel dolor tan fuerte que no podía soportar, y por eso veía como una salvación la muerte.

14. **¿Qué hubieras necesitado en ese momento?** Hubiera necesitado a mi familia, sentirme escuchada, querida, apoyada y comprendida. Lo más importante es sentir el cariño de las personas que quieres, sentirte arropada y no juzgada, pero en mi caso me sentí atacada y que mi voz no era escuchada por ser menor de edad. Le dieron solo validez a la palabra de mi padre, mi abusador, por el siempre hecho de ser la persona adulta y por la concepción arcaica de que los padres no hacen nada malo a sus hijos, o que hay que perdonar todo aquello que hacen, cuando no es cierto. Antes, por desgracia, los trapos sucios, como me dijeron en muchas ocasiones, se lavan en casa.

15. **¿Cómo hubiese cambiado tu situación si tu familia te hubiese escuchado?** Todo habría sido mucho más fácil. Solo el hecho de sentir ese rechazo por parte de tu familia te hace estar en una situación vulnerable. Te hacen sentir culpable y asqueada contigo misma, sentirse un ser despreciable, y te detestas a ti misma. Más las consecuencias que eso conllevó: tener que vivir en una residencia de menores de la Comunidad de Madrid, luego en un piso para mujeres víctimas de violencia de género y después buscarse la vida con 18 años, malviviendo de habitación en habitación.

16. **¿Cómo piensas que sería tu vida si no hubieras sufrido abusos sexuales en la infancia?** Seguramente no hubiera dejado que nadie utilizase mi cuerpo a su antojo ni hubiera probado ciertas drogas para evadirme. Tampoco hubiera pensado en suicidarme; si lo hacía, era por querer dejar de sufrir.

17. **¿Estás recibiendo ayuda profesional?** Ahora mismo ya no trabajo en las secuelas de los abusos sexuales en la infancia, pero estuve

muchos años en tratamiento psicoterapéutico y también farmacológico. Aunque es cierto que, de forma puntual, ante ciertas situaciones he tenido que volver a terapia, y aún quedan muchos temas por trabajar.

18. **En caso afirmativo, ¿cómo la valoras?** Fue muy necesario para poder empezar a querer seguir viviendo. Lo que más me ayudó fue conocer a otras chicas de mi edad que estaban pasando lo mismo, pues me hacían sentir comprendida y escuchada. Es necesaria la terapia individual y grupal.

19. **¿Qué aspectos se trabajan en terapia?** En terapia se trabaja sobre todo con los recuerdos, para quitarles la carga emocional con técnicas como EMDR. Se trabaja mucho para mejorar la autoestima y para quitar los pensamientos de rabia, tristeza, vergüenza y culpabilidad, pero muchos otros aspectos importantes quedan sin trabajar. La integración del niño interior, la aceptación de quien fuimos.

20. **¿Cuáles te gustaría que se tratasen?** Es necesario trabajar la forma de relacionarse con los demás, poder tener relaciones sexuales «normales», la disociación, los pensamientos autolíticos, la visión negativa del mundo, la asertividad, aprender a poner límites, a quererse uno mismo, a aceptar lo que nos pasó, a asumir la pérdida de la infancia, a no verse como alguien extraño, a querernos, respetarnos… Trabajar en el sentimiento de abandono, de rechazo, la dependencia, a aprender a establecer vínculos y relaciones sanas, a hacernos cargo de nuestras necesidades, a reconocer nuestras emociones, a respetar nuestro cuerpo, a conectar nuestra mente con nuestros sentimientos, los trastornos del sueño (incluidas las pesadillas), el control de la alimentación, a recibir cariño de manera correcta, a dejarnos ayudar por otros, a que no nos cueste tanto dejar ir a las personas, etc.

21. **¿Cómo has vivido tu identidad sexual estos años? ¿Te sientes identificado/a con tu sexualidad?** Mi sexualidad ha sido complicada debido a mi disociación, y he pasado por muchas fases. Desde beber alcohol y dejar que cualquiera se acostase conmigo a no querer saber nada de los hombres y estar más de un año pensando que era asexual. Después pensé que era homosexual, más

tarde bisexual y después *sapiens* sexual, porque el sexo nunca me ha importado demasiado en una relación.

22. **¿Qué es lo que más valoras en una relación de pareja?** El cariño, la comprensión, la escucha, tener un proyecto en común, ayuda mutua, el afecto, no sentirme juzgada…

23. **¿Conoces asociaciones de ayuda? ¿Cómo es el trato que has recibido?** Sí, con CIASI he tenido buena relación y con CIMASCAM también, pero tengo mala experiencia con el trato recibido en ASPASI.

24. **¿Qué es lo que más te ha ayudado a salir adelante?** Mis amigos, leer, escribir, disociar, centrarme en mis estudios, jugar al fútbol…

25. **¿De qué forma has continuado tú misma ese abuso hacia tu persona?** Dejando que utilizasen mi cuerpo, tomando alcohol y otras drogas para no pensar, no saber poner límites…

26. **¿Quién es la persona (o personas) que más te ha ayudado?** Una expareja, personas que habían pasado por lo mismo, mis educadores sociales de menores y mis terapeutas.

27. **¿Qué crees que te falta por mejorar?** Ser más asertiva, poner límites, trabajar mi sexualidad y mis ideas autolíticas, la ansiedad, la depresión…

28. **¿Qué proyectos tienes en tu vida?** Dedicarme a ayudar a personas supervivientes de ASI, escribir un manual de ayuda, formar una familia, mejorar la relación con mi madre, tener una pareja…

29. **Para ti, ¿qué crees que es lo más importante en este tipo de problemas?** Ser escuchado y comprendido.

30. **Propón alguna idea o iniciativa que eches en falta y consideres importante.** Formar una asociación que se dedique a la prevención y la intervención.

31. **¿Hay alguna persona más en tu familia que ha tenido este tipo de problema?** Intuyo que mi padre y sus hermanas sufrieron el mismo tipo de abusos. Puede que también mi hermano.

32. **¿Qué relación tienes con la persona (o personas) que abusó de ti?** Ahora mismo ninguna, el último contacto que tuve fue hace una semana, que le envié una carta donde lo perdonaba.

33. ¿Crees que es necesario perdonar? No lo es, pero en mi caso ha sido muy sanador y terapéutico haberlo hecho. Me he quitado un peso de encima, y el odio se ha evaporado, ya no tengo ideas ni pensamientos sobre la muerte porque no contengo rabia hacia él y sinceramente le deseo lo mejor. Aunque entiendo que no todos estamos en el mismo nivel del proceso para poder hacerlo, y también comprendo que algunos no quieran.

34. ¿Has podido perdonarte por lo que pasó? ¿Te has reconciliado con el/la niño/a que llevas dentro? Sí, hace tiempo me perdoné por eso, porque yo era la niña y no tenía la culpa de nada de todo aquello ni ningún tipo de responsabilidad, era él la persona encargada de cuidarme y quererme. Tenía que protegerme, pero antepuso sus necesidades a las mías, creándome mucho sufrimiento, dolor y daño.

Siendo adolescente me parecía una soberana estupidez hablar con mi niña interior, pero con el tiempo he ido comprendiendo la gran importancia de aceptarse, de quererse y de acoger al niño herido que todos llevamos dentro. Hasta que no lo he hecho, no he sido capaz de valorarme, de protegerme, de poner límites a otros y de verme en igualdad, no como un ser inferior al resto. Hay que acoger el dolor del pasado para poder superarlo. No somos lo que nos ha pasado, somos mucho más que eso.

Al aceptar a esa niña, he dejado de depositar en el otro mis necesidades y ahora soy capaz de ayudarme yo misma. Al hacer este gran paso, no me he vuelto a sentir abandonada, porque la persona encargada de mí en primera instancia soy yo. Desde aquí puedo tener relaciones sanas que no sean de dependencia y estén en el mismo nivel, de adulto a adulto, y no como antes, desde mi posición de inferioridad, que hacía que dejase que me trataran mal.

35. ¿Crees que podrías llegar a perdonar a la persona que cometió los abusos? Sí, ya lo he perdonado.

36. ¿Cómo consideras que son tus relaciones sociales? ¿Te cuesta hacer amistades y tener confianza? Antes eran demasiadas y muy superficiales, sobre todo eran de dependencia, por miedo a que se alejasen o me dejaran sola. Ahora son menos, pero de confianza, con personas con las que puedo ser como soy realmente y compartir intereses, pasiones...

37. **¿Cuáles son tus actividades preferidas, esas que te ayudan a desconectar?** Leer, escribir, ir a la montaña, ir a ver teatro, ir al cine, viajar...

38. **¿Cómo te ves dentro de diez años?** Me veo con mi propia asociación sobre ASI y viviendo con mi propia familia.

39. **¿Conoces casos parecidos al tuyo? ¿Cuántos?** Sí, demasiados, por eso es necesario trabajar en la prevención, para que en un futuro no muy lejano el número sea mínimo y al final consigamos hacer que desaparezcan los ASI.

40. **¿Crees que te ayudaría conocer a alguien o estar en un grupo con más personas que hayan pasado por la misma situación?** Sí, estuve hace años en un grupo y me ayudó muchísimo.

41. **¿Conoces la ley? ¿Estás de acuerdo con que prescriban estos delitos?** Sí, de ninguna manera deberían de prescribir.

42. **¿Piensas que la sociedad está concienciada sobre los abusos sexuales en la infancia?** No, hace falta mucho trabajo en este ámbito: de concienciación, prevención y tratamiento.

43. **¿Cómo te encuentras anímicamente en el presente?** Va por rachas, hay días que estoy feliz y otros que me cuestan más. Tengo mucha ilusión con el proyecto de crear una fundación para supervivientes de ASI y ayudar a otros, pero las dificultades y recibir tantos noes me causan mucha tristeza, rabia y frustración.

Agradecimientos

Gracias a todas las personas, fundaciones y asociaciones que me han ayudado a llegar donde estoy; en especial, a la Fundación Integra, por darme la oportunidad de estudiar la carrera de Psicología y facilitarme un lugar donde vivir mientras estudio.

Quiero agradecer a los profesionales del cuerpo de Policía que me han atendido las veces que he ido a denunciar o a informarme sobre alguna cuestión legal.

Gracias a los trabajadores de Servicios Sociales y a los educadores sociales que me acogieron en la residencia de menores como a una más, haciéndome sentir integrada en todo momento.

Gracias a las monjas salesianas de la Residencia María Auxiliadora, que me proporcionaron cariño y atención cuando lo necesitaba.

Gracias a los profesores de mi instituto y de mi universidad, quienes estuvieron ahí cuando los necesitaba.

Gracias a todas las psicólogas que han hecho posible mi recuperación. Con su paciencia y trabajo, puedo vislumbrar un futuro en el que deseo vivir. Sin su terapia y dedicación, no podría haber llegado hasta aquí.

Gracias a mis compañeras de terapia grupal y al grupo terapéutico de escritura: fue sanador poder expresar lo que necesitábamos gritar al mundo.

Gracias al personal del hospital psiquiátrico y a los psiquiatras que me ayudaron en momentos tan difíciles.

Gracias a todos los amigos y amigas que tanto me han enseñado, que me han dado cariño, afecto y amor cuando lo necesitaba, incluso a los que, por motivos de la vida, ya no nos vemos tanto o hemos dejado de tener contacto; os llevo conmigo.

Gracias a todos los escritores y directores que, con sus películas y novelas, han hecho más llevadera mi existencia.

Gracias a mi madre, por haberme dado la vida y por el esfuerzo que hace para intentar mejorar nuestra relación.

Gracias a todas las personas que creyeron y han creído en mí cuando yo no era capaz de ver mi potencial.

Gracias a los supervivientes que salís adelante cada día, a los que tenéis que guardar silencio y a los valientes que dais la cara por visibilizar esta lacra.

Gracias a todos los profesionales que os dedicáis a ayudar a personas que han sufrido abusos sexuales en la infancia.

Gracias a todos esos amigos y familiares que apoyáis a las víctimas y no sois cómplices de los agresores.

Sin vosotros, la vida estaría incompleta, sois el faro que alumbra con intensidad en la penumbra.